高等院校应用型规划教材——经济管理系列

项　目　管　理

李金亮　汤　毅　主编

清华大学出版社
北　京

内 容 简 介

本书融合了新的教学思路,在每章的开始都选取了一句经典名言用以概括和引出该章内容,在每章的结尾均配备了相应的综合练习,为提高学生的运用能力,还特意编排了相应的技能训练部分。

本书分为三篇共 13 章。其中第 1~2 章为全书的导引部分,主要介绍了项目管理的基本情况和概念;第 3~6 章为第 2 篇,就项目管理的过程详细展开,具体介绍了项目启动、项目计划、项目执行、项目控制和项目结尾的主要内容;第 7~13 章以 PMBOK 为基础,选取和介绍了项目管理知识领域的一些基本概念、内容、技术和方法,包括项目范围管理、项目时间管理、项目成本管理、项目质量管理、项目风险管理、项目人力资源管理和项目沟通管理。

本书内容系统,通俗易懂,具有很好的知识性和操作性,可作为高等院校经济管理、工程管理、工业工程等专业的教材和参考书,也可作为项目管理工程硕士和工商管理硕士的实用教材,还可以作为从事项目管理有关工作人员的学习参考书。

本书封面贴有清华大学出版社防伪标签,无标签者不得销售。
版权所有,侵权必究。举报: 010-62782989, beiqinquan@tup.tsinghua.edu.cn。

图书在版编目(CIP)数据

项目管理/李金亮,汤毅主编. —北京: 清华大学出版社,2016 (2023.8重印)
(高等院校应用型规划教材·经济管理系列)
ISBN 978-7-302-44768-9

Ⅰ. ①项… Ⅱ. ①李… ②汤… Ⅲ. ①项目管理—高等学校—教材 Ⅳ. ①F224.5

中国版本图书馆 CIP 数据核字(2016)第 189780 号

责任编辑: 陈冬梅　李玉萍
封面设计: 刘孝琼
责任校对: 周剑云
责任印制: 刘海龙

出版发行: 清华大学出版社
　　网　　址: http://www.tup.com.cn, http://www.wqbook.com
　　地　　址: 北京清华大学学研大厦 A 座　　邮　编: 100084
　　社 总 机: 010-83470000　　邮　购: 010-62786544
　　投稿与读者服务: 010-62776969, c-service@tup.tsinghua.edu.cn
　　质量反馈: 010-62772015, zhiliang@tup.tsinghua.edu.cn
　　课件下载: http://www.tup.com.cn, 010-62791865
印 装 者: 三河市科茂嘉荣印务有限公司
经　　销: 全国新华书店
开　　本: 185mm×260mm　　印　张: 17.5　　字　数: 418 千字
版　　次: 2016 年 11 月第 1 版　　印　次: 2023 年 8 月第 9 次印刷
定　　价: 53.00 元

产品编号: 064761-03

前　言

随着移动互联网时代的来临，在"大众创业、万众创新"的社会和经济变革环境中，任务的一次性、独特性逐步取代了传统企业经营的重复性过程。以动态资源、柔性组织和生命周期为核心价值的项目管理顺应了信息时代管理变革的需要，适用于具有创新特点的任务并有效地满足了项目相关利益主体的需要，在运作方式上最大限度地提高了管理绩效。

"一切都是项目，一切都将成为项目"已成为管理界的一个重要理念，项目管理在全球范围内得到广泛的认可和推广。目前，项目管理已形成了一套完整开放的知识和方法体系，并广泛应用于建筑、国防、制药、航天航空、通信、物流、金融等诸多行业和领域，已发展成为管理学的重要分支学科。

本书以 PMBOK 知识体系为基础，吸收了大量最新的研究成果和方法，融入了作者在项目管理教学和实践研究中的经验和成果，重点论述了项目以及项目管理的基本概念，详细介绍了项目启动、项目计划、项目执行与控制、项目收尾等项目管理过程，全面阐述了项目管理的知识领域。具体内容包括项目范围管理、项目时间管理、项目成本管理、项目质量管理、项目风险管理、项目人力资源管理以及项目沟通与冲突管理。本书注重理论、实践、研究和技能相结合，在每章的结尾精心设计了大量的综合练习和技能训练，以增强读者对这门学科相关知识的理解和掌握。

本书内容全面、重点突出，注重理论联系实践，既可作为项目经济培训、普通高等院校管理学各专业本科生的教材或参考书，也可供各类企业领导、经理等管理人员和工程技术人员自学使用。

本书由长沙学院李金亮老师和汤毅担任主编，李金亮负责本书的总撰和审定工作。具体编写分工是：李金亮负责第 1 章、第 2 章和第 11 章的主编工作，杨芳负责第 3 章和第 4 章的主编工作，杨威负责第 5 章和第 6 章的主编工作，汤毅负责第 7～10 章的主编工作，李楠樱负责第 12 章和第 13 章的主编工作。本书在编写过程中得到了清华大学出版社、长沙学院经济与管理系的大力支持，耿应青同学和万戴姣同学也为本书的编辑和校对做了不少工作，谨向他们表示最衷心的感谢！在本书编写过程中，已尽可能详细列出引用教材、专著和期刊的来源和作者，如有疏漏，敬请指出，将在重印或再版时进行补充和更正。在此一并向有关人士的工作和贡献表示感谢！

由于编者水平有限，书中难免存在疏漏、不妥之处，恳请各位专家、广大读者提出意见并及时反馈，以便逐步完善。

编　者

目　　录

第1篇　项目管理概论

第1章　项目与项目管理 ... 3
- 1.1 项目的定义及基本特征 ... 3
  - 1.1.1 项目的定义 ... 3
  - 1.1.2 项目的特征 ... 4
- 1.2 项目生命周期 ... 5
  - 1.2.1 不同项目的生命周期 ... 5
  - 1.2.2 项目生命周期的内涵 ... 6
  - 1.2.3 项目生命周期各阶段的特点 ... 7
- 1.3 项目管理 ... 8
  - 1.3.1 项目管理的概念及内涵 ... 8
  - 1.3.2 项目管理的要素 ... 8
  - 1.3.3 项目管理的过程 ... 9
  - 1.3.4 项目管理的特点 ... 11
  - 1.3.5 项目利益相关者 ... 12
- 1.4 项目管理的产生与发展 ... 12
  - 1.4.1 项目管理的传统阶段 ... 12
  - 1.4.2 项目管理的现代阶段 ... 13
  - 1.4.3 项目管理在中国的发展 ... 14
  - 1.4.4 项目管理发展的趋势和特点 ... 15
- 1.5 现代项目管理知识体系以及资格认证考试 ... 16
  - 1.5.1 现代项目管理知识体系 ... 16
  - 1.5.2 项目管理资格认证 ... 19
- 本章小结 ... 20
- 综合练习 ... 21
- 技能训练 ... 23

第2章　项目组织与项目团队 ... 25
- 2.1 项目组织概述 ... 25
  - 2.1.1 项目组织的概念 ... 25
  - 2.1.2 项目组织的特征 ... 26
  - 2.1.3 项目组织的结构类型 ... 26
  - 2.1.4 选择项目的组织结构形式 ... 31
- 2.2 项目团队 ... 31
  - 2.2.1 项目团队的概念和特点 ... 32
  - 2.2.2 项目团队的生命周期 ... 32
  - 2.2.3 项目团队绩效与项目团队精神 ... 34
- 2.3 项目经理 ... 36
  - 2.3.1 项目经理的角色和职责 ... 36
  - 2.3.2 项目经理的技能要求 ... 37
  - 2.3.3 项目经理应具备的素质 ... 39
- 本章小结 ... 41
- 综合练习 ... 41
- 技能训练 ... 44

第2篇　项目管理过程

第3章　项目启动 ... 47
- 3.1 项目需求识别 ... 47
  - 3.1.1 需求的来源 ... 48
  - 3.1.2 需求建议书 ... 48
- 3.2 项目的选择与论证 ... 49
  - 3.2.1 项目选择 ... 49
  - 3.2.2 项目论证 ... 62
- 3.3 项目申请与获得 ... 65
  - 3.3.1 项目申请过程 ... 65
  - 3.3.2 项目投标评估 ... 66

3.3.3 准备项目申请 68
3.3.4 项目的获得 72
本章小结 73
综合练习 73
技能训练 77

第 4 章 项目计划 79

4.1 项目计划概述 79
4.2 项目计划的编制 81
 4.2.1 项目计划编制的内容 81
 4.2.2 项目计划编制的程序 82
4.3 项目计划的工具和方法 83
 4.3.1 工作分解结构 83
 4.3.2 责任分配矩阵 86
 4.3.3 项目行动计划表 87
本章小结 88
综合练习 88
技能训练 90

第 5 章 项目执行与控制 93

5.1 项目执行 93
 5.1.1 项目执行的定义 93
 5.1.2 项目执行前的准备工作 ... 93
 5.1.3 项目执行工作的依据 94
 5.1.4 项目执行工作的内容 95
 5.1.5 项目执行工作的步骤 95
 5.1.6 项目执行工作的成果 96
5.2 项目控制概述 96
 5.2.1 项目控制的目标 96
 5.2.2 项目控制的主要工作内容 ... 96
 5.2.3 项目变化的原因及
   影响因素 98

5.2.4 项目变更控制程序 98
5.3 项目执行与控制的工具和方法 98
 5.3.1 工作授权系统(Work
   Authorization System) 99
 5.3.2 偏差分析技术 99
 5.3.3 关键比值技术 99
 5.3.4 因果分析技术 101
本章小结 101
综合练习 102
技能训练 105

第 6 章 项目收尾 106

6.1 概述 106
 6.1.1 项目收尾的意义 106
 6.1.2 项目收尾工作的主要工作 106
6.2 项目验收 109
 6.2.1 项目验收的含义 109
 6.2.2 项目验收的内容 109
 6.2.3 项目验收的程序 110
6.3 项目移交与审计 110
 6.3.1 项目移交 110
 6.3.2 项目审计 111
6.4 项目后评价 112
 6.4.1 项目后评价概述 112
 6.4.2 项目后评价的主要内容 113
 6.4.3 项目后评价的程序和方法 ... 114
本章小结 118
综合练习 118
技能训练 120

第 3 篇 项目管理的知识领域

第 7 章 项目范围管理 125

7.1 概述 125
 7.1.1 项目范围管理的概念 125

7.1.2 项目范围管理的主要程序 126
7.2 项目需求收集 127
 7.2.1 项目需求的种类 127

7.2.2　项目需求收集的方法 128
    7.3　项目范围计划 128
        7.3.1　项目范围计划的依据 129
        7.3.2　项目范围计划的方法 130
        7.3.3　项目范围计划的成果 130
    7.4　项目范围的定义 131
        7.4.1　项目范围定义的依据 133
        7.4.2　项目范围定义的方法 133
        7.4.3　项目范围定义的结果 134
    7.5　创建项目工作分解结构(WBS) 135
        7.5.1　项目工作分解结构(WBS)
                概述 135
        7.5.2　项目工作分解结构(WBS)的
                基本要素 135
        7.5.3　项目工作分解结构(WBS)的
                步骤 137
        7.5.4　创建项目工作分解结构
                (WBS)的方法 137
    7.6　项目范围的控制 139
        7.6.1　项目范围控制的依据 140
        7.6.2　项目范围控制的方法 140
        7.6.3　项目范围控制的成果 140
    本章小结 141
    综合练习 141
    技能训练 143

第8章　项目时间管理 144

    8.1　概述 144
    8.2　项目活动定义 146
        8.2.1　项目活动定义的依据 146
        8.2.2　项目活动定义的方法 147
        8.2.3　项目活动定义的成果 148
    8.3　项目活动排序 148
        8.3.1　项目活动排序的依据 149
        8.3.2　项目活动排序的方法 149
        8.3.3　项目活动排序的成果 152
    8.4　项目活动时间估算 153

        8.4.1　项目活动时间估算的依据 153
        8.4.2　项目活动时间估算的方法 154
        8.4.3　项目活动时间估算的成果 155
    8.5　项目进度计划制订 155
        8.5.1　项目进度计划制订的依据 156
        8.5.2　项目进度计划制订的方法 156
        8.5.3　项目进度计划制订的成果 162
    8.6　项目进度控制 162
        8.6.1　项目进度控制的依据 162
        8.6.2　项目进度控制的方法 163
        8.6.3　项目进度控制的成果 163
    本章小结 164
    综合练习 164
    技能训练 167

第9章　项目成本管理 169

    9.1　概述 169
        9.1.1　项目成本管理的概念 169
        9.1.2　项目成本管理的理念 170
        9.1.3　影响项目成本的因素 171
        9.1.4　影响项目成本的过程 172
    9.2　项目资源计划 173
        9.2.1　项目资源计划的依据 174
        9.2.2　项目资源计划的方法 174
        9.2.3　项目资源计划的成果 175
    9.3　项目成本估算 176
        9.3.1　项目成本估算的依据 176
        9.3.2　项目成本估算的方法 177
        9.3.3　项目成本估算的成果 178
    9.4　项目成本预算 179
        9.4.1　项目成本预算的依据 179
        9.4.2　项目成本预算的方法和
                过程 180
        9.4.3　项目成本预算的成果 183
    9.5　项目成本控制 184
        9.5.1　项目成本控制的依据 185
        9.5.2　项目成本控制的方法 185
        9.5.3　项目成本控制的成果 186

9.6 项目挣值管理方法 187
    9.6.1 挣值管理的变量和指标 187
    9.6.2 项目挣值管理中的
         预测分析 188
本章小结 191
综合练习 191
技能训练 196

第 10 章 项目质量管理 198

10.1 概述 198
    10.1.1 质量的定义 198
    10.1.2 质量管理的定义 199
    10.1.3 项目质量管理的定义 200
10.2 项目质量计划 200
    10.2.1 项目质量管理计划的
          输入 201
    10.2.2 项目质量管理计划的
          工具和技术 202
    10.2.3 项目质量管理计划的
          输出 203
10.3 项目质量保证 204
    10.3.1 项目质量保证的概念 204
    10.3.2 项目质量保证的
          主要工作 205
10.4 项目质量控制 206
    10.4.1 项目质量控制概述 206
    10.4.2 项目质量控制的输入、
          工具和技术 208
    10.4.3 项目质量控制的输出 209
本章小结 209
综合练习 209
技能训练 212

第 11 章 项目风险管理 214

11.1 概述 214
    11.1.1 风险与项目风险概述 214
    11.1.2 项目风险管理概述 216

11.2 项目风险识别 218
    11.2.1 项目风险识别的概念和
          内容 219
    11.2.2 项目风险的影响因素 219
    11.2.3 项目风险识别的
          工具和方法 220
    11.2.4 项目风险识别的过程ˑˑˑˑˑˑˑˑ 222
    11.2.5 项目风险识别的结果ˑˑˑˑˑˑˑˑ 224
11.3 项目风险评估 224
    11.3.1 项目风险分析和评估的
          指标 224
    11.3.2 项目风险分析与评估的
          方法 225
    11.3.3 项目风险评估的结果ˑˑˑˑˑˑˑˑ 227
11.4 项目风险的应对与监控 228
    11.4.1 项目风险的应对 228
    11.4.2 项目风险的监控 229
本章小结 231
综合练习 231
技能训练 235

第 12 章 项目人力资源管理 236

12.1 概述 236
    12.1.1 人力资源与人力资源
          管理 236
    12.1.2 项目人力资源管理概述 237
12.2 项目人力资源计划 238
    12.2.1 项目人力资源计划的
          依据 239
    12.2.2 项目人力资源计划的
          工具和方法 240
    12.2.3 项目人力资源计划的
          结果 240
12.3 项目人力资源的绩效管理 241
    12.3.1 绩效管理概论 241
    12.3.2 绩效管理的基本流程 242
    12.3.3 绩效考核 243

12.3.4 绩效考核的方法 245
 本章小结 246
 综合练习 246
 技能训练 248

第 13 章　项目沟通与冲突管理 249

 13.1 项目沟通管理 249
  13.1.1 沟通概述 249
  13.1.2 项目沟通管理的定义 250
  13.1.3 项目沟通计划的编制 250
  13.1.4 项目信息发布 252
  13.1.5 项目执行情况报告 254

 13.2 项目冲突管理 255
  13.2.1 项目冲突管理 255
  13.2.2 项目冲突的来源 255
  13.2.3 项目冲突的强度分析 256
  13.2.4 项目生命周期中的冲突 257
  13.2.5 项目冲突的解决 260
 本章小结 262
 综合练习 262
 技能训练 265

参考文献 267

第 1 篇

项目管理概论

第1章

第1章 项目与项目管理

"在当今社会中,一切都是项目,一切也将成为项目。"

——美国项目管理专业资质认证委员会主席保罗·格雷斯

学习目标:

知识目标	技能目标
了解项目的概念和特征	掌握项目和项目管理的特点
了解项目管理的概念和特征	学会识别项目的利益相关者
理解项目生命周期的概念	学会区分项目和日常运营
了解项目管理知识体系的内容	
了解项目管理的发展	
了解项目管理资格认证	

在人们的日常生活和工作中,项目随处可见。小到一个生日聚会、一次迎新晚会,大到一届国际奥林匹克运动会、三峡工程,都属于项目。

项目无论大与小、简单与复杂,都具有一些共性。例如,所有的项目都有明确的起止时间,都有各自的既定目标,都会受到人力和财力的限制,等等。由于人们生活或工作的需求,就产生了项目需要达成的目标;而人们为此努力的结果则是为了满足此需求。本章阐述了项目和项目管理的基本概念和特点,回顾了项目管理的发展历程及发展趋势,并介绍了现代项目管理知识体系以及资格认证考试的内容,所有这一切都将为后续内容的学习奠定基础。

1.1 项目的定义及基本特征

1.1.1 项目的定义

许多相关组织及学者都给项目下过定义,其中具有代表性的有如下几种。

(1) 美国的项目管理权威机构——项目管理协会(Project Management Institute,PMI)认为,项目是为提供某种独特产品、服务或成果所做的临时性努力。

(2) 德国标准化委员会(Deutsches Institut für Normung,DIN)在德国国家标准《项目控制、项目管理、概念》(DIN69901)中指出,项目是指在总体上符合如下条件的唯一性任务:①具有预定的目标;②具有时间、财务、人力和其他限制条件;③具有专门的组织。

(3) 国际项目管理协会(International Project Management Association,IPMA)给项目下的定义是,项目是受时间和成本约束的、用以实现一系列既定的可交付物(达到项目目标的范围),同时满足质量标准和需求的一次性活动。

(4) 国际标准化组织(International Organization for Standardization，ISO)则从项目过程的角度给出了一个定义："项目是由一系列具有开始和结束日期、相互协调和控制的活动组成的，通过实施活动而达到满足时间、费用和资源等约束条件和实现项目目标的独特过程。"

上述定义说明，项目是一个有待完成的任务，有特定的环境和目标；在一定的组织、有限的资源和规定的时间内完成；满足一定的性能、质量、数量、技术经济指标等要求。项目可以是修建一栋大楼、开发一个油田，或者是兴建一座大坝；项目也可以是一种新产品的开发、一项科研课题的研究，或者是一项科学实验；项目还可以是一项特定的服务，或者特定的活动、工作。

1.1.2 项目的特征

虽然不同专业领域中的项目在内容上千差万别，不同的项目有不同的特点，但是所有的项目仍具有共同点，概括起来主要有以下几点。

1) 项目的目的性

项目的目的性是指任何一个项目都是为实现特定的组织目标服务的。因此，任何一个项目都必须根据组织目标确定项目的目标。

项目的目标实际是一个期望的结果或产品。项目的目标通常按工作范围、进度计划和成本来定义。例如，一个项目的目标可能是在 6 个月之内以 50 万元的预算把一种满足预先规定的性能规格的新产品投放市场，而且期望能够高质量地完成，使客户满意。

2) 项目的独特性

项目的独特性是指项目所生成的产品或服务有一定的独特之处。项目没有先例，将来也不会有完全相同的重复。当项目的目标已经实现，或者由于某种原因项目的目标无法实现而需要终止时，就意味着项目的结束。某些项目，如设计和修建空间站，就是独一无二的，因为以前从未尝试过。另外一些项目，如开发一种新产品、建造一座房子、筹划一次婚礼，则因其特定的需求而成为独一无二。

项目的独特性体现在其目标、资源需求、客户、项目实施人、实施地点都不尽相同。例如，城建公司承建了很多商品房的建设项目，但每幢楼房都是独特的——不同的业主、不同的设计要求、不同的建筑风格、不同的地理位置、不同的分承包商等。

3) 项目的一次性

项目的一次性是指每个项目都有自己的起点与终点，并且每个项目必须有始有终。项目的一次性与项目持续时间的长短无关，无论项目持续的时间有多长，它都有自己的始终，没完没了或者重复进行的工作都不能称为项目。

4) 项目的制约性

项目的制约性是指每个项目都在一定程度上受客观条件和资源的制约。项目需运用各种资源来执行，这些资源包括人力资源、财力资源、物力资源、时间资源、技术资源、信息资源等。正是因为任何一个项目都在这些方面受到制约或限制，这些限制条件和项目所处环境的一些制约因素共同构成了项目的制约性。

5) 项目的不确定性

项目的不确定性是指由于项目各种资源条件和环境的发展变化以及人们认识的有限

性，导致项目的后果出现非预期的损失或收益。因此，一个项目开始前，应当在一定的假定和估计的基础上制订一份计划。项目的完成是基于一套独特的任务以及每项任务将要耗用的时间估计、资源估计，以及与这些资源相关的成本假定之上的。这种假定和估计结合在一起就产生了一定程度的不确定性，它将影响项目目标的成功实现。例如，项目范围可能在预定日期实现，但是最终成本可能会由于最初低估了某些资源的成本而比预计成本高得多。

6) 项目的过程性

项目的过程性是指项目是由一系列项目阶段、项目工作包和项目活动所构成的完整过程。在项目过程中人们可以通过不断地计划、组织、实施、控制和决策而最终生成项目的产出物并实现项目目标。例如，我国对研究生的培养就可以看作一个项目，其过程性表现为，每个学生首先要进行课程的学习以获取必要的学分，之后则进入学位论文的研究和写作阶段，在完成论文写作之后还需要完成论文的评审、答辩等活动，只有上述所有活动都合格后才能够获得学位，完成研究生阶段的学习任务。

由于项目具有过程性的特点，因此，在进行项目管理时将项目划分为阶段甚至更细小的活动开展管理活动是非常必要的方法。

1.2 项目生命周期

项目是在一定的时间内，在既定的资源约束下，为实现预定目标所开展的一次性工作任务。它的最大特点是有始有终，即具有明确的开始与结束日期。为了管理上的便利，人们习惯于把项目从开始到结束划分为若干阶段，这些不同的阶段便构成了项目的生命周期 (Project Life Cycle)。

1.2.1 不同项目的生命周期

不同的项目，阶段的划分也不尽相同。具体可参见如下项目生命周期的划分。

1) 工程建设项目

工程建设项目的生命周期如图 1-1 所示。

图 1-1 工程建设项目的生命周期

2) 产品研发项目

产品研发项目的生命周期如图 1-2 所示。

图 1-2 产品研发项目的生命周期

3) 药品开发项目

药品开发项目的生命周期如图1-3所示。

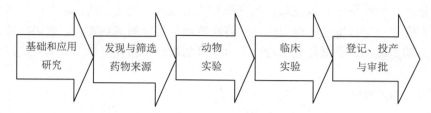

图1-3 药品开发项目的生命周期

4) 软件开发项目

软件开发项目的生命周期如图1-4所示。

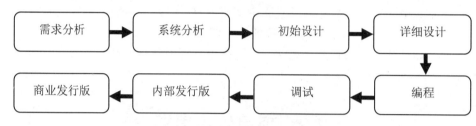

图1-4 软件开发项目的生命周期

1.2.2 项目生命周期的内涵

项目生命周期既是对项目的一种描述,也是一种管理工具。人们为开展项目管理而将项目划分为一系列的项目阶段,从而产生了项目生命周期的管理方法。其内涵主要包括以下几种。

1) 项目阶段

人们可以将一个项目分成一系列前后连接且便于管理的项目阶段,并给出项目阶段的可交付成果,从而可以使人们据此开展项目的管理。以工程建设项目为例,其生命周期一般可分为五个阶段:项目评估阶段、设计准备阶段、设计阶段、施工阶段和验收交付阶段。其中评估阶段的产出物是项目可行性研究报告和项目决策结果;设计准备阶段的产出物是项目计划;设计阶段的产出物是项目设计方案;施工阶段的产出物则是建成的项目工程实体;而最后的验收交付阶段的结果则是项目的竣工验收报告和工程交付与合同终结文件,等等。

2) 项目时限

任何一个项目都是有时间限制的。项目时限不仅需要说明项目的起点和终点,还要说明项目各阶段的起点和终点;不仅要进行时点性的说明(项目或项目阶段开始的时间点和结束的时间点),还要进行时期性的说明(项目或项目阶段持续时间长度的说明)。

3) 项目任务

项目任务包括项目各阶段的主要任务和项目各阶段主要任务中的主要工作。通过项目生命周期的分析,可以定义和给出项目、项目阶段究竟包括哪些任务,从而使项目的范围有相对严格的界定。这样就可以明确清楚地知道"什么时候应该干什么"。

4) 项目成果

项目成果实际上就是项目一个阶段的里程碑。通常，项目生命周期各阶段的成果都应该在下一个项目阶段开始之前提交。但如果有些项目后序阶段是在项目前序阶段工作成果尚未交付之前就开始，交付前序阶段就可能会引发项目阶段性成果最终无法通过验收的风险，有时还会出现项目上一阶段的错误不能及时发现，从而造成项目后一阶段出现错误扩大并形成损失的后果。

如图 1-5 所示为美国国防部军事项目生命周期。

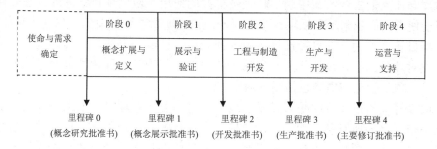

图 1-5　美国国防部军事项目生命周期

1.2.3　项目生命周期各阶段的特点

项目生命周期各阶段在不确定性程度、项目可改变程度、项目资源投入水平等方面都有很大的不同。

1) 项目资源投入的变化

费用和人力投入开始比较低，然后逐渐升高，在项目的实施、控制阶段，达到最高峰。此后逐渐下降，直到项目的终止。

2) 项目不确定性的变化

项目开始时风险和不确定性最高，随着任务一项项地完成，不确定因素逐渐减少，项目成功完成的概率将会逐步增加。

3) 项目可变性的变化

随着项目的进行，项目变更和改正错误所需要的花费将随着项目生命期的推进而激增。项目生命周期各阶段的特点变化如图 1-6 所示。

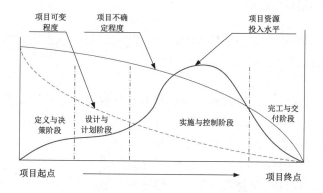

图 1-6　项目生命周期各阶段的特点变化示意图

1.3 项目管理

1.3.1 项目管理的概念及内涵

项目管理是伴随着技术进步和项目的复杂化、大型化而逐渐形成的一门管理学科。项目管理的理念在人们生产实践中起到越来越重要的作用,应用项目管理理论在实践中取得成功的例子使得人们越来越重视项目管理理论,它对提高项目管理效率起到了重要的作用。

现代项目管理认为：项目管理是运用各种知识、技能、方法与工具,为满足或超越项目有关各方对项目的要求与期望所开展的各种计划、组织、领导和控制等方面的活动。根据这一定义,项目管理的内涵包括以下两个方面。

(1) 项目管理的根本目的是满足或超越项目有关各方对项目的要求与期望。项目有关各方是指一个项目的所有利益相关者,包括一个项目的业主或用户、项目的承包商或实施者、项目的供应商、项目的设计者或研制者、项目所在社区、项目的政府主管部门等。这些利益相关者对项目有不同的要求和期望。例如,项目业主期望以最小的投资获得最大的收益；承包商期望以最小的成本获得最大的利润；供应商期望能获得更多的销售收入和利益；项目设计者或研制者期望能留下传世之作并有所收益；项目所在的社区期望项目能给社区带来好处；政府主管部门期望项目能扩大就业和提高社会福利等。因此,项目管理必须努力使这些不同的要求和期望都能得以均衡和实现,并最终使项目成果能够最大限度地满足和超越这些不同利益相关者不同的要求和期望。这是项目管理的难点,也是对项目管理者的要求和挑战。

(2) 项目管理的根本手段是运用各种知识、技能、方法和工具开展管理活动。为了使项目的目标得以实现,就必须开展各种各样的管理活动。项目管理需要运用各种知识、技能、方法和工具开展项目的计划、组织、领导、控制等活动。项目管理所需要运用的知识、技能、方法和工具既包括专门用于项目时间、质量、成本、范围、风险等各个项目专项管理的知识、技能、方法和工具,又包括项目所涉及的有关专业领域的知识、技能、方法和工具等。

1.3.2 项目管理的要素

所谓项目管理的要素,是指项目管理过程中项目经理可以支配的管理要素,它可以是有形的,也可以是无形的。

1) 资源

资源的内容十分丰富,可以理解为一切具有现实和潜在价值的东西,包括自然资源和人造资源、内部资源和外部资源、有形资源和无形资源,如人力和人才、原料和材料、资金和市场、信息和科技等。此外,专利、商标、信誉以及某些社会关系等也是十分有利的资源。在当今知识经济时代,知识作为一种无形的资源显得尤为重要。资源呈现出轻型化、软化的趋势,我们不仅应当学会管好和用好硬资源,更要学会管好和用好软资源。

由于项目固有的一次性的特点,项目资源不同于其他组织机构的资源,它们多是临时性拥有和使用的。例如，项目资金需要筹集，项目团队需要组建或外部招聘成员，项目原料需要采购等。在项目过程中，资源需求变化很大，有限资源在项目结束后要及时偿还或遣散，任何资源的积压、滞留或短缺都会给项目带来损失。因此，资源的合理与高效使用对项目管理的效率尤为重要。

2) 需求和目标

项目利益相关者的需求是多种多样的。通常可以把需求分为两类：必须满足的基本需求和附加获取的期望需求。基本需求包括项目实施的范围、质量要求、利润或成本目标、时间目标以及必须满足的法规要求等。在一定范围内，质量、成本、时间三者是互相制约的，当时间进度要求不变时，质量要求越高，则项目成本越高；当项目成本不变时，质量要求越高，则项目进度越慢；当质量标准一定时，缩短时间要求，必然意味着成本的增加。

项目管理的目标是谋求好、快、省三者的有机统一和均衡。但是，项目要求达到的目标是依据利益相关者对项目的需求和现实可能性这两个方面共同确定的。同一个项目中，不同的利益相关者的需求是不尽相同的，这就要求项目管理者对这些不同的需求加以协调、统筹兼顾，充分调动项目利益相关者的积极性，尽可能减少冲突以及因此而带来的负面影响。

3) 计划和组织

项目管理的重要工作是制订项目计划，项目计划的成功与否直接决定项目最后的成果满意与否。现代项目管理中，一般采用多种项目计划方法对项目进行分析和优化。

项目组织是在项目管理中将各种人力资源进行合理地组织，对他们进行领导、协调、激励、配备等。只有做好项目的组织管理工作，构建合理的组织结构，才有可能最大限度地发挥项目团队的作用，以实现项目的目标。

4) 项目环境

任何项目都是处于环境中的，这里的环境包括外部自然环境、社会环境以及组织内部环境等。外部环境要素主要包括承包商的无形资产、政府和社区等，项目经理必须积极充分地利用政府、社区的支持，充分发挥承包商的作用，为高效实现项目目标努力。

1.3.3 项目管理的过程

项目管理是由多个过程组成的一个大过程。如果把这些过程按时间顺序分组，则项目管理可分为五个过程，即项目启动过程、项目计划过程、项目实施过程、项目控制过程和项目收尾过程。

1) 启动过程

该过程是批准一个项目或阶段，并且有向下一步进行的意愿的过程。具体工作内容如图 1-7 所示。

2) 计划过程

该过程是界定并改进项目目标，从各种备选方案中选择最优方案，以实现所承担项目目标的过程。具体工作内容如图 1-8 所示。

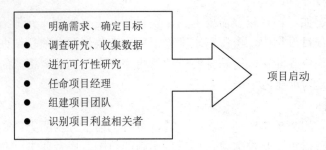

图 1-7　项目启动过程中的工作内容

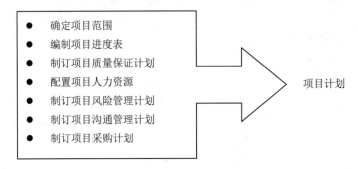

图 1-8　项目计划过程中的工作内容

3) 实施过程

该过程是协调人员和其他资源以执行计划。具体工作内容如图 1-9 所示。

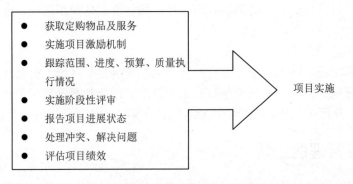

图 1-9　项目实施过程中的工作内容

4) 控制过程

该过程是通过定期监控和测量进展，确定实际状况与计划存在的偏差并采取纠正措施，从而确保项目目标的实现。具体工作内容如图 1-10 所示。

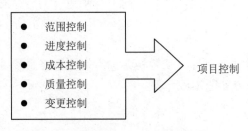

图 1-10　项目控制过程中的工作内容

5) 收尾过程

该过程是对项目或阶段的正式接收，进而使项目有序地结束。具体工作内容如图 1-11 所示。

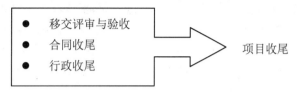

图 1-11 项目收尾过程中的工作内容

以上五个过程在项目管理中彼此的界限并不分明，而是有交叉的。在项目的生命周期内，项目管理者就是要不断地进行资源的配置和协调、不断作出科学决策，使项目执行的全过程处于最佳的运动状态，达到最佳的效果。这可以由图 1-12 看出。

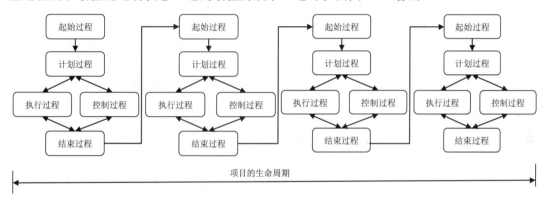

图 1-12 项目管理过程示意图

1.3.4 项目管理的特点

与其他管理方式相比，项目管理有许多特点，表现为以下几个方面。

(1) 项目管理具有独特性和创新性。因为项目的唯一性和独特性，决定了每实施一个项目都要具有一定的创新性。项目管理必须要承担风险、勇于探索、发挥创造力才能成功。这也是它与一般重复性管理的主要区别。

(2) 项目管理具有复杂性。项目一般由多个部分组成，工作跨越多个部门或机构，需要运用多种学科的知识来解决问题；项目工作通常没有或很少有可以借鉴的经验；项目实施中有很多不确定性因素和风险；项目团队往往由来自不同组织、具有不同背景和经验的人员组成，管理上难度较大等。这些因素都决定了项目管理是一项复杂的工作。

(3) 项目管理的整体性。项目是为实现特定目标而展开的多项任务的集合，是一系列的活动或过程。项目管理追求整体目标的整体优化，而不是某个活动或过程的优化，即项目没有局部最优(Sub-optimization)，只有整体最优(Global-optimization)。

(4) 项目管理需要更多协调与沟通。项目的复杂性随着范围不同而变化很大。项目越大越复杂，所涉及的学科、技术、知识和技能等要求也越高。同时在项目进行过程中，冲突是一种常态，在整个项目的生命周期中，存在各种各样的冲突，如范围、时间、成本和质量的冲突，不同项目利益相关者的需求和期望的冲突，项目经理必须对这些冲突迅速做出反应。缺乏良好组织协调和沟通的项目管理根本不可能成功。

(5) 项目管理的集成性。项目的复杂性和整体性的特点决定了项目管理中不能孤立地开展项目各个专项或专业的独立管理。项目的复杂性和整体性主要体现在以下几个方面：项目管理中的不同知识领域的活动相互关联和集成；项目工作和组织的日常工作相互关联和集成；项目管理活动和项目具体活动相互关联和集成；项目范围、时间、成本、质量、风险、采购等各个专项管理相互关联和集成等。

1.3.5 项目利益相关者

项目利益相关者就是积极参与项目，或其利益因项目的实施或完成受到积极或消极影响的个人和组织，他们会对项目的目标和结果施加影响。项目利益相关者在参与项目时的责任与权限变化较大，并且在项目生命周期的不同阶段也会有所变化。然而，有时要准确地识别项目利益相关者也不大容易。例如，在千年虫软件更新项目中，管理者在项目实施很长时间之后才认识到法律部门是重要的利益相关者，结果必须在该项目要求说明书中添加许多内容，增加了大量文件任务。

项目利益相关者对于项目的影响有可能是积极的，也有可能是消极的。积极的利益相关者通常是从项目的成功结果中获得利益的人，而消极的利益相关者是从项目的实施中看到消极影响的人。例如，某社区发展一个工业项目，从中获益的社区企业家由于看到的是项目的成功实施所带来的经济效益而可能成为积极的利益相关者；相反，环保组织如果认为该项目损坏利益的话，就可能成为消极的利益相关者。

每个项目都包括的利益相关者有以下几种。
(1) 项目经理：负责管理项目的个人。
(2) 顾客/用户：使用项目产品的个人或组织。
(3) 项目实施组织：雇员最直接参与项目工作的单位。
(4) 项目管理团队：完成项目工作的集体。
(5) 项目团队成员：直接参与项目管理活动的团队成员。
(6) 赞助人/发起人(业主)：为项目提供资金或实物财力资源的个人或团体。
(7) 其他：与项目产品的取得和使用没有直接关系，但是因其在顾客组织中或实施组织中的地位而能够对项目的进程施加积极或消极影响的个人或集体。

1.4 项目管理的产生与发展

1.4.1 项目管理的传统阶段

项目管理实践可以追溯到数千年前的大型项目：如古埃及的金字塔；古罗马的斗兽场；我国的都江堰，这些大型的项目往往需要几年、数十年以上的努力。更为极端的例子是我国的万里长城，其修建历经 2000 多年；从春秋战国、秦、汉一直到明代，不知动用了多少人力、物力。然而，它却不是一个成功的现代意义上的项目管理实践，因为它没有时间和费用的约束，仅仅是帝王意志的实现而已。帝王说行，项目就结束了。而如前所述，一个项目是必须受到时间、费用和质量的约束的。

值得我们思考的是，古时候那些大型项目是如何进行管理的，完成后到底是如何遣散人员的，都值得历史学家考证。一些比较极端的个案是虐杀人员，如陵墓建设，项目完成之日便是建设者死亡之时，这与现代项目管理的理念，简直相差十万八千里。

我国摆脱半封建半殖民地社会才几十年，西方资本主义社会也只经历了几百年，而在之前长达几千年的专制社会中，是不可能产生现代意义上的项目管理的。为什么？因为专制社会不是一个讲科学和民主的社会，也不是一个说理的社会，对事情成败的衡量标准是统治阶级的意志。而现代意义上的项目管理必须"以数据说话"。拿出实验数据来，正体现了现代社会的说理特征；不过，劳动人民的智慧多多少少也抵御着长期专制统治的影响，这恐怕就属于文化的魅力。以下是一些代表性的个案。

(1) 田忌赛马：战国时，大户田忌与齐威王赛马，各出 3 匹，输一马付千金。如果一一对应，田忌的马不如齐威王的马，但是在比赛中，田忌以己之下马对齐威王之上马，再以己之上马对齐威王之中马，最后以己之中马对齐威王之下马，终以 2∶1 取胜。

(2) 都江堰工程：战国时，李冰父子修都江堰，为岷江分洪，精心设计了宝瓶口引水、鱼嘴分流、飞沙堰排沙三大主体工程，附属渠堰 120 个，灌溉 4 个县 500 万亩良田，解决了川西平原灌溉问题，造福后世。

(3) 丁渭修宫：北宋真宗时，皇宫被大火烧毁，大臣丁渭受命修宫。他先在宫前大街挖沟，取土烧砖；引开封附近汴水入沟，运来上游木材；竣工后，再将废料填沟，修复大街，"一举而三役济"。

(4) 群炉汇流：明代永乐年间，铸"万钧铜钟"，该铜钟重 40 多吨，而当时最大熔炉的容量只有 1 吨，故采用小炉冶炼、大件浇铸的方法，连续浇铸最终取得成功。

以上项目所注重的是个人经验和智慧，没有形成相对独立的体系和标准，缺乏科学性，还不算是项目管理。

20 世纪初，人们就开始探索项目管理的科学方法。1917 年，亨利·甘特发明了著名的甘特图，用于日常工作安排、监控项目的进展状况。甘特图直观而有效，使项目经理按日历制作任务图表，标志着科学的项目管理的出现。

1.4.2 项目管理的现代阶段

甘特图的明显弱点是因其难以展示工作环节间的逻辑关系而不适应于大型项目，因此，20 世纪 30 年代出现过协调图以克服上述缺陷。与此同时，在规模较大的工程项目和军事项目中广泛采用了里程碑系统。里程碑系统的应用虽未从根本上解决复杂项目的计划和控制问题，但却为网络概念的产生充当了重要的媒介。进入 20 世纪 50 年代，美国军界和各大企业的管理人员纷纷为管理各类项目寻求更为有效的计划和控制技术。在各种方法中，最为有效的方法和技术莫过于网络计划技术。网络计划技术克服了条线图的种种缺陷，能够反映项目进展中各工作间的逻辑关系，能够描述各工作环节和工作单位之间的接口界面以及项目的进展情况，并可以争先进行科学安排，因而给管理人员对项目实行有效的管理带来极大的方便。

现代项目管理以网络计划技术的产生和应用为标志。20 世纪 50 年代，美国出现了关键路径法(CPM)和计划评审技术(PERT)，这是现代项目管理出现的标志。

1957年，杜邦公司将关键路径法(CPM)应用于设备维修，使维修停工时间由125小时锐减为78小时。1958年，在美国北极星导弹设计中，应用计划评审技术(PERT)，将项目任务之间的关系模型化，使设计完成时间缩减了2年。

20世纪60年代著名的阿波罗登月计划，采用网络计划技术使耗资300亿美元、2万家企业参加、40万人参与、涉及700万个零部件的项目顺利完成。

项目管理从美国最初的军事项目和宇航项目很快扩展到各种类型的民用项目，其特点是面向市场、迎接竞争。项目管理除了计划和协调外，对采购、合同、进度、费用、质量、风险等给予了更多重视，初步形成了现代项目管理的框架。

1965年，第一个专业性国际项目管理学会 IPMA(International Project Management Association)在瑞士洛桑成立。

1969年，美国成立项目管理协会 PMI(Project Management Institute)。

1976年，PMI在蒙特利尔会议开始制定项目管理的标准，形成项目管理职业雏形。

1984年，美国项目管理协会推出项目管理知识体系 PMBOK(Project Management Body Of Knowledge)和基于 PMBOK 的项目管理专业证书 PMP(Project Management Professional certification)两项标准。

进入20世纪90年代，项目管理有了新的进展。为了在迅猛变化、急剧竞争的市场中迎接经济全球化、一体化的挑战，项目管理更加注重人的因素、注重顾客、注重柔性管理，力求在变革中生存和发展。在这个阶段，项目管理应用领域进一步扩大，尤其在新兴产业中得到了迅速的发展，比如电信、软件、信息、金融、医药等现代项目管理的任务已不仅仅是执行任务，而且还要开发项目、经营项目以及为经营项目完成后形成的设施、产品和其他成果准备必要的条件。

一般认为，项目管理作为一门学科和专业化管理职业是以 IPMA 和 PMI 的成立为标志的。从此，项目管理在全球得到迅速的推广和普及，经过30多年来的不断发展，走过了第一代——传统的项目管理、第二代——全过程管理、第三代——组合管理，以及第四代——变化管理。变化管理的出现，使项目管理顺应了当前社会和科技越来越迅猛发展的需要，获得了与时俱进的品格。与此相适应，我们认为，项目管理最基本的方法论就是对项目目标的动态控制。

1.4.3 项目管理在中国的发展

中国对项目管理的系统研究和行业实践起步较晚。20世纪50年代，我国接受苏联的156个项目援助并对其进行管理，奠定了工业化基础。1980年，邓小平亲自主持了我国与世界银行合作的教育项目会谈，从此，中国开始吸收利用外资，而项目管理作为世界银行项目运作的基本管理模式随着中国各部委世界银行贷款、赠款项目的启动而开始被引入并应用于中国。随后，项目管理开始在我国部分重点建设项目中运用。云南鲁布革水电站是我国第一个聘用外国专家、采用国际标准、应用项目管理进行建设的水电工程项目，并取得成功。

1991年6月，中国项目管理研究委员会(Project Management Research Committee China，PMRC)成立。这是中国优选法、统筹法与经济数学研究会下属的民间组织，也是我国唯一的、跨行业、全国性、非营利的项目管理专业组织。其后，PMRC 隔年一次的会议对项目管理的学科建设产生了巨大的推动作用。这几次会议分别是：1991 年的西安会议，主题是网络计划技术及其应用与发展；1993 年的沈阳会议，主题是中国的项目管理理论与实践；1995 年的西安会议，这次会议是我国首届项目管理国际会议，有来自中国、美国、英国、俄罗斯、芬兰等国家的专家出席；1997 年的山东会议，主题是发展中的项目管理时代与变革。在这些研究成果的基础上，PMRC 成立了专家小组负责起草 C-PMBOK，于 2001 年 5 月正式推出了《中国项目管理知识体系》，同时建立了符合中国国情的《国际项目管理专业资质认证标准》(C-NCB)，C-PMBOK 和 C-NCB 的建立标志着中国项目管理学科体系的成熟。C-PMBOK 的突出特点是以生命周期为主线，以模块化的形式来描述项目管理所涉及的主要工作及其知识领域。基于这一编写思路，C-PMBOK 将项目管理的知识领域分为 88 个模块。由于 C-PMBOK 模块结构的特点，使其具有了各种知识组合的可能性，特别是对于结合行业领域和特殊项目管理领域知识体系的结构非常实用。

值得我们怀念的是，我国著名数学家华罗庚的不朽工作。早在 20 世纪 60 年代，华罗庚就倡导、研究和推广网络计划技术。当时把这些内容定名为"统筹法"和"优选法"，其中"统筹法"的得名来源于当时我国"统筹兼顾，全面安排"的政策。以下是华罗庚的一些标志性的成果。

1964 年，华罗庚带领中国科技大学部分老师和学生到西南三线建设工地推广应用统筹法，在修铁路、架桥梁、挖隧道等工程项目管理上取得了成功。

1965 年，华罗庚著《统筹方法平话及其补充》，由中国工业出版社出版。该书的核心是提出了一套较系统的、适合我国国情的项目管理方法，包括调查研究、绘制箭头图、找主要矛盾线，以及在设定目标条件下优化资源配置等。

1970 年 5 月，华罗庚带领陈德泉、计雷两位助手到上海炼油厂蹲点，在"酚精炼扩建改建工程"上应用统筹法。该设备每天产值 20 多万元，原计划需停工一个多月的扩建改建工程，应用统筹法后实际只用了 5 天便完成了。

20 世纪 70 年代初，华罗庚创建并带领"推广优选法和统筹法小分队"，到全国 23 个省、市、自治区推广统筹法和优选法，中国特色的项目管理在全国各地全面开花。

1980 年后，华罗庚和他的助手们开始将统筹法应用于国家特大型项目，如"两淮煤矿开发"项目、"准噶尔露天煤矿煤、电、运同步建设"项目。

以上工作实际上已经使华罗庚成为我国项目管理学科的创始人，从某种意义上我们可以称华罗庚是中国项目管理之父。

1.4.4　项目管理发展的趋势和特点

21 世纪是一个项目管理的时代，其发展趋势体现为全球化、多元化和专业化。主要的特点有以下四个。

1) 项目管理的应用领域不断扩展

项目管理已经从最初的工程领域扩展到社会的各个领域，涉及世界的方方面面。软件、信息、机械、文化、石化、钢铁等各种领域的企业更多采用项目管理的管理模式。项目的概念在原有工程项目的领域中有了新的含义，一切皆项目，按项目进行管理成为各类企业和各行各业发展的共识。

2) 项目管理的学科地位得到肯定

项目管理成为一门新学科，形成了完整的学科体系，成立了各种学会、协会和认证中心，培养了项目管理专业方向的本科生、研究生。

在我国，项目经理与项目管理人员多为各行各业技术的骨干。项目经理通常要花 5～10 年的时间，甚至需要付出昂贵的代价后，才能成为一个合格的管理者。基于这一现实及项目对企业发展的重要性，项目管理的非学历教育走在了学历教育的前边，这一非学历教育的发展是学历教育的有力支撑。

3) 计算机技术在项目管理中的应用迅速发展

单项性能的计算机软件得到了广泛应用，并向集成化方向发展，如项目管理信息系统、项目决策支持系统、项目专家系统等。

4) 项目管理融入了更多学科

组织行为学、管理理论和技术方法等学科与项目管理有机结合，使项目管理学科的理论性和实践针对性更强。

1.5 现代项目管理知识体系以及资格认证考试

1.5.1 现代项目管理知识体系

现代项目管理知识体系是现代项目管理中开展的各种管理活动所要使用的各种理论、方法和工具，以及所涉及的各种角色的职责和角色之间的相互关系等一系列项目管理理论与知识的总称。概括国内外的研究成果，项目管理知识体系有三类，它们分别由美国、欧洲和中国所提出。

1. 美国项目管理协会及其《项目管理知识体系指南》

美国项目管理协会(PMI)成立于 1969 年，是当今全球最大的由研究人员、学者、咨询和管理人员组成的项目管理专业组织。它一直致力于项目管理领域的研究工作，创造性地制定了行业标准。由 PMI 组织编写的《项目管理知识体系指南》已经成为项目管理领域最具权威的教科书。

项目管理知识体系是项目管理专业领域知识的总称。它由 PMI 总结项目管理实践中成熟的理论、方法、工具和技术所提出。1981 年 PMI 开始立项，1987 年推出第一部《现代项目管理知识体系指南》。1994 年 8 月，发布了《项目管理知识体系指南》草稿，1996 年正式颁布《项目管理知识体系指南》，现在使用的是 2008 年发行的第 4 版。

在 PMBOK 中项目管理知识被划分为九大领域，即项目集成管理、项目范围管理、项目时间管理、项目成本管理、项目质量管理、项目人力资源管理、项目沟通管理、项目风险管理和项目采购管理，每个知识领域包括数量不等的项目管理过程。

(1) 项目集成管理(Project Integration Management)也叫整体管理或综合管理，它是将项目管理的各种不同要素综合为整体的过程，这项管理的主要内容包括项目集成计划的制订、项目集成计划的实施和项目总体变更的管理与控制。

(2) 项目范围管理(Project Scope Management)是对确保达到项目目标所必须完成工作的管理过程，包括范围的界定与识别、范围规划、工作内容结构的制定、范围核实和范围控制。

(3) 项目时间管理(Project Time Management)是在项目管理过程中为确保项目按时完成而开展的工作，包括项目活动定义、活动安排、活动时间估计、进度发展和进度控制等内容。

(4) 项目成本管理(Project Cost Management)是在项目管理过程中用以确保项目在预算内完成的管理过程，包括资源计划配置、成本估算、成本预算和成本控制等。

(5) 项目质量管理(Project Quality Management)是确保项目达到既定的质量要求所进行的管理过程，包括质量计划编制、质量保证和质量控制等。

(6) 项目人力资源管理(Project Human Resource Management)是用以确保项目最大限度地使用有关人员所开展的项目管理工作，包括组织计划编制、人员获取、项目团队建设和激励等。

(7) 项目沟通管理(Project Communication Management)是确保项目信息恰当地传播和交流所实施的管理过程，包括沟通计划编制、信息发布、绩效报告等。

(8) 项目风险管理(Project Risk Management)是指对项目风险从识别到分析乃至采取应对措施等一系列过程，其目的是降低或减少项目所面临的损失，主要内容包括项目风险识别、风险量化、风险响应和风险响应控制等。

(9) 项目采购管理(Project Procurement Management)是指在项目管理过程中为确保项目的顺利开展和实施能够从组织外部寻求和获得产品、服务或成果的过程，包括采购规划、发包规划、询价、招标投标、合同管理和合同收尾等。

2. 国际项目管理学会及其 ICB

国际项目管理学会(International Project Management Association，IPMA)是一个非营利性的组织，成立于 1965 年，总部设在瑞士洛桑。它的成员主要是各个国家的项目管理协会，其宗旨是促进全球项目管理发展。

IPMA 与每个国家的项目管理组织的分工是：每个国家的项目管理组织负责实现项目管理本地化的特定需要，而 IPMA 则负责协调国际间的具有共性的项目管理的需求。IPMA 还提供范围广泛的产品和服务，包括研究和发展、培训和教育、标准和认证，以及举行各种研讨会等。其会员组织可以得到许多优惠。国际项目管理专业资质(International Project Management Professional，IPMP)认证是 IPMA 在全球推行的 4 级项目管理专业资质认证体系的总称。IPMP 认证的基准是 IPMA 编制的项目管理知识体系标准，即《国际项目管理专业资质标准》(IPMA Competence Baseline，ICB)。其特点如下。

(1) 对项目管理者的素质要求大约有 34 个方面。其中，28 个为核心要素，6 个为辅助要素。

(2) 允许各成员组织(国)变更除了 28 个核心要素之外的其他要求的 20%，以照顾不同民族、不同文化以及新的职业发展需求。

(3) 特别强调从事项目管理人员的实践背景。

(4) 特别注意项目管理学科与具体专业知识的结合。

(5) 认证极为严格，尤其是对高级项目管理人员的认证。

3. 中国项目管理知识体系框架

基于以上两个项目管理知识体系，为建立适合我国国情的"项目管理知识体系"，形成我国项目管理学科和专业的基础，我国于1993年开始研究中国项目管理知识体系，并于2001年7月正式推出中国项目管理知识体系文件——《中国项目管理知识体系》(C-PMBOK)。中国项目管理知识体系主要以项目生命周期为基本线索而展开，从项目及项目管理的概念入手，按照项目开发及其相应的知识内容，同时考虑到项目管理过程中所需要的共性知识及方法工具，共分为88个知识模块，如表1-1所示。

表1-1　中国项目管理知识体系框架

1	项目与项目管理	1.1	项目						
		1.2	项目管理						
2	概念阶段	2.1	一般机会研究	2.4	初步可行性研究	2.7	商业计划书的编写		
		2.2	特定项目机会研究	2.5	详细可行性研究				
		2.3	方案策划	2.6	项目评估				
3	规划阶段	3.1	项目背景描述	3.5	工作分解	3.9	资源计划	3.13	质量保证
		3.2	目标确定	3.6	工作排序	3.10	费用估计		
		3.3	范围规划	3.7	工作延续时间估计	3.11	费用预算		
		3.4	范围定义	3.8	进度安排	3.12	质量计划		
4	实施阶段	4.1	采购规划	4.5	实施计划	4.9	费用控制	4.13	生产要素管理
		4.2	招标采购的实施	4.6	安全计划	4.10	质量控制	4.14	现场管理与环境保护
		4.3	合同管理基础	4.7	项目进展报告	4.11	安全控制		
		4.4	合同履行和收尾	4.8	进度控制	4.12	范围变更管理		
5	收尾阶段	5.1	范围确认	5.3	费用决算与审计	5.5	项目交接与验收	5.7	项目评价
		5.2	质量验收	5.4	项目资料与验收	5.6	项目审计		
6	共性知识	6.1	项目管理组织形式	6.7	企业项目管理	6.13	讯息分发	6.19	风险监控
		6.2	项目办公室	6.8	企业项目管理组织设计	6.14	风险管理规划	6.20	信息管理
		6.3	项目经理	6.9	组织规划	6.15	风险识别	6.21	项目监理
		6.4	多项目管理	6.10	团队建设	6.16	风险评估	6.22	行政监督
		6.5	目标管理与业务过程	6.11	冲突管理	6.17	风险量化	6.23	新经济项目管理
		6.6	绩效评价与人员激励	6.12	沟通规划	6.18	风险应对计划	6.24	法律法规

续表

7 方法和工具	7.1	要素分层法	7.7	不确定性分析	7.13	责任矩阵	7.19	质量控制的数量统计方法
	7.2	方案比较法	7.8	环境影响评价	7.14	网络计划技术	7.20	挣得值法
	7.3	资金的时间价值	7.9	项目融资	7.15	甘特图	7.21	有无比较法
	7.4	评价指标体系	7.10	模拟技术	7.16	资源费用曲线		
	7.5	项目财务评价	7.11	里程碑计划	7.17	质量技术文件		
	7.6	国民经济评价方法	7.12	工作分解结构	7.18	并行工程		

1.5.2 项目管理资格认证

进行资格认证考试的目的是鼓励人们更多地了解项目管理这门新兴的管理学科，把握其思想的精髓，适应新的市场发展的需要，并推动行业的发展。最早的项目管理资格认证是由 PMI 提出的，随后英、法、德等国也纷纷提出了相应的证书体系。目前，中国也建立了自己的项目管理专业人员资质认证体系。

1) PMP 认证

PMP 认证是由 PMI 发起的严格评估项目管理人员知识技能是否具有高品质的资格认证考试。由于 PMI 已经成为全球项目管理的权威机构，因此，其组织的项目管理资格认证考试也已经成为项目管理领域的权威认证。不仅如此，国际标准化组织(ISO)还以 PMBOK 为框架制定了 ISO 10006 标准，同时，ISO 通过对 PMI 资格认证体系的考察，向其颁发了 ISO 9001 质量管理体系证书。

PMP 资格认证考试在全球范围内进行，针对在项目立项、规划、实施、控制和完成等过程中已被国际上项目管理从业人员普遍接受和使用的项目管理概念、技术和程序，对要求认证的人员进行评估。中国于 1999 年年底，由北京现代卓越管理技术交流中心与 PMI 签订合同，将 PMP 认证引入中国。项目管理师证书已经成为项目管理人员执业、求职、任职的资格凭证，是用人单位招聘录用人才的主要依据，得到了国家承认，并在全国范围内有效。

2) IPMP 认证

IPMP 是 IPMA 在全球推行的 4 级项目管理专业资质认证体系的总称，针对项目管理人员专业水平的不同，将项目管理人员资质认证划分为四个等级，即 A 级、B 级、C 级和 D 级，每个等级分别授予不同级别的证书。根据 IPMP 认证等级划分获得 IPMP 各级项目管理认证的人员，将分别具有负责大型国际项目、大型复杂项目、一般复杂项目或具有从事项目管理专业工作的能力。

3) CPMP 认证

中国项目管理师(China Project Management Professional，CPMP)是中华人民共和国人力

资源和社会保障部(原劳动和社会保障部)在全国范围内推行的项目管理专业人员资质认证体系的总称。

它共分为四个等级：项目管理员(职业资格四级)、助理项目管理师(职业资格三级)、项目管理师(职业资格二级)、高级项目管理师(职业资格一级)，每个等级分别授予不同级别的证书。

结合以上内容，可把CPMP、PMP和IPMP的区别概括如表1-2所示。

表1-2 CPMP、PMP和IPMP的比较

比较项目	CPMP	PMP	IPMP
颁证机构	国家劳动和社会保障部职业技能鉴定中心	美国项目管理协会PMI 1969年成立于美国	国际项目管理协会IPMA 1965年由德、法、英等国项目管理研究机构成立于瑞士
考试级别	四级认证体系	有PMP和CAPM	四级认证体系
认证体系	一级 高级项目管理师 二级 项目管理师 三级 助理项目管理师 四级 项目管理员	PMP 项目管理权威人士 CAPM 项目管理助理师	A级 CPD 高级项目经理 B级 CPM 项目经理 C级 PMP 项目管理专家 D级 PMF 项目管理专业人员
考试语言	中文	全球共九种语言	按全球各成员国各自的本土语言

本 章 小 结

项目就是在某些约束条件下需要完成的某种任务或者需要解决的某种问题。项目的特征表现为：具有明确的目标；有确定的开始和结束日期；是一次性、独特性的工作；完成这样的工作往往还需要一个临时性的组织等。

项目管理是运用各种知识、技能、方法与工具，为满足或超越项目有关各方对项目的要求与期望所开展的各种计划、组织、领导和控制等方面的活动。项目管理具有普遍性、目的性、独特性、创新性和集成性等特点。

项目从始至终的过程就是项目的生命周期，它可以划分为一系列的阶段，一般而言，项目的生命周期可分为：项目定义与决策阶段、项目计划与设计阶段、项目实施与控制阶段、项目完工与交付阶段。

项目管理的四大目标包括：时间、成本、质量性能和范围。

项目管理的五个过程是：启动过程、计划过程、执行过程、控制过程、结束过程。

项目管理包括如下九个方面的内容：项目范围管理、项目进度管理、项目成本管理、项目质量管理、项目人力资源管理、项目风险管理、项目沟通管理、项目采购及合同管理、项目综合管理。

综 合 练 习

一、单选题

1. 对项目而言,"一次性"是指(　　)。
   A. 每个项目都有明确的起止时间　　B. 项目周期短
   C. 项目将在未来不能确定的时候完成　　D. 项目随时可能取消

2. 项目是一系列(　　)的活动和任务。
   A. 具有特定目标　　B. 具有明确开始和终止日期
   C. 消耗资源　　D. 以上皆是

3. 下列属于项目的是(　　)。
   A. 生产线上生产汽车　　B. 管理一个公司
   C. 修建一座水库　　D. 信息系统的维护

4. 随着项目生命周期的进展,资源的投入(　　)。
   A. 逐渐变大　　B. 逐渐变小
   C. 先变大后变小　　D. 先变小再变大

5. 确定项目是否可行是在(　　)工作过程中完成的。
   A. 项目启动　　B. 项目计划
   C. 项目执行　　D. 项目收尾

二、多选题

1. 项目管理的基本特性有(　　)。
   A. 目的性　　B. 独特性　　C. 普遍性
   D. 创新性　　E. 集成性

2. 以下关于项目和日常运营说法正确的是(　　)。
   A. 项目中存在较多创新性、一次性的工作和活动
   B. 日常运营中存在较多确定性、程序性、常规性和不断重复的工作或活动
   C. 项目的组织形式多数是团队性的
   D. 项目的环境是相对不确定的
   E. 运营工作的组织管理模式主要以基于过程和活动的管理系统为主

3. 项目管理的过程分为(　　)。
   A. 启动过程　　B. 计划过程
   C. 执行和控制过程　　D. 收尾过程

4. 下列属于项目的实例是(　　)。
   A. 举办一场婚礼　　B. 开发一种新的计算机软件系统
   C. 提供金融服务　　D. 管理一个公司

5. 项目生命周期一般包括(　　)阶段。
   A. 计划　　B. 启动　　C. 可行性研究　　D. 收尾

三、简答题

1. 什么是项目？项目有哪些特点？
2. 什么是项目管理？项目管理有哪些特点？

四、讨论题

1. 项目与日常运营有哪些不同点？
2. 随着知识经济和网络化社会的发展，你认为项目管理会有哪些大的变化？

五、案例分析

北京2008年奥运会会徽"中国印"的诞生

2003年8月3日晚，在北京天坛祈年殿前，第29届奥林匹克运动会组织委员会(简称北京奥组委)举行了隆重的第29届奥林匹克运动会会徽发布仪式，2008年北京奥运会会徽揭开了神秘的面纱。当回顾2008年北京奥运会会徽诞生历程的时候，人们发现它经历了启动准备、作品征集、会徽评选、修改审批和会徽发布五个阶段，历时1年4个月。

第一阶段：启动准备(2002年4—7月)

2001年7月13日，国际奥委会主席萨马兰奇宣布，北京获得了2008年奥运会举办权。从这一时刻起，把29届奥运会举办成历史上最出色的奥运会的光荣使命便落到了中国人的肩上。而要举办一届出色的奥运会，首先必须创造一个出色的会徽。

2002年4月5日和6日，北京奥组委组织召开了"北京2008年奥运会视觉形象设计研讨会"。这次会议的举行标志着北京2008年奥运会视觉形象工程正式启动。奥运会视觉形象工程包括制定奥运会形象与景观的总体战略，通过奥运会标志和吉祥物等一系列系统设计，来完成奥运会的创作理念。

2002年7月2日和3日，北京奥组委在北京国际会议中心举办了"北京2008"奥林匹克设计大会，来自世界各地和全国的著名设计师和设计公司代表等共计500多人参加了会议。在会上，北京奥组委公布了《2008年奥运会会徽设计大赛规则和程序》，向全球1500多名专业设计师正式发出邀请，征集2008年北京奥运会会徽作品。这次会议标志着2008年北京奥运会会徽作品征集工作正式拉开序幕。

第二阶段：作品征集(2002年7—10月)

2002年10月8日是2008年北京奥运会会徽作品征集的截稿日期。从7月4日到10月8日，北京奥组委共收到应征有效作品1985件，其中，来自中国(包括香港特别行政区、台湾省)的作品1763件，国外设计公司的作品有222件。

第三阶段：会徽评选(2002年10—11月)

2002年10月14—16日，会徽专家评选委员会(国内评委7人、国外评委4人)对应征作品进行了初评。根据评选结果，102件作品进入复评。

2002年11月3日和4日，会徽专家评选委员会对102件入围作品进行了复评。复评产生了前10名设计大赛获奖作品，获得第一名的作品是第1498号，就是2008年北京奥运会会徽"中国印"的原型。

2002年11月6日，会徽评议委员会举行会议，评选结果与会徽专家评选委员会完全一致。专家评选委员会将最终评选出的10件作品提交北京奥组委执行委员会。

第四阶段：修改审批(2002年12月—2003年3月)

北京奥组委执行委员会于2002年11月21日和26日先后组织了两次研讨会，会议确定将"中国印"作为会徽备选作品进行修改。

2002年12月下旬—2003年2月8日，"中国印"的原创作者及有关专家对"中国印"作品进行反复修改和完善。

2003年1月下旬，北京奥组委委托国家商标局和国际奥委会知识产权顾问公司对会徽备选作品进行国内国际商标注册在先权检索，以免在局部细节上与现有徽标出现雷同。

2003年2月11日，会徽特别评选委员会召开会议，修改后的会徽备选作品在会上获得国内外专家评委的一致认可。

2003年2月17日，北京奥组委执行委员会再次对会徽备选作品进行审议，确认"中国印"为会徽备选作品。

2003年2月28日，北京奥组委将会徽备选作品报送2008年北京奥运会工作领导小组(国务院)审批，获得批准。

2003年3月28日，北京奥组委将会徽备选作品报送国际奥委会审批。同日，会徽得到国际奥委会的一致认可。

第五阶段：会徽发布(2003年8月3日)

2003年8月3日，2008年北京奥运会会徽的发布仪式在天坛祈年殿前隆重举行。发布仪式由时任北京市代市长、北京奥委会执行主席王岐山主持。在发布仪式上，中共中央政治局常委、全国人大常委会委员长吴邦国与第29届奥运会协调委员会主席一起为2008年北京奥运会会徽——"中国印"揭幕。国际奥委会主席罗格发表了电视讲话，他说："今晚揭幕的北京奥运会会徽将成为世界上最引人注目且最为人们所熟悉的标识之一，将成为奥林匹克运动史上最出色且最有意义的标识之一。"

问题：

1. 2008年北京奥运会会徽"中国印"的诞生是一个项目吗？
2. "中国印"项目的完成经历了哪几个阶段？为什么与理论上讲述的项目生命周期阶段的划分不同？

技 能 训 练

实训背景：

项目已经成为企业持续发展的重要依托。

随着项目应用的拓展，项目的应用领域不仅超越了类似于金字塔、万里长城这样的大型工程，而且已经渗透到人们的日常生活和工作中，成为企业生存的一种方式。

概括来讲，人们每天都在做着两类事情，即做重复的事情和非重复的事情。前者如每天都进行的起床、洗脸、刷牙、睡觉等活动。后者则如参加一次聚会、参加一次培训、组织一次旅游、进行家庭装修等。这些非重复性的事基本都是一个一个的项目。如果说重复性的事的作用只是维持正常的生活运转，那么只有做好非重复性的事，即项目，才是个人发展的关键。只有非重复性的事，才能提升个人价值，才能更好地提高生活质量。因此，要做好非重复性的事，即做好自己的项目，就必须培养和建立项目的思维方式。

实训步骤：

第一步：使用一些例子来认识项目的定义和特点。

关于项目的定义，不同的组织、不同的学者所处的行业不同、角度不同，得到的结论不同。但是，各种定义中却都可以反映出项目的共性来，那就是一次性、目的性、独特性、制约性、过程性、不确定性等。

下面有一些例子，请指出你认为是"项目"的，并深刻体会项目的定义，以及这些"项目"的特点。

(1) 运营电视剧生产装配线。

(2) 上马一条生产线。

(3) 引入一个从未从其采购过产品的新供应商。

(4) 引入一个新供应商来替代某个重要产品已有的单一供应商。

(5) 在某产品的 100 个供应商中引入 1 个，其产品每年都被重复采购。

(6) 制定一个新的采购流程手册，包括以前从未写过的文件和活动标准，不同的人采取不同的做法。

(7) 制定一个你自己使用的采购流程手册，用于定义自己做什么，但是别人不使用。

(8) 带领一个团队调查重组的可能性。

第二步：选取一个已经完成或接近完成的项目，分析该项目的特性。

(1) 目的性。任何项目都具有强烈的目的性，并通过明确的项目目标表现出来。项目目标一般由成果性目标和约束性目标组成。成果性目标是指项目的最终目标，在项目实施中需要将其转换成为功能性要求或过程要求，是项目全过程的主导目标。约束性目标又称限制条件，是指限制项目实施的客观条件和人为约束，因而是项目实施过程管理的主要目标。

(2) 独特性。项目是一次性的任务，这意味着每一个项目都具有特殊性，主要表现在目标、环境、条件、组织、过程等诸多方面。

(3) 制约性。项目需运用各种资源来执行任务。资源可能包括不同的人力、组织、设备、原材料和工具。项目的制约性指的是项目在这些资源方面受到的限制。

(4) 过程性。项目是一个在有限时间内完成的任务，有开始时间和结束时间。任何项目都会经历一系列阶段才能够最终达成项目目标。

(5) 不确定性。每个项目都有一定的风险性，一旦一个项目开始了，就有可能发生无法预见的情况，如某些原材料的成本可能会高于最初估计的成本、恶劣的天气可能会导致时间延误等。

第 2 章　项目组织与项目团队

"人类由于受生理、心理、物质和社会的限制,为了达到个人的和共同的目标,就必须合作,从而形成某种组织。"

——管理学家巴纳德

学习目标:

知识目标	技能目标
了解项目组织的典型结构类型	学会选择项目组织的形式
了解项目团队的特点	熟悉项目团队创建和发展不同阶段的管理要点
了解项目团队创建和发展的过程	
了解项目团队精神和团队绩效	
了解项目经理的技能和素质要求	

项目要由人来执行,并且需要建立项目班子。大型、复杂项目的组织班子往往可组成独立的机构,如我国长江三峡工程总公司、欧洲隧道公司等。不过,多数项目班子存在于一个较大的组织机构中,是其中的一部分。有的机构往往同时执行多个项目,设立多个项目班子。我们把执行项目的组织叫作项目组织。

项目组织是项目管理的基本职能之一。项目组织的主要目的是充分发挥项目管理功能,提高项目管理的效率,达到项目管理的目标。

项目组织与其他组织一样,要有好的领导、章程、沟通、人员配备、激励机制,以及友好的组织文化等。同时,项目组织也有与其他组织不同的特点。项目组织有其生命周期,经历建立、发展和解散的过程,项目组织在不断地更替和变化。组织的一个基本原则是因事设人。根据项目的任务设置机构,设岗用人,事毕境迁,及时调整,甚至撤离。项目要有机动灵活的组织形式和用人机制,并且各个项目利益相关者之间的联系都是有条件的、松散的;他们是通过合同、协议、法规以及其他各种社会关系结合起来的;项目组织没有明确的组织边界,项目利益相关者及其个别成员在某些事物中属于某项目组织,在另外的事物中可能又属于其他组织。此外,项目中各利益相关者的组织形式也是多种多样的。

2.1　项目组织概述

2.1.1　项目组织的概念

项目组织是从事和承担项目的具有独立性的组织实体。它是为了完成某个特定的项目任务而由不同部门、不同专业的人员所组成的一个特别工作组织,通过计划、组织、领导、控制等过程,对项目的各种资源进行合理配置,以保证项目目标的成功实现。

2.1.2 项目组织的特征

作为组织的一种类型，项目组织既具有一般组织的特征，同时由于项目和项目管理的特殊性，又决定了项目组织拥有以下一些不同的特征。

1) 临时性

项目组织是为完成项目而组建、为项目建设服务的组织。由于项目是一次性的，因此，一旦项目结束，项目组织的使命即告完成，项目组织便会随着项目的结束而解散。

2) 任务导向性

项目组织常常是因任务而设，即根据任务设立起来的组织单元。它的存在目的通常是组织为了有效应对不确定性及变化，更好地满足顾客多变的独特需求，于是以项目(或任务)为组织单元，围绕任务来集结各种资源。

3) 灵活性

项目组织的形式和用人机制具有很大的机动灵活性和柔性。项目组织的柔性还反映在各个项目利益相关者之间的联系都是有条件的、松散的，它们是通过合同、协议、法规以及其他各种社会关系结合起来的。项目组织不像其他组织那样有明确的组织边界，项目利益相关者及其个别成员在某些事物中属于某项目组织，在另外的事物中可能又属于其他组织。

4) 既强调统一领导又重视团队合作

项目经理是项目的负责人，是项目的直接管理者，他对项目的计划、组织、实施以及保证项目目标的实现负全权责任。项目经理在项目组织中处于核心地位，对项目组织的组建、项目实施的进度与费用控制、项目目标的实现起重要作用，是沟通和协调项目所有利益相关者的核心人物。但是由于项目组织是将服务于项目的不同部门、不同工序、不同层次的人员组合在一起，通过协作，围绕项目的目标一起努力工作，以保证项目目标的达成的组织，所以，项目的成功需要成员之间团结一致、密切配合。因此，项目组织在项目经理的统一领导之下，更加强调团队的协作精神。

2.1.3 项目组织的结构类型

一般来说，项目组织的结构形式通常有三种：职能式组织结构、项目式组织结构、矩阵式组织结构。

1. 职能式组织结构

职能式组织结构是最基本的项目组织形式，目前使用比较广泛。职能式组织结构有两种表现形式：一种是将一个大的项目按照公司行政、人力资源、财务、各专业技术、营销等职能部门的特点与职责，分成若干个子项目，由相应的各职能单元完成各方面的工作；另一种形式是对于一些中小项目，在人力资源专业等要求不严的情况下，根据项目专业特点，直接将项目安排在公司某一职能部门内部进行，在这种情况下，项目团队成员主要由该职能部门人员组成，当前这种形式在国内各咨询公司中经常见到。

通常情况下，职能式组织结构是一个金字塔形的结构，高层管理者位于金字塔的顶部，中层和底层管理者则沿着塔顶向下分布。这种组织结构的特点是任务专业化和权力集中。

职能式组织结构如图 2-1 所示。

职能式组织结构具有如下优点。

(1) 该组织结构层次清晰、结构分明，每一个团队成员都有自己明确的上司。

(2) 充分利用公司内部资源，人员使用灵活，可尽量避免人员和设备的浪费。

(3) 该组织结构的部门是按照职能和专业进行划分的，有利于各职能部门的专业人员钻研业务，从而提高其专业技能。

(4) 该组织结构为本部门的团队成员日后的职业生涯提供了保障。

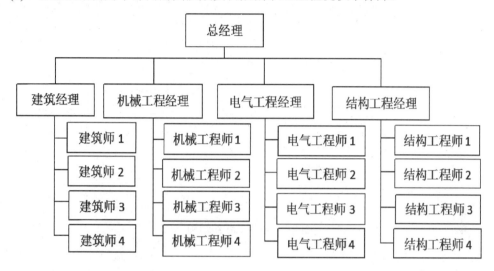

图 2-1　职能式组织结构

职能式组织结构的缺点如下。

(1) 项目团队成员属于原来的职能部门，他们都有自己的日常工作，项目不是其活动和关心的重点，常常会因为追求局部利益而忽视了客户和项目的整体利益，具有一定的狭隘性。

(2) 由于项目团队成员通常情况下是兼职的，因此，他们不会主动承担责任和风险，而且，项目团队成员是由职能经理派遣的，具有一定的流动性，导致权责难以明确，给项目的管理带来了一定的困难。

(3) 项目团队成员来自于不同的职能部门，横向联系较少，成员之间缺乏合作。

(4) 当不同职能部门发生利益冲突且因项目经理的权力限制难以协调时，可能会影响项目目标的实现。

2. 项目式组织结构

当环境迅速变化时，专业分工和集中管理所带来的问题就更加明显。当变化迅速发生时，组织中的人员必须立即作出决策。在基层从事实际工作的那些人员对变化最为敏感，因而处于能够迅速作出决策的最佳位置。可是，出于权力的集中，通常的决策必须在远离实际问题的地方作出。等到决策反馈回来，时机已经过去了。

解决这种问题的方法之一是：把决策权下放给现场实际工作人员。然而，这种办法带来的问题是，从事实际工作的人往往因为视野狭窄而作出目光短浅的决策。因此，需要拓宽基层人员的视野。由此就形成了项目式组织。

项目式组织结构的部门是按照项目来设置的，每个部门相当于一个微型的职能型组织，每个部门都有自己的项目经理及其下属的职能部门，如图2-2所示。项目经理全权管理项目，享有高度的权力和独立性，并配置项目所需的全部资源，对项目成员有着直接的管理权力。所有的项目成员都是专职的，当一个项目结束时，团队通常就解散了，团队中的成员可能会被分配到新的项目中去。

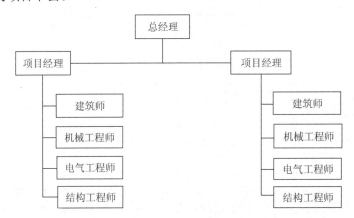

图 2-2　项目式组织结构

项目式组织结构的优点如下。

(1) 项目经理对项目全权负责。项目经理可以全身心地投入项目，可以像总经理管理公司一样管理整个项目，可以调用整个组织内部或外部的资源。项目组的所有成员直接对项目经理负责，项目经理是项目的真正领导人。

(2) 有利于沟通。项目从职能部门中分离出来，使得沟通途径更加便捷。项目经理可以避开职能部门直接与公司的高层管理者进行沟通，从而提高了沟通的速度。

(3) 能充分发挥团队精神。项目式组织结构中，团队成员能够集中精力于项目目标，从而使团队精神得以充分发挥。

(4) 决策速度快。权力的集中使决策的速度得以加快，整个项目组织能够对客户的需求和高层管理的意图作出更快的响应。

(5) 命令的协调一致。在项目式组织结构中，每个成员只有一个上司，避免了多重领导、无所适从的局面。

(6) 便于项目控制。项目式组织从结构上来说简单灵活、易于操作，在进度、成本和质量等方面的控制也较为灵活。

项目式组织结构的缺点如下。

(1) 资源重复配置。当一个公司有多个项目时，每个项目都有自己一套独立的班子，这会造成人员、设施、技术及设备等的重复配置。

(2) 容易造成组织规章制度执行上的不一致。这种形式将项目从职能部门的控制中分离出来，行政管理比较松散，可能会造成企业规章制度执行上的不一致。

(3) 在项目式组织结构中，成员与项目之间及成员相互之间都存在很强的依赖关系，但项目成员与公司的其他部门之间却有较清楚的界限。这种界限不利于项目与外界的沟通，同时也容易引起一些不良的矛盾和竞争。

(4) 对项目成员来说，缺乏一种事业的连续性和保障，项目成员缺乏归属感。项目一旦结束，项目成员会担心失去"家"，不知道接下来会发生什么，如会不会被暂时解雇、会不会被安排去做低档的工作、会不会被其他项目看中、原来的项目组会不会解散等。

3. 矩阵式组织结构

由于职能式组织结构和项目式组织结构都有自己的优缺点，要解决这些问题，就需要将二者结合起来发挥各自的优点，避免各自的缺点。矩阵式组织结构就是为了最大限度地利用组织中的资源和能力而发展起来的。它是在职能式组织结构的垂直层次结构中叠加了项目式组织的水平结构，所以同时兼有职能式组织结构和项目式组织结构的优点，如图2-3所示。矩阵式组织结构在一定程度上避免了上述两种结构的缺陷，在职能式组织和项目式组织之间找出最佳平衡，从而发挥出这两种组织结构的最大优势。

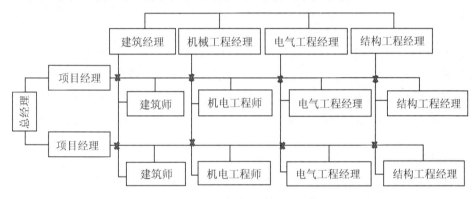

图2-3 矩阵式组织结构

根据项目组织中项目经理和职能经理责权利的大小，又可以将矩阵式组织结构具体分为弱矩阵式、平衡式和强矩阵式三种形式。

(1) 弱矩阵式组织。在这种组织结构中，虽然是有一个项目经理来负责协调项目活动、监督项目的完成，但是具体到决定哪些人以及何时完成工作等方面的管理工作是由职能经理负责的，因此，项目经理实际上没有多大权力，仅仅能够负责列时间表、检查表，以及搜集有关工作状况信息等工作。

(2) 强矩阵式组织。项目经理主要负责项目，职能部门经理根据项目经理设定的标准和时间表负责辅助分配人员。在这种组织结构中，项目经理对项目可以实施更有效的控制，但职能部门对项目的影响却在减少。强矩阵式组织类似于项目式组织，项目经理决定什么时候做什么，职能部门经理决定派哪些人、使用哪些技术。

(3) 平衡矩阵式组织。项目经理负责监督项目的执行，各职能部门经理对本部门的工作负责。项目经理负责项目的时间和成本，职能部门经理负责项目的界定和质量。一般来说，平衡矩阵很难维持，因为它主要取决于项目经理和职能经理的相对力度。平衡不好，要么变成弱矩阵，要么变成强矩阵。矩阵式组织中，许多员工同时属于两个部门——职能部门和项目部门，要同时对两个部门负责。

矩阵式组织力求发扬职能式组织和项目式组织的长处，克服二者的不足。它的优点主要表现为以下几个方面。

(1) 项目是工作的焦点。由于在这种结构中有专门的人即项目经理负责整个项目，负责在规定的时间及经费范围内完成项目的要求，因此，矩阵式组织结构具有项目式组织结构的长处。

(2) 由于项目式组织是覆盖在职能部门之上的，它可以临时从职能部门抽调所需人才，所以项目可以分享各个部门的专业技术人才储备。当有多个项目时，这些人才对所有的项目都是可用的，从而可以大大减少项目式组织结构中出现的人员冗余现象。

(3) 项目组成员对项目结束后的忧虑减少了。虽然他们与项目具有很强的联系，但他们对职能部门也有一种"家"的亲密感觉。

(4) 对客户要求的响应速度与项目式组织结构同样快捷，而且对组织内部的要求也能作出较快的反应。

(5) 采用矩阵式组织结构可以便于公司领导对项目的控制。这是因为在这种组织结构中通常会有来自行政部门的人员，而他们会在公司规章制度的执行过程中坚持项目与公司的一致性，这样就有助于公司对项目的领导。

(6) 有利于公司资源的有效利用。当公司内部有多个项目同时进行时，采用矩阵式组织结构有利于公司在人员及进度上统筹安排，优化整个系统的效率。

(7) 有较广的选择范围。职能部门可以为项目提供人员，也可以为项目提供服务，从而使得项目的组织具有很大的灵活性。所以矩阵式组织结构可以被许多不同类型的项目所采用。

矩阵式组织结构的缺点如下。

(1) 权力的均衡使工作受到影响。在矩阵式组织中权力是均衡的。由于没有明确的负责者，项目的一些工作就会受到影响。当项目成功时，大家会争抢功劳；而当项目失败时，则又会争相逃避责任。

(2) 很少关注组织整体目标。虽然矩阵式组织能够在几个项目之间进行进度、费用和质量方面的平衡，但这一优势也有其不利的一面，即每个项目经理都更关心自己项目的成功，而不是整个公司的目标。

(3) 项目经理间易产生矛盾。资源在项目之间流动容易引起项目经理之间的争斗。

(4) 项目与职能部门责权不清。项目经理在执行项目过程中要将项目和职能部门的责任及权利分清楚，这不是件容易的事。项目经理必须就各种问题，如资源分配、技术支持及进度等，与部门经理进行谈判。项目经理的这种谈判、协调能力对一个项目的成功是非常重要的，如果项目经理在这方面没有很强的能力，那么项目的成功将受到怀疑。

(5) 违背了统一命令的管理原则。项目成员至少有两个上司，即项目经理和部门经理。当两者的命令有分歧时，会令人感到左右为难、无所适从。项目成员需要对这种窘境有清醒的认识，否则会无法适应这种工作环境。

4. 混合式组织结构

除了以上介绍的三种组织结构外，还有混合式组织结构，即在一个公司中，可同时存在职能式组织的项目和项目式组织的项目。如图 2-4 就是一个典型的混合式组织结构。这种情况在实际的项目管理工作中并不少见。另外，许多公司都是先将刚启动尚未成熟的小项目放在某个职能部门的下面，然后当其逐渐成熟并具有一定地位以后，再将其作为一个独立的项目，最后也有可能会发展成一个独立的部门。

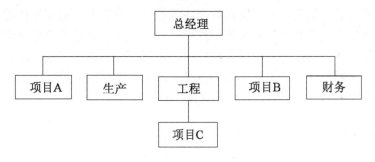

图 2-4　混合式组织结构

2.1.4　选择项目的组织结构形式

项目组织形式的选择是根据具体情况决定的，有时甚至也要靠直觉。在这方面不存在固定的原则，也没有可以用来临摹的范本。我们所能做的便是认真分析项目的性质和各种组织结构形式的特点，结合企业的文化倾向，从而作出最佳折中方案的选择。

对项目组织机构形式进行选择时，首先需要制订一份项目初步计划，以确定项目目标。其次，列举和项目目标相对应的任务，对每项任务要明确应负责的职能单位。然后，要考虑的是项目执行人(项目团队)、个人素质、技术因素、服务对象、政治关系、文化背景等。此外，公司的内外部因素也应考虑进去。理解了各种组织结构形式的优缺点，企业才能选择更有效的组织结构形式。

要确定项目组织的选择标准，可以采用如下步骤。

第一步，通过对项目目标的描述来定义项目的预期产出；

第二步，确定与每个目标相联系的主要任务及负责机构；

第三步，对关键任务进行排序，并进行工作分解；

第四步，确定工作执行部门以及协助部门；

第五步，列举项目特性和项目条件，如技术水平、项目规模、人员问题、部门分歧及其他相关问题，包括公司用不同的组织形式管理项目方面的经验；

第六步，结合以上各项内容，通过掌握各种组织结构形式的特点，最终选择一种最合适的项目组织结构形式。

2.2　项目团队

项目团队是项目组织的核心，建设一个高效的项目团队对项目的成功起着非常重要的作用。现代项目管理十分强调项目团队的组织和建设，注重按照团队的方式开展项目工作，这就使得项目团队建设和发展成为项目组织管理中的一项重要内容。

2.2.1 项目团队的概念和特点

1. 项目团队的概念

团队是一种为了实现某一个共同目标而由遵循同一规范的、相互协作的若干个体组成的正式群体。项目团队是为了适应项目管理而建立的团队，其根本使命是实现具体项目的目标和完成具体项目所确定的各项任务。建设一个团结、和谐、士气高昂、工作高效的团队，对最终完成项目目标具有至关重要的意义。一个有效率的项目团队不一定能决定项目的成功，而一个效率低下的团队，则必定会使项目失败。

2. 项目团队的特点

团队是一种先进的组织形式和运作方式。20世纪70年代，当沃尔沃、丰田等公司率先把团队的概念引入他们的生产过程的时候，曾经在企业界轰动一时，以致成为新闻热点。现在情况却大不相同了，不愿采用团队管理方式的现代企业有可能成为人们的笑谈。

项目团队具有以下特征。

(1) 团队组织存在的目的明确。项目团队在组建之初，就被赋予了明确的目标和任务。项目团队的唯一工作是完成项目的任务，实现项目的目标。正是这一共同的目标，将所有成员凝聚在一起，形成了一个团队。

(2) 项目团队是临时性组织。项目团队是基于完成项目任务和项目目标而组建的，一旦项目任务完成，团队的使命也就宣告终结，项目团队即可解散。

(3) 项目团队强调合作精神。项目团队是一个整体，它按照团队作业的模式开展项目工作，这就要求团队成员必须具有高度的合作精神，团队合作精神是项目成功的有力保障。

(4) 团队组织具有开放性。项目团队在组建的初期其成员可能较少，随着项目进展的需要，项目团队会逐渐扩大，而且团队成员的人选也会随着项目的发展而不断进行相应地调整。

(5) 项目团队是一个规范组织。项目团队都具有自己的各种规定和纪律，如具体的工作指标、绩效考核指标、工作进度评价标准等，团队成员必须共同遵守，只有这样，项目团队才可以正常开展项目工作。

2.2.2 项目团队的生命周期

多数情况下，项目团队成员来自不同的职能部门或不同组织，以前从未在一起工作过。要想使这样一些人聚集起来并发展成为一个高效的团队，需要经过一个过程。根据美国俄亥俄州立大学Bruce Tuckman的研究，通常可将这一过程分为五个阶段：形成阶段(Forming)、震荡阶段(Storming)、规范阶段(Norming)、执行阶段(Performing)、解体阶段(Adjourning)。一个团队投入运行后，它的团队精神、工作绩效在各个发展阶段的状态及其之间的关系是不同的。如图2-5所示。

1. 形成阶段

形成阶段是项目团队发展过程的最初阶段，它将一些个体人员转变成项目团队成员。这一阶段的特征是，项目团队成员具有一种积极向上的精神，并急于开始工作和表现自己，项目团队也在努力建立自己的形象，并试图对将要开始的工作进行分工和制订计划。

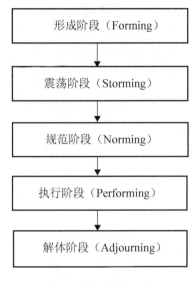

图 2-5　团队成长阶段

2. 震荡阶段

震荡阶段是团队内激烈冲突的阶段。随着工作的开展，各方面问题会逐渐暴露。成员们可能会发现，现实与理想不一致，任务繁重而且困难重重，成本或进度限制太过紧张，工作中可能与某个成员合作不愉快。这些都会导致冲突产生、士气低落。在这一阶段，项目经理要利用这一时机，创造一个理解和支持的环境。其具体做法如下。

(1) 允许成员表达不满或他们所关注的问题，接受及容忍成员的任何不满。
(2) 做好思想工作，努力解决问题、矛盾。
(3) 依靠团队成员共同解决问题，共同决策。

3. 规范阶段

项目团队经过一段时间的磨合后，就会进入正常发展的规范阶段。这一阶段的特征是，项目团队的矛盾程度降低，同时，随着成员的期望和实际情形的统一，他们的不满情绪也逐步降低。项目的规章制度得到改进和规范，具体的控制和决策权也逐步从项目经理转移到项目团队成员手中。

这一阶段项目团队成员之间开始建立相互信任、相互帮助的关系，开始互相交流看法，合作意识明显加强。所以，在这一阶段，项目经理应努力做到以下几点。

(1) 尽量减少指导性工作，给予团队成员更多的支持和帮助。
(2) 在确立团队规范的同时，要鼓励成员的个性发挥。

(3) 培育团队文化，注重培养成员对团队的认同感、归属感，努力营造出相互协作、相互帮助、相互关爱、努力奉献的团队气氛。

4. 执行阶段

执行阶段中项目团队成员之间的关系更为融洽、团队的工作绩效更高、团队成员的集体感和荣誉感更强，项目团队全体成员能开放地、坦诚地、及时地交换信息和思想，同时，项目团队也根据实际需要以团队、个人或临时小组的方式开展工作。此时项目团队成员之间相互依赖程度提高，项目经理给予项目团队成员的授权增多，甚至在项目工作出现问题时多数由项目团队成员自行解决，因此项目团队成员有了很高的满意度。这一阶段项目团队成员的情绪特点是开放、坦诚、依赖。在这一阶段，项目经理工作的重点如下。

(1) 授予团队成员更大的权力，尽量发挥成员的潜力。
(2) 帮助团队执行项目机会，集中精力了解掌握有关成本、进度、工作范围的具体完成情况，以保证项目目标得以实现。
(3) 做好对团队成员的培训工作，帮助他们获得职业上的成长和发展。
(4) 对团队成员的工作绩效作出客观的评价，并采取适当的方式给予激励。

5. 解体阶段

在解体阶段，项目团队完成任务，准备解散，这时项目团队成员面临离别，会感到失落。而团队领导为了形成新的发展阶段，有必要介绍关于新项目的好点子。

2.2.3 项目团队绩效与项目团队精神

1. 项目团队绩效与项目团队精神的关系

项目团队绩效，即项目团队的工作效率以及取得的成果，它是决定项目成败的一个至关重要的因素。影响项目团队绩效的因素有很多，其中最具有影响力的因素就是团队精神。

项目团队绩效和团队精神之间的关系非常紧密，而且在项目团队生命周期的不同阶段呈现出不同的特征。具体情况如图2-6所示。

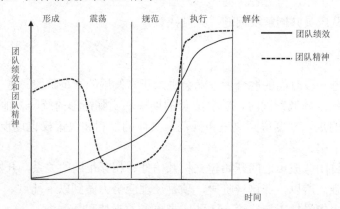

图2-6 项目团队绩效与团队精神在不同项目生命周期的关系

2. 项目团队精神的内涵

项目团队精神是项目团队的思想支柱，是一个团队拥有的精神的总和。即项目成员之间互相沟通、交流，真诚合作，为完成项目任务、实现项目目标而奋斗的精神。项目团队精神包含了以下内容。

(1) 项目成员的高度自主性是项目团队精神的基础。项目团队绩效首先来自于团队成员个人的成果，其次来自于集体成果。项目团队所依赖的是个体成员的共同贡献而得到的集体成果。因此，项目团队精神形成的基础是尊重个人的兴趣和成就。对项目的管理要根据不同的岗位设置，选拔不同的人才，给予不同的待遇、培养和肯定，让每一个成员都拥有特长，进而表现特长。

(2) 项目成员之间的相互协作是项目团队精神的核心。项目团队的一大特色是团队成员在才能上是互补的，共同完成目标任务的保证就在于工作中加强沟通，发挥每个人的特长，利用个性和能力差异，在团结协作中实现优势互补，发挥积极协同效应，从而提高项目绩效。

(3) 项目团队精神的最高境界是项目团队成员之间具有强大的凝聚力。全体成员的向心力、凝聚力是从松散的个人集合走向团队最重要的标志。一个项目团队若丧失凝聚力，项目团队就会像一盘散沙，呈现低效的运行状态；反之，团队凝聚力强，项目成员工作热情高涨，做事认真，定会出现不断创新的行为。

3. 影响团队绩效的因素

团队绩效受到多种因素的影响，这些因素主要包括以下几个方面。

1) 团队成员的个体因素

团队成员的个体因素是指团队成员自身特质对团队绩效的影响，既包括成员自身因素产生的影响，也包括成员之间相互产生的影响。团队成员具有的个体特征，包括成员的性格、外貌、个体行为、特点以及个人能力，这些都会影响团队绩效。团队成员具有某方面特长容易提高团队绩效，个人能力较强与团队绩效同样呈正相关，性格以及个人行为在不同情况下对团队绩效会产生不同的影响，在特定时期会促进团队绩效的提高，有时也会产生降低团队绩效的作用。

此外，团队成员之间的相互熟悉程度也会影响团队绩效。团队成员之间越熟悉，团队活动中更容易相互配合产生协调作用，团队成员之间的凝聚力越大。与此同时，也需要注意到，团队成员之间越熟悉，团队成员在团队活动中容易相互推诿责任，最终造成团队绩效降低。学者 Harrison 认为，在团队刚刚成立的初期，团队成员之间熟悉程度低，团队绩效会受到团队成员之间熟悉程度的影响，团队绩效偏低，随着团队成员之间的熟悉程度增加，团队成员之间的默契度得到提高，团队绩效也随之提高。因此，团队成员之间的熟悉程度对团队绩效的影响在团队成立之初最为显著。

团队成员之间的沟通数量与质量也会影响团队绩效。团队成员之间沟通数量越多，质量越高，说明团队成员对团队活动了解越清楚，对团队活动处理更符合大众意愿，因此更容易成功。如果团队成员沟通数量较少或者沟通数量较多，但质量较差，团队成员之间处理活动的方式越不容易统一，越容易出现矛盾。因此，团队成员之间的沟通数量与质量也会影响团队绩效。

团队成员之间的相似程度也会影响团队绩效。有研究表明，团队成员之间的相似程度与团队绩效密切相关，相似程度较低的团队绩效高于相似程度较高的团队绩效，原因在于相似程度越低，团队成员自身的创造性就越强，团队决策更优，因此团队更容易成功。

2) 团队自身因素

团队自身因素主要有团队规模、团队领导角色、团队氛围、团队任务特征等。

基于团队规模的大小，团队会相应处理不同类型的活动。小规模的团队易于处理能够快速执行的活动或者规模相对较小的活动，小规模的团队若处理大规模的事务可能会导致团队绩效较低，同样的道理，大规模的团队若处理小规模的事务有大材小用之嫌，且团队在处理小事务时容易出现责任划分不清的问题。不同规模的团队适合处理不同难易程度的事务，准确分配事务能够提高团队绩效。

团队领导是影响团队绩效的最重要的因素之一。有研究表明，团队领导与团队成员之间的权力与责任的分配会在很大程度上影响团队绩效。若团队领导下放权力给团队成员而自身承担团队责任，团队成员的风险意识会加强，团队更富有冒险精神，团队取得成功的可能性更大，团队绩效有可能得到提高；与此相反，下放权力后团队成员滥用权力，也有可能会造成团队绩效降低。

团队氛围的好坏也会影响团队绩效。团队成员之间关系亲密，团队氛围较好，会促进团队成员工作积极性提高，从而提高团队绩效。对团队任务特征方面，有研究认为，任务依赖性与团队绩效显著呈正相关。没有尽心尽力工作的团队成员在团队任务依赖性增加时会感受到巨大的压力，因为自身原因导致任务不能继续，从而产生内疚感，最终提高工作投入度，间接提高团队绩效。

3) 组织因素

团队所属组织也会对团队绩效产生影响。组织所处的外在环境也是团队所处的外在环境，组织所处的外在环境对组织产生的影响也会对团队绩效产生影响，外在环境发生变化，组织如果不能及时调整自身适应外在环境，团队作为组织的一小部分会受到严重影响。此外，组织对团队提供的必要培训对团队绩效的提高也有很大促进作用。

2.3 项目经理

项目经理的作用类似于乐队的指挥。乐队的指挥将各种乐器的声音结合到一起，来演奏一首乐曲。同理，项目经理将不同专家的才能与贡献整合到一起来完成项目。两者都几乎完全依赖参与者的专业知识和对工作的了解。指挥并不适用所有的乐器，同理，项目经理通常只具备制定决策所必需的一小部分技术知识。可见，指挥和项目经理都是利用他人的技能，而不是自己实际去操作。

2.3.1 项目经理的角色和职责

项目经理是项目管理的核心人物，作为领导者和决策人，全面负责项目工作在预算和计划时间内优质地完成。项目经理领导项目的计划、组织和控制工作，以实现项目目标。

其主要角色和职责包括以下几个方面。

1. 项目经理是项目的计划者

项目经理必须高度明确项目目标，并就该目标与客户取得一致意见。然后，项目经理与项目团队就这一目标进行沟通和交流，从而达成共识。

2. 项目经理是项目的组织者

项目经理决定项目的具体工作由谁完成，把任务分配给具体的成员，然后根据任务对其授权。对于大型项目，项目经理也可以为具体任务团队选派领导。最重要的是组织工作应营造一种工作环境，使所有成员组成一个项目团队，士气十足地投入工作。

3. 项目经理是项目的控制者

为了对实施的项目进行监控，项目经理根据项目管理信息系统，跟踪实际工作进程并将其与计划安排进程进行比较，定期召开项目工作会议，对项目的进程、时间进度、成本和相关的信息进行了解。如果实际工作进程落后于计划，或发生意外，项目经理应立即采取措施。及早发现问题，并采取行动，要在问题变得糟糕之前采取行动予以解决。

4. 项目经理是项目利益的协调人

项目经理与项目的所有利益相关者发生联系，并且起到沟通和协调的作用，以保障项目不同利益者的信息畅通。

2.3.2 项目经理的技能要求

项目能否成功在很大程度上取决于项目经理的领导和管理工作。因此，项目经理必须具备保证项目成功所需的各种技能，主要有以下几种。

1. 把握全局及项目目标的能力

项目经理需要有全局的观点、远大的志向及创业精神。例如，项目经理不但要考虑项目的经济目标，同时还应当看到项目的其他目标，如顾客满意、将来的增长、对相关市场的开拓等。项目经理在设立项目的过程中，应当参与项目的前期工作，充分了解项目的时间目标、交付结果、成本预算和技术目标等，并能够平衡它们之间的关系。如果项目存在特别的风险，或者项目经理认为项目必须具备一定的前提，则必须在项目设立前与企业高层领导沟通，在项目执行时才能得到相关支持。

项目经理管理项目的目标是多样化的，如项目的时间目标、技术目标、成本目标、客户满意度目标等。这些目标在项目中相互作用，是一种权衡关系，在项目的执行过程中的不同阶段，其相对重要性有所不同。例如，在项目初期，技术性能目标相对重要，每个项目组成员都应该明确本项目最终要达到的技术目标；在项目中期，成本目标相对重要，此时项目经理的一项重要的任务就是控制成本；在项目后期，项目的时间目标相对重要，此时项目经理所关注的是如何保证项目按期完成。项目经理必须同时完成项目的多个目标，在这些目标之间权衡相互关系，保证项目在预算的范围内，按照计划的时间，实现技术目标和客户满意度。

2. 获得项目资源的能力

企业的资源总是相对有限的，使用有限的资源交付一定的结果就是项目的目标。通常情况下，由于项目实施过程中的不确定性，以及项目发起人的过分乐观，项目经理往往会面临项目资源短缺的问题。项目经理必须分析所负责项目需要的资源，关注紧缺和特殊的资源。在制定项目预算时，适当的预算可以帮助项目经理获得资源。但是，资金并不一定能够解决资源紧缺的问题，项目经理还需要借助各种关系和高层领导，获得项目所需的资源。因此，制定适当的预算，并在需要的时候及时获得所需资源是项目经理必须具备的能力。

3. 组建团队的能力

项目经理依靠项目团队执行项目。项目团队是为了特定的项目、由项目经理临时组建并领导的。首先，项目经理必须明确项目所需的人才并获得这些人才。项目经理了解项目的目标，在有关专家的帮助下，对项目工作任务分解和计划，初步确定实施项目需要的人员安排，然后在部门内、公司范围内以及公司外落实这些人员安排。项目人员的安排是一个复杂的问题，往往不能全部与理想的计划一致。

刚刚组建的团队是没有战斗力的，像一盘散沙。项目经理要把这组人员建设成一个有效的团队。让每位成员认同项目的目标，调整个人的发展目标以支持共同的项目目标，促进项目成员之间的交流，使每位成员都有合作的团队精神。特别是让成员相信项目经理的项目计划组织的合理性，认同项目的目标是大家通过努力奋斗可以完成的。在此基础上，根据工作任务的分解，将项目的任务落实到项目的每位成员身上。项目的团队建设应该贯穿项目的全过程，始终保持项目团队的活力和战斗力。

要建立这样一个有效的团队，项目经理需要起到关键的作用。首先，要在项目组内部建立一个有效的沟通机制；其次，不但自己要以最大的热情投身于项目，也要激发项目组其他成员产生投身于项目的热情；最后，项目经理要关心项目组成员的成长，对项目组成员进行激励。

项目经理激励员工的方式与职能部门经理往往不同。一般情况下，项目经理没有权力对员工进行加薪或者提升，唯一能做的就是给员工提供接受挑战的机会。由于项目具有挑战性，因此，能够参加这种具有挑战性的项目本身就是对那些勇于接受挑战的人的一种激励。对于一个临时性的、高风险的、重要的项目而言，项目经理所能提供的最强的激励便是这种接受挑战的机会，使得项目组成员在一个积极向上的气氛中工作，并使项目组成员产生认同感。另外，对不同的员工，激励的方式也应有所不同，如为了保证研发人员的创造性，需要给专家以最少的控制和最大的自由。

4. 应付危机及解决冲突的能力

项目的创新性意味着项目常常会面临着许多未知的风险和不确定状况。项目在执行过程中潜伏着各种各样的危机，如资源危机、市场危机、人员危机等，项目经理必须了解危机的存在并具有对风险和危机的评判能力，同时通过经验的积累以及学习过程提高果断应付危机的能力，尽早预见问题、发现问题，做好应对准备。

在项目管理过程中，项目组成员之间、项目组与公司之间、项目组与职能部门之间以及项目顾客之间存在着各种各样的冲突。冲突的产生会造成混乱，如果不能有效地加以解决或解决时间过长，都会影响团队长远的凝聚力，最终影响项目实施的结果。然而，冲突又是不可避免的，唯一可行的方法就是尝试着去解决它。冲突得到有效解决的同时还可以体现出它有益的一面，它可以增强项目组成员的参与性，促进信息的交流，提高成员的竞争意识。了解这些冲突发生的关键因素并有效地加以解决，是项目经理应当具备的一项重要的能力。

5. 谈判及广泛沟通的能力

项目经理的主要工作方式就是谈判和沟通。项目中各种各样的冲突需要项目经理通过谈判或沟通的方式来解决。项目经理需要进行大量的沟通，如公司的高层管理人员、公司的相关部门、项目的合作伙伴、客户和项目组成员。因此，一个项目经理一定是一个良好的沟通者，只有通过有效的沟通，才能了解掌握各方面的情况，及时地发现潜在的问题，征得改进工作的建议，从而协调各方面的关系。

6. 领导及管理能力

项目经理权力有限，却又不得不面对复杂的组织环境，肩负保证项目成功的责任，因此，项目经理作为项目的管理者，必须具备领导和管理能力。具体来说，一个项目经理要具备快速的决策能力，即能够在动态的环境中收集并处理相关信息，制定有效的决策。

由于项目具有一定的生命周期，通常只持续一段时间，因此有关决策的制定必须快速而有效，这就要求项目经理能够及时发现对项目结果产生影响的问题，并快速加以解决。

7. 技术能力

对项目经理的另一个最基本的要求就是应该具有一定的技术背景，而且要了解市场，对项目及企业所处的环境有充分的理解，这样有助于其有效地发现项目的技术解决方案并进行技术创新。项目经理不必是该领域的技术带头人，但他必须对技术比较精通，这样有助于他对项目的技术问题有一个全面的理解，并及时作出有关的技术决策。

项目经理只有具备一定的专业技术能力，才能对有关的技术概念和技术解决方案进行评价，并能用技术术语与项目组成员进行有效的沟通，能够评价项目的技术风险，有效地权衡成本—时间—技术性能之间的关系。

2.3.3 项目经理应具备的素质

1. 坚持

项目管理成败的关键是：如果你不坚持，谁也不会坚持下去的。只要决定了进行项目管理流程，就不要后悔或后退，唯有坚持，因为你拼命努力而离终点只差再迈出一步，你却不知，最后当你决定放弃的时候也许就是你要成功之时。

2. 口才

作为一名项目经理必须掌握沟通能力中最为重要的口才。因为处于中介者，需要与项目利益相关者、项目组成员及管理层进行良好的沟通。拥有良好的口才将会使你无往而不利。历史上的许多名人都因此而成功，如拿破仑等。

3. 高尚品德

管理流程是不可能靠项目经理一个人维持的，必须要大家支持你。但是这却需要你多帮助别人，别人才会帮助你。不管团队成员发生什么事情，你要尽你所能去帮助他，这样团队才可能继续前进。按照中国独有的儒家传统，只有品德高尚的人才能感染周围的人，使团队具有向心力，从成功走向成功。另外，从哲学角度来看，人首先是社会中的人，如果脱离了社会，人恐怕就不会称其为人了。因此，只有当你抛弃私心，主动为人，别人才会反过来支持你、帮助你。所以，品德高尚成为项目经理必须具备的条件之一。

4. 循序渐进

循序渐进就是要在项目工作中按部就班，在确认获得每一步反馈无误后，再进行下一步的工作，这些是事物发展的客观规律。凡事必须循序渐进，切忌急于求成。急则乱，乱则项目无法正常进行下去。

5. 学无止境

"路漫漫其修远兮，吾将上下而求索"，一名项目经理不仅仅要带着这样的态度，而且还要有相应目的地进行学习。只有这样，所学到的知识在实际工作中才具有指导意义。由于作为项目经理需要涉及的知识方面比较广泛（"工欲善其事，必先利其器"），故对各个方面的知识都要有所涉猎。项目对项目经理的整体能力要求是比较高的。

6. 以身作则且有威信

以身作则与有威信是相辅相成的。项目管理的一个重要工作就是定义各种规范和制度，这项工作不能只依靠口头上的宣传以及冷冰冰的制度来执行，更关键的还在于项目经理以身作则。规范制度的权威性主要还是靠项目经理自己，只有坚持以身作则，才能将自己优秀的管理思想在整个项目中贯穿下去，取得最后的成功，也只有这样，说话才会有人听，做事才会有人关注，也才会取得在项目成员乃至项目干系人中的威信。

7. 敢于负责

项目经理关系到一个项目的成败，是自己的责任就要敢于承担。有相应的权利就必然有相应的责任。如果不负责任，项目管理中就可以不再需要项目经理了。当然负责归负责，退一步而言并不是要项目经理担负项目中所有的责任。但只有项目经理敢于负责，才能使得责任对应的个人有勇气站出来，而这样也将使项目朝更快更好的方向发展。

8. 善于总结

项目的执行有收尾阶段，而其中就包含有绩效评审。绩效评审的目的就是为了总结项目的成功与不足，以归结成经验文档，对今后的项目进行相应的指导和借鉴。其实个人的总结过程就是不断改进的过程，这也是 CMM 规范所必需的素质。

实际上除了应该具备以上素质外，项目经理还需要有其他一些基本素质(如沟通技能中其他的许多要素、个人的性格方面等)。既然项目经理最忌讳的就是完美主义倾向，那么所列举出来的就不可能使项目经理达到完美，但却达到了完善的效果。具备了上述基本素质的项目经理，进行进度计划管理就不再那么困难了。

本章小结

组织人们进行项目工作，最常用的三种结构是职能式组织结构、项目式组织结构、矩阵式组织结构。这些结构可以应用到众多的工业企业和非营利组织。项目经理是项目的灵魂，对项目成功担负着重要的责任。

本章首先介绍了项目组织的概念，然后对项目组织的三种常用结构即职能式组织结构、项目式组织结构及矩阵式组织结构进行了详细的阐述，具体介绍了这三种组织结构各自的优缺点及其在具体环境中的应用。接着，又介绍了项目团队，由于项目本身的特点，导致项目团队的组织、建设与管理都与一般企业的组织、管理有着明显的区别。最后，介绍了项目经理在项目中的一般管理职能，讨论了项目经理的责任与权利，分析了项目经理在项目组织中的角色以及作为一名成功的项目经理所应具备的素质等。

综合练习

一、判断题

1. 在职能式项目组织中，团队成员往往优先考虑项目的利益。　　　　　　(　　)
2. 项目式与职能式的组织结构类似，其资源可实现共享。　　　　　　　　(　　)
3. 一般来说，职能式组织结构不适用于环境变化较大的项目。　　　　　　(　　)
4. 在项目式组织结构的公司中，其部门是按项目进行设置的。　　　　　　(　　)
5. 项目经理是项目的核心人物。　　　　　　　　　　　　　　　　　　　(　　)
6. 选择项目经理的时候，必须考虑项目经理候选人的素质和能力。　　　　(　　)

二、单选题

1. 在以下组织中，最为机动灵活的组织结构是(　　　)。
   A. 项目式　　　　　　　　　　　B. 职能式
   C. 矩阵式　　　　　　　　　　　D. 混合式
2. 对于跨专业的风险较大、技术较为复杂的大型项目应采用(　　　)组织结构来管理。

  A. 矩阵式   B. 职能式
  C. 项目式   D. 混合式

3. 项目式组织结构适用于(　　)情况。
  A. 项目的不确定因素较多，同时技术问题一般
  B. 项目的规模小，但是不确定因素较多
  C. 项目的规模大，同时技术创新性强
  D. 项目的工期较短，采用的技术较为复杂

4. 矩阵式组织结构的最大优点是(　　)。
  A. 改进了项目经理对资源的控制
  B. 团队成员有一个以上的领导
  C. 沟通更加容易
  D. 报告更加简单

5. 下列有关矩阵式组织结构情况的描述中，错误的是(　　)。
  A. 矩阵式组织结构能充分利用人力资源
  B. 项目经理和职能部门经理必须就谁占主导地位达成共识
  C. 项目经理必须是职能部门领导，这样才能取得公司总经理对项目经理的信任
  D. 矩阵式组织结构能对客户的要求作出快速的反应

6. 项目经理在(　　)中权力最大。
  A. 职能式组织   B. 项目式组织
  C. 矩阵式组织   D. 协调式组织

7. 项目经理在(　　)组织结构中的角色是兼职的。
  A. 职能式   B. 项目式
  C. 强矩阵式   D. 弱矩阵式

8. 在项目团队的发展过程中，在团队的(　　)冲突最大。
  A. 形成阶段   B. 磨合阶段
  C. 规范阶段   D. 表现阶段

三、多选题

1. 职能式组织结构的优点有(　　)。
  A. 沟通简单   B. 有利于提高部门的专业化水平
  C. 最大限度地利用资源   D. 每个项目成员都有明确的责任和义务

2. 项目式组织的缺点有(　　)。
  A. 每个项目组成员有两个领导   B. 资源配置重复，管理成本高
  C. 需要平衡权力   D. 项目成员担心项目结束后的生计

3. 项目团队的特点主要体现在(　　)。
  A. 具有一定的目的   B. 是临时组织
  C. 单独解决问题   D. 人员增减具有灵活性

4. 采用职能式组织结构，可能会出现的情形有(　　)。
  A. 项目团队成员都对其参与的项目直接负责

B. 项目团队成员更关注所属部门的工作，而不是项目的目的

C. 对客户的需求反应迟缓

D. 项目团队成员在项目结束后回到所属的部门

5. 项目经理具有(　　)的权力。

    A. 挑选项目团队成员　　　　B. 制定项目有关的决策

    C. 对项目团队的资源进行分配　D. 决定项目的预算

6. 项目经理权力的大小取决于(　　)。

    A. 公司采用的组织结构　　　B. 项目的工期

    C. 项目对公司的重要性　　　D. 项目的规模

四、简答题

1. 项目团队的特点和团队成长的五个阶段各有哪些？
2. 项目经理应当具备哪些基本技能？

五、讨论题

1. 你是否同意下面关于矩阵式组织的描述？请说明理由。
(1) 矩阵式组织结构相对于项目式组织结构能够更充分地使用项目团队成员。
(2) 项目经理和职能部门经理可以不必就谁占主要地位达成一致意见。
2. 对下面的一些项目，你将采用哪种组织结构？简单说明理由。
(1) 某家银行投资部风险投资项目。
(2) 某公司的 R&D 研究实验室的研究项目。
(3) 客户需求较多的一个标准软件项目。
3. 你认为一个合格的项目经理应具备哪些素质和能力？
4. 为什么项目经理应该是一个通才而不应是一个技术专家？

六、案例分析

在 Codeword 公司发生的事

Codeword 公司是一家为战斗机设计电子设备的中型公司，他们通过与其他公司竞争来获得提供这种系统的合同，其主要客户是政府。Codeword 公司获得合同后就成立项目组来完成工作。大多数项目的成本是 1～5000 万美元，期限是 1～3 年。公司能同时开展 6～12 个项目。公司拥有众多项目经理，他们向总经理负责，其他人员向他们的职能经理负责。例如，电气工程师向电气工程经理负责，电气工程经理又向总经理负责。职能经理把具体人员分配到每个项目中去。有些人完全为一个项目工作，有些人则分时间在两三个项目中工作。尽管人员在具体项目中指定为该项目经理工作，但他们仍然受职能经理的领导和管理。

杰克·科瓦尔斯因已经为公司工作了 8 年，他在大学获得电气工程的理学学士，毕业后，一直做到高级电气工程师，向电气工程经理负责。他从事过各种项目，在公司里深受尊重。现在公司获得一个 1500 万美元的合同，为一种新型飞机设计制造先进电子系统。杰

克被提升为项目经理来负责这个项目。

杰克与职能经理一起为项目配备了现有最好的人员,他们以前曾与杰克一起在项目中工作过。然而高级电气工程师这一职位空缺,于是总经理从竞争公司中招聘了一位新员工阿尔弗雷德,她是电气工程的博士,有20年的工作经验,她的薪水比杰克还要高。她被委派到杰克的项目中专任高级电气工程师。杰克对阿尔弗雷德的工作给予特别的关注,并经常与她会谈,讨论她的设计方法。然而这些会谈几乎全是杰克一个人说,他建议怎样设计,完全不理会她的说法。最后阿尔弗雷德质问,为什么他检查她工作的时间要比检查项目中其他工程师的时间多得多,他回答说:"我不必去检查他们的工作,我了解他们的工作方法,我和他们在其他项目上一起工作过。你是新来的,我想让你理解我们这里的工作方法,这也许会与你以前雇主的工作方法是不同的。"又有一次,阿尔弗雷德向杰克表示,她有一个创新性设计方案,可以使系统成本降低。杰克告诉她:"尽管我没有博士头衔,但我知道这个方案没有意义,不要这样故作高深,要踏实地做好基本设计工作。"阿尔弗雷德打算向电气工程经理反映这一情况,并且她后悔来 Codeword 公司工作。

问题:

1. 请画出 Codeword 公司现有的项目组织结构。你认为杰克能够胜任项目经理吗?说明原因。杰克为这一新岗位做了哪些准备工作?

2. 杰克与阿尔弗雷德交往过程中的主要问题是什么?为什么阿尔弗雷德没有与杰克开诚布公地交谈他对待她的方法?如果阿尔弗雷德与杰克直截了当地讨论,杰克会作出什么反应?

3. 电气工程经理对这种情况的反应将会是怎样的?他会怎样处理解决?

4. 怎样补救这一局面?怎样防止出现这一情况?

技 能 训 练

实训背景:

多喜爱婚庆公司现在承接了一对老夫妻金婚典礼的业务,为了将该项目成功举办并给老人家留下一份珍贵的记忆,公司非常看重此项目。根据所学知识就该项目的组织和人员安排活动作出决策与说明。

实训步骤:

第一步:确定项目的组织架构,分析采取该架构的原因。

第二步:确定项目经理,分析说明选取该项目经理的原因。

第 2 篇

项目管理过程

第2篇

第 3 章 项 目 启 动

"良好的开端是成功的一半(Well begun is half done)。"

——英文谚语

学习目标：

知识目标	技能目标
了解项目启动的内容	掌握项目选择的常用方法
了解项目需求的来源	学会撰写可行性研究报告
了解项目申请的过程	学会准确描述项目目标和需求
了解项目建议书的内容	
了解影响项目投标决策的因素	

项目管理的过程就是事先制订计划，然后按计划去执行，最后实现项目目标，并且使客户(发起人)的需求得到满足的过程。尽管不同的项目所经历的时间不同、产出物不同，但是它们所经历的阶段和在各个阶段所表现出来的特征是相同的或类似的。在它们的生命周期中都会经历以下五个基本管理过程：项目启动、项目计划、项目实施、项目控制和项目收尾。

但是，这五个基本管理过程之间并没有明显的界限。例如，在启动项目时可能会包含计划的内容，而在项目计划中，由于客户需求的不确定性或需求信息的不全面，导致需要对项目计划作出调整，这部分内容又属于项目控制的过程。因此，项目管理的过程实际上是相互交叉、密切联系的，所以在项目管理中要综合各方面的实际来开展工作。

项目的启动过程，需要分析项目的需求、研究项目的可行性、获得客户或主管部门的审批、组建项目团队、任命项目经理等。这个过程开始于对项目发起人或项目客户的需求识别，结束于合同的签订。

3.1 项目需求识别

项目需求识别开始于对需求、问题或机会的识别，结束于项目需求建议书的发布，如图 3-1 所示。客户识别需求、问题或机会，是为了使自己所期望的目标能以更好的方式来实现，只有需求明晰，承约商才能准确地把握客户的意图，才能规划出好的项目。

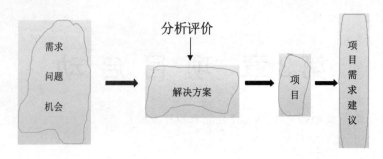

图 3-1　项目需求识别过程

3.1.1　需求的来源

客户的需求主要来源于如下四个方面。

(1) 市场需求，即基于市场变化所引起的需求。如为了回应消费者对减肥药的需求，某医药公司决定投资一个生产减肥药品的项目。

(2) 竞争需求，即公司基于提高自身的竞争力所引起的需求。如某公司启动一个研发项目，目的是提高该公司的市场竞争力。

(3) 技术需求，即基于技术创新所引起的需求。随着技术进步，公司技术落后的产品不断被市场所淘汰，为了维持公司的生存就必须开发技术含量更高的新产品。

(4) 法律需求，即基于一个国家或地区的法律变化所引起的需求。如某地区政府颁布了一项限制某类产品生产的法律条款，因此生产该类产品的公司就不得不转向其他新产品的开发和生产。

3.1.2　需求建议书

需求建议书是指客户向承约商发出的用来说明如何满足其已识别需求所要进行的全部工作的书面文件。

详细完备的需求建议书能够使承约商明确客户期望的项目产品，同时也是他们完成项目申请书的基础。因为客户只有在需求建议书中提供了全面的、相关的信息后，承约商才能完全了解客户的需求。

项目需求建议书通常是正式的，但有时也可以是非正式的，如当项目是由公司内部人员完成时，项目需求建议书就可以是非正式的。那么，一份理想的项目需求建议书应包括哪些内容呢？一般来说，主要包括如下几个方面的内容。

(1) 项目工作陈述。项目工作陈述涉及的内容主要是项目的工作范围，客户应在此明确指出承约商所要完成的工作任务或任务范围。

(2) 项目目标的要求。客户在需求建议书中必须明确规定项目可交付成果的规格、技术性能和特征，如大小、颜色、质量、数量、重量等。

(3) 客户供应条款。该条款规定了在项目执行期间，客户应该向承约商提供资源数量、类型等。

(4) 合同类型。合同必须确定一个商定的价格，以此对承约商付款。

(5) 客户的付款方式。此项是承约商最关心的内容，客户应说明何时向承约商支付多少钱款。

(6) 项目的时间要求。在需求建议书中客户要明确项目完成的时间，以及在某个特定时刻项目应该完成的程度。

(7) 对承约商项目申请书的要求。需求建议书还要规定有关承约商项目申请书的内容、格式和提交的最后期限等，以便能够公平、合理地选择承约商。

(8) 承约商项目申请书的评价标准。项目申请书中应该对承约商提出的技术方法、承约商在类似项目中的经验、成本和进度计划等制定相应的评价标准，从而有助于对承约商的选择。

3.2 项目的选择与论证

项目的选择就是针对多种可能的项目设想进行比较和分析，选择那些投入少、收益大的项目，去掉那些不需要、没有希望或者不会产生收益的项目设想。项目的论证是指对拟实施项目在技术上的先进性、适用性，经济上的合理性、盈利性，实施上的可能性、风险性进行全面科学的综合分析，为项目决策提供客观依据的一种技术经济研究活动。

3.2.1 项目选择

1. 影响项目选择的因素

在项目方案选择过程中，必须要考虑各方面的因素，其中包括生产因素、市场因素、财务因素、员工因素和其他因素。

(1) 生产因素。在进行项目选择时，要考虑项目在生产上是否具有可行性。生产因素一般包括生产设备的安全性、设备的生产能力、单位产量的生产成本和生产时间的变动、所需原料的供应情况、产品质量的稳定性和技术的适用性等。

(2) 市场因素。项目产品最终是面向市场的，因此市场状况决定了项目目标的实现程度。在进行项目选择时，市场因素是很重要的，一般包括潜在的市场占有率、达到目标市场占有率所需的时间、竞争对手的状况、互补产品和替代产品的市场状况以及客户的满意程度等。

(3) 财务因素。进行项目选择时，还要考虑到项目是否具有经济可行性，财务因素一般包括项目的预算、项目的净现值、客户的资信状况、项目的投资回收期、内部收益率、现金需求量和财务风险水平等。

(4) 员工因素。员工因素一般包括员工的技能水平、员工能够承受的劳动强度、工作条件、员工参加的培训等。

(5) 其他因素。其他因素如国家的有关法律法规、项目的社会影响、对项目的管理能力和交通状况等。

2. 项目选择的程序

项目选择的程序如图 3-2 所示。

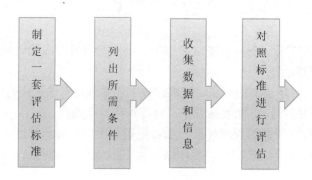

图 3-2 项目选择的程序

1) 制定一套评估标准

这些评估标准可能包含定性和定量的因素。例如，如果一家公司正在考虑开发和引入几种新产品的机会，可能会按照如下标准来评估每一个机会：①与公司目标的一致性；②预期销量；③市场份额的增长；④预期零售价格；⑤需要的投资额；⑥预计单位制造成本；⑦技术发展的需要；⑧投资回报；⑨竞争对手的反应；⑩预期的时间进程；⑪审批等。

有时机会和需求并不是一回事，就好像一些备选的新产品，它们可能差别很大，争相使用公司的资源。一个也许是在工厂修建一个新的屋顶，另一个则是建一个新的信息系统，而第三个则要发展一个新产品去替代已经过时的、销售已经快速下滑的产品。

2) 列出所需条件

例如，如果想修建一个用来全天照顾公司员工的孩子和老年亲属的护理中心，条件可能是公司要能得到一笔银行贷款。

3) 收集数据和信息

必须收集一些与每一个机会有关的基本财务估计，如估计的项目收入和实施与运营成本。这些成本也许可以用特定的基于数学的财务模型来分析，这样它们就能够以一个统一的基础进行比较。这可能包括一整套财务或经济模型分析方法，用来计算直接回报率、贴现的现金流、净现值、内部回报率、投资回报率，或者与每一个考虑中的机会有关的生命周期成本。

除了收集确实的数据以外，也许还必须获得一些与每个机会有关的其他信息，如这个机会将会影响到的各种利益相关者的信息。根据不同的情况，这些利益相关者可能是雇员、顾客或者社区居民。收集这些信息的方法包括调查问卷、专题小组讨论、访谈或者对已有报告的分析。如果想向市场投放几种配制好的食品，也许就应该确定顾客的需求和偏好。

4) 对照标准进行评估

收集、分析和总结了针对每个机会的所有数据和信息，就应该把这些资料提交给那些负责评估的人。参与评估和选择决策的人数较多是比较有利的，因为能得到各种观点和看法。参与评估和选择的团队或委员会中的每个成员都应有不同的背景和经验，并把他们的背景和经验应用到决策过程中去。他们中的一些人可能来自于市场部，对消费者偏好颇有了解；一些人可能来自于财务部，熟知产品成本和公司的财务状况；一些人可能来自于生产部，了解对生产流程以及设备需要做哪些改进；一些人可能来自于研发部，知道要研发多少种新的技术；一些人可能来自于人力资源部，知道机会对劳动力或者社区可能带来的影响。

开展评估和选择过程的一个方法就是让评估和选择委员会制定一套评估标准,也可以制定某种类型的评分体系,根据每项标准给每一个机会打分。然后,每个委员会成员都应该得到已经收集、分析和总结的所有数据和信息。在整个委员会开会之前,每个成员都应根据评价标准独立分析每一个机会的收益和结果、优势和劣势。这样就能确保每一个成员在全体委员开会之前已进行了细致的考虑。

建议制作一个项目评价表,列出评价标准,旁边能够填写评语,并可在一个小空格中针对每个标准打分。评价和选择委员会的每个成员都应在全体委员会成员开会以前完成对每一个机会的评价表。

项目选择将综合考虑定量评估的结果和每个成员基于其经验所感受到的价值。尽管最终决定还是由公司的所有者、总裁或者部门主管来做,但有一个充分考虑的评估过程和选择程序,以及一个全面的评估委员会,将大大增加作出能够带来最大化收益的最好决策的机会。

一旦作出要利用某个机会的决定,并计划启用承约商或者顾问来执行该项目,下一步就要准备需求建议书。如果该项目由公司内部的团队来执行,也应准备一份文件,类似于需求建议书,列出项目需求。

3. 项目选择的方法

项目的选择并不是一门严格的学科,但它对于项目管理来说是非常关键的。从备选项目中进行选择的方法有很多,基本上是从市场需求、商业需求、客户需求、技术领先要求、法律要求、社会要求等标准上进行选择。

1) 项目选择中的非数学模型

(1) 圣牛模型。

圣牛模型(Sacred Cow Model)是指项目由组织中高层权威人士提议,带有指令性。通常项目是从简单的评论开始的,然后是有关新产品的初步设想、新市场的开发、全球数据库和信息系统的设计和应用或者其他需要公司投资的项目。老板这种看似平淡的评论直接导致了"项目"的产生。从这个意义上说,项目是神圣的,在得到满意的结论前,或者在老板个人意识到该创意是失败的而终止它之前,这个项目会一直存在下去。

(2) 组织需求模型。

组织需求模型(Organization Necessity Model)是指项目的选择以满足组织的不同需要为基础。项目越是符合整个组织的需要,项目成功的可能性就越大,因为这种项目对组织来说非常重要。通常情况下,要估计这类项目的财务价值常常不太可能,但大家都认识到该项目的价值的确很大,此时可以用到组织需求模型。

使用这种模型来选择项目的三个重要标准就是:组织有强烈需求,这是项目成立的重要驱动力;组织有相关项目的资金预算,这是项目能持续进行的资源保障;组织各个层级的成员都有项目成功的意愿。

通常组织有如下几个方面的需要。

① 确保组织的正常经营需要。例如,公司的生产线或设备的检修项目、大修项目是为了保证组织内部系统运行正常;又如,洪水正威胁着工厂,修建防护堤的项目就不需要进行过多的正式评估。在选择项目时,确保组织的正常经营需要有时可以成为主要的评价

标准。

② 确保组织的竞争优势。有时组织为了维持其竞争的优势，需要计划和实施某些项目。例如，国美为了保持家用电器零售市场的竞争优势，对永乐进行并购这个项目。尽管该项目的计划过程非常复杂，但进行该项目投资的决策是根据保持公司市场竞争地位的需要为核心标准作出的。

③ 确保产品/服务线的完整。在这种情况下，对开发和生产新产品的项目进行评估的依据是，看该项目是否在一定程度上适合现有产品/服务品种、填补品种空白、加强薄弱环节，抑或在新的领域拓展产品/服务品种。有时，不需要详细计算项目的获利能力，决策者往往依据新增加产品可能对这个系统或组织产生的影响来判断是否采纳该项目。

(3) 比较利益模型。

当公司有很多备选项目但又缺乏准确的方式来定义和衡量"收益"时，就可以用比较利益的概念来选择项目。比较利益模型(Comparative Benefit Model)通过排序的方法来选择项目。

比较利益模型首先根据每个项目的优势和劣势，将项目分为三组——好、中和差。如果某一组内有八个以上的项目，就可以进一步细分为两类，如中上和中下。当每一类别只有八个或小于八个项目时，每类下面的项目就按最好到最差的顺序进行排列。需要特别注意的是，排序时应依据各个项目的相对优点进行。评估人员可以用特定标准对每一个项目进行排序，也可以简单地采用整体判断的方法进行排序。比较利益模型操作步骤如图3-3所示。

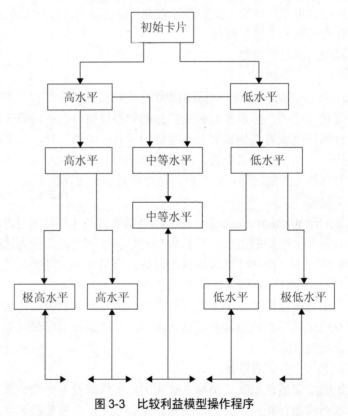

图3-3　比较利益模型操作程序

上面提到的排序工作可以由负责项目评估和项目选择的个人完成，也可以由负责同样工作的委员会完成。如果由委员会负责，委员个人排序可以按照不记名的方式进行，然后由委员会根据多数人的意见确定最终排序。通常各人之间的排序结果会存在一定的差异，但一般不会相去甚远，因为委员会的成员对于什么项目对公司最适合的看法一般差别不大。

非数学模型历史悠久，简单易用，但却被人们以不科学为由而摒弃，这种随意的轻视其实是不可取的。因为这些模型都是以公司目标为导向的，它们直接反映了组织的主要利益，具有一定的说服力。此外还要特别指出的是，圣牛模型还有一个特征，即圣牛项目明显得到"权威"的支持，高层管理者的支持是项目成功的一个重要因素，没有这样的支持，项目成功的可能性就会大大降低。

2) 利润/盈利能力模型

利润/盈利能力是数学模型中一类重要的模型。当项目的现金流可以被清晰估计时，财务指标是进行项目选择需要考虑的重要因素，这时大多数公司在选择项目时把财务方面的利润/盈利能力作为重要度量标准。利润/盈利能力模型主要从以下几个指标来进行分析：净现值(Net Present Value，NPV)分析、投资收益率(Return On Investment，ROI)分析、投资回收期(Payback Period，PP)分析和内部收益率(Internal Rate of Return，IRR)分析。

(1) 净现值分析。

净现值分析是用最低投资回报率把所有预期的未来现金流入和流出都折算成现值，以计算一个项目预期的净货币收益与损失。净现值为正，则意味着项目收益会超过资本成本，这里的资本成本是指资本进行其他投资的潜在收益，也就是说，如果财务价值是项目选择的主要指标，那么只有净现值为正的项目才应予以考虑。

图 3-4 所示为两个项目每年的现金流数据。从中可以看出，项目 1 和项目 2 的现金流总量都是 5000 美元，但考虑了货币的时间价值后，它们的净现值就不一样了。未折现的现金流并不具备可比较的财务价值，因此净现值分析可以用来对跨越多年项目的现金流进行合理地比较。

图 3-4　项目净现值比较示例

确定 NPV 要遵循以下步骤。

① 确定项目的现金流入与流出。一般现金流入包括项目收益，而现金流出则包括项

目成本、税金等。每年的净现金流是用当年的现金流入减去现金流出所得的差值。

② 选定折现率。折现率是指可以接受的最低投资回收率，也被称作要求收益率、筛选率或资本机会成本等。多数企业将它们投资于其他风险相当的项目中可能的收益率作为折现率。如图3-4中的折现率为10%。

③ 计算净现值。计算NPV的数学表达式为：

$$NPV = \sum_{t=0}^{n}(CI - CO)_t \frac{1}{(1+i_0)^t} \tag{3-1}$$

式中：CI——第 t 年的净现金流入量；

CO——第 t 年的净现金流出量；

t——项目生命期；

i_0——期望投资收益率。

在图3-5中，对图3-4中项目1的净现值进行了计算。在计算中，经常使用的一种计算方法就是先确定每年的折现率，然后将它们用于每年的成本和收益，将折现收益减去折现成本就得到了净现值，如图3-5中第二年的折现因子为 $1/(1+10\%)^2=0.83$，最后将每年的净现值相加即得到整个时期的净现值。

	A	B	C	D	E	F	G	H
1	基准收益率	10%						
2								
3	项目1	第一年	第二年	第三年	第四年	第五年	总计	
4	利润	$0	$2,000	$3,000	$4,000	$5,000	$14,000	
5	成本	$5,000.00	$1,000	$1,000	$1,000	$1,000	$9,000	
6	现金流	($5,000.00)	$1,000	$2,000	$3,000	$4,000	$5,000	
7								
8	折现因子	0.91	0.83	0.75	0.68	0.62		
9	净现金流	($4,545.45)	$826.45	$1,502.63	$2,049.04	$2,483.69	$2,316	←NPV
10								
11	折现利润	$0	$1,652.89	$2,253.94	$2,732.05	$3,104.61		
12	折现成本	$4,545.45	$826.45	$751.31	$683.01	$520.92		
13	净现金流	($4,545.45)	$826.45	$1,502.63	$2,049.04	$2,483.69	$2,316	←NPV

图3-5 项目净现值计算示例

当一个项目的NPV大于零时，表明该项目的获利能力超过基准收益率；小于零时，则表明其获利能力达不到基准收益率。当有多个项目需要比较时，净现值越大的项目相对较好。

(2) 投资收益率分析。

投资收益率(ROI)是将净收入除以投资额的所得值，其计算公式如下：

$$ROI = NPV/投资折现成本 \tag{3-2}$$

ROI越大越意味着该项投资所能带来的收益越高。根据公式计算，项目2的ROI=3201/7582=42%，而项目1的ROI=2316/7427=31%，因此从投资收益率来考虑，项目2比项目1更好。许多组织都有自己的要求收益率。要求收益率是每项投资中要求达到的最低收益率，经常以该组织投资其他风险相当的项目所可能获得的收益率为准。计算出的项目投资收益率如果低于要求收益率，则项目是不可行的。

(3) 投资回收期分析。

投资回收期(PP)是指通过项目净收益(包括利润和折旧)来回收项目中投资(包括固定资

产投资和流动资金)所需的时间,是反映项目真实清偿能力的重要指标。投资回收期一般按现值法计算,又可分为静态投资回收期和动态投资回收期。

静态投资回收期的计算公式如下:

$$\sum_{t=1}^{P_t}(CI-CO)_t = 0 \tag{3-3}$$

式中,t 的数值即为项目的投资回收期。如果投资回收期小于基准的投资回收期,则项目可行。投资回收期越短,投资回收资金的时间就越快,项目的风险也就越小。

在实际计算 P_t 时,通常是采用列表法求得,其公式为:

$$P_t = 累计净现金流量开始出现正值的年份 - 1 + \frac{上年累计净现金流量的绝对值}{当年净现金流量} \tag{3-4}$$

例如,A 项目的现金流量数据如表 3-1 所示,可以知道其静态项目投资回收期是 4 年。

表 3-1 A 项目的现金流量表

单位:万元

年　度	初始投资	收　益	累计现金流量
1	1500	200	-1300
2		300	-1000
3		400	-600
4		600	0
5		500	500
6		400	900
7		300	1200

上面所计算的是项目的静态投资回收期,即没有考虑资金时间价值。动态投资回收期考虑了资金时间价值,各年现金流量现值的累计和为零的年限即动态的投资回收期。其计算公式如下:

$$\sum_{t=1}^{P_t}(CI-CO)_t(1+i_0)^{-t} = 0 \tag{3-5}$$

式中的 i_0 代表行业的基准折现率或最具有吸引力的投资收益率。

同样,可以采用累计法结合下述公式求得某项目在要求收益率为 i_0 时的动态投资回收期。

$$P_t' = 累计净现金流量开始出现正值的年份 - 1 + \frac{上年累计净现金流量的绝对值}{当年净现金流量} \tag{3-6}$$

(4) 内部收益率分析。

内部收益率(IRR)是与 NPV 密切相关的经济评价方法,二者都是项目评价中应用广泛的评价指标。但与 NPV 不同的是,IRR 不需要预先设定一个利率,它是通过项目现金流量本身计算出来的,它求出的是项目实际所能达到的投资效率,与其他外部条件无关。而实际上,可以理解为 IRR 就是项目的净现值为零时所对应的折现率。因此,IRR 可通过如下计算公式计算得出:

$$NPV = \sum_{t=0}^{n}(CI-CO)_t(1+IRR)^{-t} = 0 \tag{3-7}$$

式中：IRR——内部收益率；

n——项目周期。

内部收益率揭示了方案本身可以达到的具体报酬率的大小。如果内部收益率大于规定的贴现率，则项目是可行的；如果内部收益率小于规定的贴现率，则项目不可行。

3) 评分模型

为了克服利润/盈利能力模型的一些缺陷，尤其是那些只考虑了单一决策标准的模型，人们发明了基于多个标准来进行项目选择的评分模型。这些标准包括多种因素，比如满足整个组织的需要、解决问题、把握机会、完成项目所需的时间、项目整体优先级、项目预期的财务指标等。评分模型有非加权 0—1 因素模型、非加权评分模型、加权因素评分模型和带约束的加权评分模型等几种类型。

(1) 非加权 0—1 因素模型。

在非加权 0—1 因素模型中，项目的每一个评价标准均同等重要，符合为 1，不符合则为 0，若最后符合项的汇总结果达到一定数量的项目即被选中。选择评分人的标准是：①明确了解公司目标；②熟悉公司潜在的项目组合。一般来说，评分者通常由高级管理层指定，大部分来自于高级管理层。

这一模型的主要优点是在选择过程中可以使用多个评估标准，而主要缺点是标准(指标体系)难以确定，而且由于每项标准的重要程度都相同，因而不能反映某一具体项目满足不同标准的程度。

(2) 非加权评分模型。

在非加权评分模型下，每个评价标准均同等重要，并按照满足程度打分，总分达到规定值的项目即被选中。被选中的评价标准可以用数字代替。数字通常采用五分制的计算方式，其中 5 表示非常好、4 表示好、3 表示一般、2 表示差、1 表示非常差(常见的还有三分制、七分制和十分制)。这样只需将每个项目评价表中的各项分数相加，那些总分超过规定位的项目将被采纳；这一选择过程也可以多次运用，依次选择那些得分最高的项目(假定这些项目的得分都超过规定值)，直到这些项目的估计成本等于资源限定值。但是，这一模型仍然存在未考虑每个指标重要性的缺陷。

(3) 加权因素评分模型。

加权因素评分模型加入了衡量各个标准相对重要性的权重，并按照满足程度打分，总分达到规定值的项目即被选中。其计算公式如下：

$$S_i = \sum_{j=1}^{n} s_{ij} w_j \tag{3-8}$$

式中：S_i——第 i 个项目的总得分；

S_{ij}——第 i 个项目第 j 个标准的得分；

w_j——第 j 个标准的权重。

这一模型非常重要的一步就是确定各个标准的权重，有多种方法可以产生这些权重，但是最有效和最常用的是 Delphi 法。同样也可以使用层次分析法来确定权重，层次分析法将在后面讲到，在此不再赘述。确定权重后，针对每个不同的项目为每一标准打分，然后分别将每个标准的权重乘以得分，最后相加就得到项目的加权得分。

(4) 带约束的加权评分模型。

在带约束的加权评分模型中，附加了新的约束条件，这些条件通常是项目必须具有或不具有的性质。每一个评价因素按照权重来衡量重要程度，并按照满足程度打分，总分达到规定值的项目即被选中。其计算公式如下：

$$S_i = \sum_{j=1}^{n} S_{ij} w_j \prod_{k=1}^{v} c_{ik} \tag{3-9}$$

式中：S_i——第 i 个项目的总得分；

S_{ij}——第 i 个项目第 j 个标准的得分；

w_j——第 j 个标准的权重；

c_{ik}——第 i 个项目是否满足 v 个限制要素中的第 k 个要素，满足则 $c_{ik}=1$，否则，$c_{ik}=0$。

例如，选购轿车，购买者设定了诸如舒适度、运行成本、操作简易性、稳定性以及耗油等多项标准，并一一赋予权重，同时还增加了约束条件。这些约束条件可能有：可以接受的汽车必须不是绿色的、必须至少坐四个人、价格必须低于 34 000 美元等，一旦车辆不能满足这些条件，即使其他标准都较为符合也不纳入考虑范围。

在使用带约束的加权评分模型时必须注意，使用限制要素时一定要小心谨慎，一些约束条件可能使得那些对其他方面有积极影响的项目被忽略。例如，如果将项目是否具有长期盈利能力设为约束条件，那么很可能导致一些本身没有盈利、但可能会对其他潜在项目的盈利能力有较大积极影响的项目被忽视。同样，这一模型也存在标准体系和标准权重难以确定的问题。

评分模型的优点可以总结为以下几点。

① 可以使用多个标准进行评估和决策，包括利润/盈利能力模型中的指标以及一些有形和无形的标准。

② 结构简单，容易理解和应用。

③ 直接反映管理政策。

④ 容易修改以适应环境或管理政策的变化。

⑤ 加权评分模型允许一些标准有不同的重要性水平。

⑥ 这些模型容易进行敏感性分析，多个标准的平衡关系一目了然。

评分模型的缺点如下。

① 评分模型的结果是相对的，项目得分结果并不代表与之相对应的价值和效用，也不能直接表明项目是否应该得到支持。

② 一般来讲，评分模型是线性模型，它假设模型中的要素都是独立的。

③ 这些模型的易用性有利于在模型中包含大量的标准，但其中许多标准的权重非常小，以至于它们对项目的总分没有什么影响。

④ 非加权 0—1 因素模型与非加权评分模型中的标准被假定为同等重要，这与实际不符。

⑤ 在某种程度上，评分模型中的利润/盈利能力是一种基本要素，这些要素同样具有前面提到的利润/盈利能力模型的各项优点和缺点。

4) 层次分析模型

层次分析方法(Analytic Hierarchy Process，AHP)是美国著名的运筹学家 T. L. Saaty 等人于 20 世纪 70 年代提出的一种简便、灵活而又实用的多指标决策方法，主要用于确定综合评价的决策问题。

层次分析法的基本思路是：首先将所要分析的问题层次化，根据问题的性质和所要达到的总目标，将问题分解成不同的组成因素；其次，按照因素间的相互关系及隶属关系，将因素按不同层次聚集组合，形成一个多层分析结构模型；最后，将其归结为最低层(方案、措施、指标等)相对于最高层(总目标)相对重要程度的权值或相对优劣次序的问题。

层次分析方法的基本步骤如下。
① 确定总目标，建立层次结构模型。
② 构造成对比较矩阵(判断矩阵)。
③ 针对某一个标准，计算各被支配元素的权重。
④ 计算当前一层元素关于总目标的排序权重。

下面通过一个选择假日旅游地的例子来简单说明层次分析法的过程，如图 3-6 所示。现有 P_1、P_2、P_3 三个旅游地供选择，选择的标准和依据是：景色、费用、居住、饮食和旅途。

第一步：构造层次结构模型。

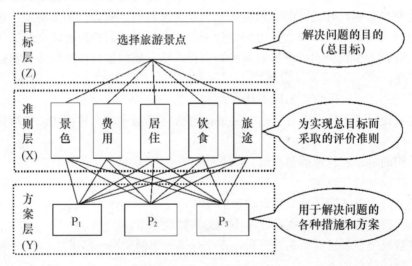

图 3-6　旅游项目的层次结构模型

第二步：构造成对比较矩阵。

在此，我们定义两两目标的相对重要性程度 a_{ij}，其数值一般为 1~9 及其倒数。其中 $a_{ij}=1$，表示 i 与 j 两因素同样重要；$a_{ij}=2$~9，表示 i 因素比 j 因素的重要性越来越强；$a_{ij}=2$~9 的倒数，表示 j 因素比 i 因素的重要性越来越弱。

1~9 比例尺度表如表 3-2 所示。

表 3-2　1～9 比例尺度表

尺度 X_{ij}	含　义
1	X_i 与 X_j 的影响相同
3	X_i 比 X_j 的影响稍强
5	X_i 比 X_j 的影响强
7	X_i 比 X_j 的影响明显强
9	X_i 比 X_j 的影响绝对强
2,4,6,8	X_i 与 X_j 的影响之比在上述两个相邻等级之间
1,1/2,…,1/9	X_j 对 X_i 的影响为上面值的倒数

假设某人用上述方法得到了"假日旅游"中景色、费用、居住、饮食和旅途五个因素对于目标 Z 的比较矩阵如下：

$$A = \begin{bmatrix} 1 & 2 & 7 & 5 & 5 \\ 1/2 & 1 & 4 & 3 & 3 \\ 1/7 & 1/4 & 1 & 1/2 & 1/3 \\ 1/5 & 1/3 & 2 & 1 & 1 \\ 1/5 & 1/3 & 3 & 1 & 1 \end{bmatrix} \begin{matrix} x_1: 景色 \\ x_2: 费用 \\ x_3: 居住 \\ x_4: 饮食 \\ x_5: 旅途 \end{matrix}$$

其中，$a_{12}=2/1$，表示景色 X_1 与费用 X_2 对选择旅游地这个目标 Z 的重要性之比为 2∶1，即认为与景色相比，费用更为重要，其他类同。

用同样的方法构造第三层，即方案层中的方案对于第二层的每一个准则的成对比较矩阵。这五个成对比较矩阵如下：

$$B_1 = \begin{matrix} & P_1 & P_2 & P_3 \\ P_1 & 1 & 2 & 5 \\ P_2 & 1/2 & 1 & 2 \\ P_3 & 1/5 & 1/2 & 1 \end{matrix} \quad B_2 = \begin{matrix} & P_1 & P_2 & P_3 \\ P_1 & 1 & 1/3 & 1/8 \\ P_2 & 3 & 1 & 1/3 \\ P_3 & 8 & 3 & 1 \end{matrix} \quad B_3 = \begin{matrix} & P_1 & P_2 & P_3 \\ P_1 & 1 & 1 & 3 \\ P_2 & 1 & 1 & 3 \\ P_3 & 1/3 & 1/3 & 1 \end{matrix}$$

景色　　　　　　费用　　　　　　居住

$$B_4 = \begin{matrix} & P_1 & P_2 & P_3 \\ P_1 & 1 & 3 & 4 \\ P_2 & 1/3 & 1 & 1 \\ P_3 & 1/4 & 1 & 1 \end{matrix} \quad B_5 = \begin{matrix} & P_1 & P_2 & P_3 \\ P_1 & 1 & 1 & 1/4 \\ P_2 & 1 & 1 & 1/4 \\ P_3 & 4 & 4 & 1 \end{matrix}$$

饮食　　　　　　旅途

第三步：计算权向量并作一致性检验。

以判断矩阵 A 为例，计算各因素 X_i 对上一层因素 Z 的权重并作一致性检验，可分为以下几个步骤。

① 将 A 的每一列向量归一化得 $\tilde{w}_{ij} = a_{ij} \Big/ \sum_{i=1}^{n} a_{ij}$。

② 对 $\tilde{w}_{ij}$ 按行求和得 $\tilde{w}_{ij} = \sum_{j=1}^{n} \tilde{w}_{ij}$。

③ 将 $\tilde{w}_i$ 归一化 $w_i = \tilde{w}_i \Big/ \sum_{i=1}^{n} \tilde{w}_i$，$w = (w_1, w_2, \cdots, w_n)^{\mathrm{T}}$ 即为近似特征根(权向量)。

④ 计算 $\lambda_{\max} = \sum_{i=1}^{n} \dfrac{\sum_{j=1}^{n} a_{ij} w_j}{n w_i}$，作为最大特征根的近似值。

⑤ 进行一致性检验：利用一致性指标 $\mathrm{C.I.} = \dfrac{\lambda_{\max} - n}{n-1}$，只要 $\mathrm{C.I.} \leqslant 0.1$，就可以认为判断矩阵 A 是合理的。

向量 w 即为各因素 X_i 对上一层因素 Z 的权重，例如，w_1 就是因素 X_1 对 Z 的权重，后面以此类推。上例中判断矩阵 A 的计算过程如下(注意：某些向量归一化处理后，各元素之和不为1，这是由因素计量过程中四舍五入导致的误差所致)：

$$A = \begin{bmatrix} 1 & 2 & 7 & 5 & 5 \\ 1/2 & 1 & 4 & 3 & 3 \\ 1/7 & 1/4 & 1 & 1/2 & 1/3 \\ 1/5 & 1/3 & 2 & 1 & 1 \\ 1/5 & 1/3 & 3 & 1 & 1 \end{bmatrix} \xrightarrow{\text{列向量归一化}} \begin{bmatrix} 0.49 & 0.51 & 0.41 & 0.48 & 0.48 \\ 0.24 & 0.26 & 0.24 & 0.29 & 0.29 \\ 0.07 & 0.064 & 0.059 & 0.048 & 0.032 \\ 0.098 & 0.085 & 0.12 & 0.095 & 0.097 \\ 0.098 & 0.085 & 0.18 & 0.095 & 0.097 \end{bmatrix}$$

$$\xrightarrow{\text{按行求和}} \begin{bmatrix} 2.36 \\ 1.32 \\ 0.27 \\ 0.50 \\ 0.56 \end{bmatrix} \xrightarrow{\text{归一化}} \begin{bmatrix} 0.47 \\ 0.26 \\ 0.05 \\ 0.10 \\ 0.11 \end{bmatrix} = \omega^{(2)}$$

同理，计算矩阵 B_1、B_2、B_3、B_4、B_5，其结果如下：

$$B_1 : \omega_1^{(3)} = \begin{bmatrix} 0.59 \\ 0.28 \\ 0.13 \end{bmatrix} \quad B_2 : \omega_2^{(3)} = \begin{bmatrix} 0.08 \\ 0.24 \\ 0.68 \end{bmatrix} \quad B_3 : \omega_3^{(3)} = \begin{bmatrix} 0.43 \\ 0.43 \\ 0.14 \end{bmatrix}$$

$$B_4 : \omega_4^{(3)} = \begin{bmatrix} 0.63 \\ 0.19 \\ 0.17 \end{bmatrix} \quad B_5 : \omega_5^{(3)} = \begin{bmatrix} 0.17 \\ 0.17 \\ 0.67 \end{bmatrix}$$

然后分别计算各矩阵的最大特征值并作一致性检验。矩阵 A 的最大特征值为 $\lambda_{\max} = 5.08$，因而 $\mathrm{C.I.} = 0.02$，因此判断矩阵 A 是合理的。各属性的最大特征值如表3-3 所示。

表3-3　各属性最大特征值与一致性指标情况表

属性 指标	景色	费用	居住	饮食	旅途
$\lambda_{\max}$	3.01	3.002	3.00	3.16	3.00
C.I.	0.005	0.001	0	0.08	0

由于 A 及各属性的一致性指标都小于0.1，因此通过一致性检验，认为各层次排序权重都具有满意的一致性。

第四步：计算组合权向量并作组合一致性检验。

通过各准则对目标的权向量和各方案对每一准则的权向量计算各方案对目标的权向量，该向量就被叫作组合权向量。由上述可知各属性按列组成的矩阵 B_0 为：

$$B_0 = \begin{bmatrix} B_1 & B_2 & B_3 & B_4 & B_5 \\ 0.59 & 0.08 & 0.43 & 0.63 & 0.17 \\ 0.28 & 0.24 & 0.43 & 0.19 & 0.17 \\ 0.13 & 0.68 & 0.14 & 0.17 & 0.67 \end{bmatrix}$$

综合上述所计算出来的权重，在层次结构图上表示出来，如图 3-7 所示。由此可以计算组合权向量 $w^{(3)} = B_0 w^{(2)} = (0.41, 0.25, 0.34)^T$。例如，方案 P_1 在目标层中的组合权重应为相应项的两两乘积之和，即

$$0.59\times0.47+0.08\times0.26+0.43\times0.05+0.63\times0.10+0.17\times0.11=0.41$$

由此可以看出，方案 P_1 对目标具有较大权重，应选择方案 P_1。

层次分析法思路简单明了，尤其是能够紧密地与决策者的主观判断和推理联系起来，对决策者的推理过程进行量化的描述，可以避免决策者在结构复杂和方案较多时产生逻辑推理上的失误，减少了主观因素可能带来的误差，较好地克服了评分模型的缺点，因而近年来在国内外得到了广泛的应用。

各种模型都存在优点和缺陷，并且有不同的适用环境，管理者应该充分考虑各种因素来选择模型，但不管是选择哪一种模型，有两点是非常重要的，具体如下。

(1) 是人在作决策而不是模型在作决策，是管理者承担决策的责任，而不是由模型来完成决策任务，模型只是辅助手段。

(2) 所有模型，无论多么复杂，也只是部分地描述所要反映的现实，现实要比任何模型所反映的内容要复杂得多，因此，模型只有在限定条件下才能对决策进行优化。

然而，目前在实际的项目选择过程中，项目评估模型的应用状况是：《财富》500 强中大约 80%的公司应用非数学模型来评估与选择项目，没有一家接受调查的公司在项目选择和资源分配上使用数学规划方法。从外部获取巨额合同资金的公司经常采用评分模型，而没有外部资金的公司较多地采用利润/盈利能力模型。

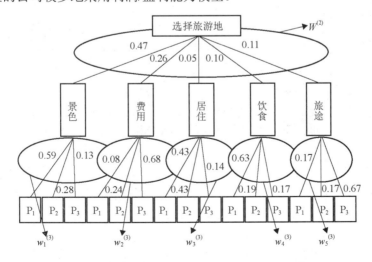

图 3-7 选择旅游地的层次结构模型中各层级的权重

3.2.2 项目论证

项目论证就是对项目的可行性进行论证，并展开研究，也就是通常所说的可行性研究。项目的可行性研究应该围绕着市场需求、工艺技术、财务经济、社会环境影响四个方面展开分析和论证，其中市场需求是基础、工艺技术是手段、财务经济是核心、社会环境是前提。

项目的可行性研究在整个过程中要涉及具体的工程技术、财务分析、市场预测与决策、管理科学等多个学科的知识。所以，这一项目实施前的阶段已经逐渐发展成为一门独立的综合性学科。

人们通过对项目实施方案的工艺技术、产品、原料未来的市场需求与供应情况，项目的投资与收益情况，以及社会环境影响情况进行分析，从而得出各种方案的优劣以及在实施技术上是否可行、经济上是否合算、建设上是否许可等信息供决策参考。

项目的可行性研究一般分为机会研究、初步可行性研究和详细可行性研究三个阶段。各个阶段的工作内容、费用、准确性要求等如图 3-8 所示。

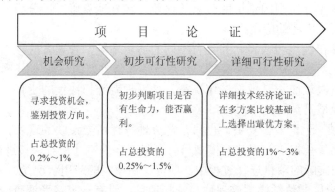

图 3-8　项目论证的阶段和内容

1. 机会研究

机会研究是项目论证的初始阶段，它确定了项目发展机会的大小，机会研究比较粗略，对投资额的估算精确度可以在±30%的范围内。机会研究包括以下内容。

(1) 地区研究——通过分析项目的地理位置及其相关因素，如该地区的人文习俗、地区经济结构、经济发展状况等，来选择投资或发展的方向。

(2) 行业研究——通过分析行业的特征，来进行项目发展方向的选择。

(3) 资源研究——通过分析资源的分布状况以及投资者的资源占有情况，来选择项目。

2. 初步可行性研究

初步可行性研究也称为项目的预可行性研究，是判断机会研究所提出的项目发展方向是否正确的过程。初步可行性研究对投资额估算的误差在±20%范围内。初步可行性研究的内容包括以下几个方面。

(1) 机会研究得出的结论是否可信。

(2) 对项目的投入和产出作出初步的估算，判断项目在经济上是否合理。
(3) 判断项目能否及时、足额地筹措到所需资金。
(4) 项目所需要的生产设备和原材料是否能够充足地供应。
(5) 项目的进度安排是否得当，项目是否在规定时间内完成。

3. 详细可行性研究

详细可行性研究也称为最终可行性研究，是项目可行性研究中最重要的部分。它根据项目机会研究和初步可行性研究的结果，对项目的技术性和经济性进行详细、深入地研究，确定各方案是否可行，并选择一个最佳方案。详细可行性研究对投资额估算的误差在±10%范围内。

总体来说，详细可行性研究解决的主要问题是：技术上的先进性、经济上的合理性，以及社会上的有效性。具体包括以下内容。

(1) 市场研究和需求分析。
(2) 项目在技术上是否可行。
(3) 项目在经济上是否具有竞争力。
(4) 项目需要多少投资。
(5) 项目的实施风险分析。
(6) 项目的社会效应。
(7) 项目需求的资源状况分析。

4. 可行性研究的分析方法

可行性研究的内容涉及面广，既有专业技术问题，又有经济管理与财务问题。采用的分析方法主要有以下三种。

1) 价值分析方法

价值分析方法主要从资金的角度来分析项目的可行性，主要解决"项目能不能盈利"的问题。从企业的角度来看，项目能不能为企业带来收益，是最直接也是最重要的问题。一个项目合理与否的标准就在于：是否能以较少的投入取得较大的经济回报。价值分析就是从企业的角度来分析项目是否可行的方法。

价值分析的具体方法有以下几种。

(1) 静态分析法。静态分析法主要适用于那些投资额小、规模小、计算期短的项目或方案，也用于技术经济数据不完备和不精确的项目初选阶段。此外，在大型项目的初步经济分析或方案筛选时也常使用。静态分析法的主要优点是计算简单，使用方便，直观明了。其缺点是没有考虑资金的时间价值，分析比较粗糙，与实际情况相比会产生一定的误差。

① 投资回收期。投资回收期是指以项目的净收益来抵偿总投资所需要的时间。它主要用于衡量项目的经济效益和风险程度。它是反映项目在财务上偿还总投资的真实能力和资金周转速度的重要指标，一般情况下越短越好。

投资回收期因项目的类型、投资规模及建设周期的不同而有所不同。在同类项目中，投资回收期越短，该项目资金周转越快，资金利用率越高，相应的风险也就越小。但由于不同类型项目的投资规模及建设周期不同，所以投资回收期必然不同。因而在项目周期不同的情况下，使用投资回收期就不一定是好的选择。

② 投资收益率。投资收益率是指项目达到设计生产能力后的一个正常生产年份内的年净收益额与项目投资总额的比值。它反映项目投资支出的获益能力。它适用于项目初期勘察阶段或者那些投资小、生产简单、变化不大的项目的财务盈利性分析。这一方法由于舍弃了更多的项目生命周期内的经济数据，所以一般仅用于技术经济数据不完整的初步研究阶段。

③ 借款偿还期。借款偿还期是指按照国家的财政规定及项目的具体财务条件，在项目投产后可以用作还款的利润、折旧及其他收益额偿还固定资产投资本金和利息所需要的时间。它可以用来反映项目本身的清偿能力，借款清偿期越短，说明项目偿还借款的能力越强。

(2) 动态分析法。动态分析法不仅考虑了资金的时间价值，还考虑了项目发展的可能变化。这对投资者和决策者合理评价项目，以及提高经济效益具有十分重要的作用。因此，动态分析法是较静态分析法更全面、科学的分析方法。当然所需要利用的资源和占用的时间也就相应地加大。常用的动态分析法有以下几种。

① 动态投资回收期法。动态投资回收期，是在考虑资金时间价值的条件下，按设定的基准收益率收回投资所需要的时间。它克服了静态投资回收期未考虑时间因素的缺点。但是动态投资回收期由于没有考虑回收期后的经济效果，因而不能全面反映项目在生命周期内的真实效益。通常只用于辅助性分析与评价。

② 净现值法。净现值是反映项目在建设期和生产服务年限内获利能力的综合性动态评价指标。净现值指标有财务净现值、经济净现值和外汇净现值，分别适用于项目的财务评价、国民经济评价和涉外项目评价。三类指标的计算方法是相同的。

③ 内部收益率法。内部收益率法是利用净现值理论，寻求项目在整个计算分析期内的实际收益率的一种技术经济方法。它是反映项目的获利能力的一种最常用的综合性的动态评价指标，常作为一项主要评价指标来对项目的经济效益作出评价。

④ 获利能力指数法。获利能力指数是经营净现值与初始投资之比，表明项目单位投资的获利能力，便于投资额不等的多个项目之间的比较和排序。

2) 决策分析方法

决策就是做决定，是人们为了实现特定的目标，运用科学的理论与方法，通过对各种主客观条件的系统分析，提出各种预选方案，并从中选取最佳方案的过程。

项目决策分析主要解决"项目可不可以做"的问题。决策分析方法主要有：确定型决策分析方法、不确定型决策分析方法和风险型决策分析方法，将在后面的章节中详细讨论，在此不再赘述。

3) 风险分析方法

风险是由不确定性引起的所能带来损失的可能性。项目风险分析主要解决"项目如果要做，可能的风险是什么"的问题。风险分析方法主要有：盈亏平衡分析法、敏感性分析法、概率分析法、蒙特卡罗分析法、模拟分析法等。

3.3 项目申请与获得

3.3.1 项目申请过程

感兴趣的承约商或客户组织内部的项目团队为了回复客户的需求建议书，设计开发针对客户项目的解决方案，提交给客户项目建议书，经客户审核评估后选定执行该项目解决方案的个人、组织或承约商，并与其谈判协商，签订项目合同，达成协议。项目申请和获得的过程如图 3-9 所示。

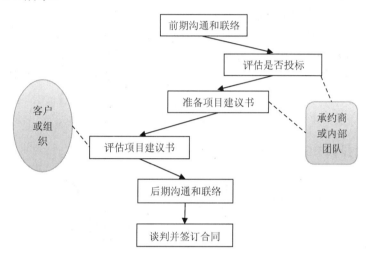

图 3-9 项目申请和获得的过程

针对企业客户或政府客户的需求建议书，要想制定出有获胜把握的项目建议书，承约商不应当等到客户发出正式征求后才提出申请，而是要早在客户准备提出需求建议书之前就与潜在客户保持积极沟通和建立广泛联系。与潜在客户建立紧密的联系，能使承约商在竞标过程中处于比较有利的位置。

在这些联系中，承约商应当帮助客户识别有可能从项目的执行中获得收益的领域，并且指明需求、问题或机会所在。与潜在客户的密切合作，会使承约商处于一种有利的地位：当客户发出建议书时，该承约商就有极大的可能性被选为执行该项目的承约商。熟知客户需求、要求和期望的承约商，将会针对客户的需求建议书，准备一份重点突出的项目建议书。承约商所做的这些申请前的一切努力，就是市场营销或业务开发工作，而且不用客户付出任何成本代价。这些努力带给自己的回报在以后会显现出来，即当承约商回应客户的需求建议书后，将被选为执行该项目的承约商。

在项目申请前的活动期间，承约商应尽可能多地了解客户的需求、问题和决策过程。承约商应向客户询问与需求有关的信息、资料和文件。承约商也可能会相应建立一些申请前的概念或方法，把它们呈递给客户或是让客户进行评论。得到客户对其概念的反应后，承约商就能理解并明确客户所希望的是什么，从而在客户心目中树立起负责任的良好印象。承约商也可邀请客户去拜访曾为之提出并执行了成功方案的客户，当然要以该客户与目前潜在客户有相似的需求或问题为前提，这样的访问能在客户面前提高承约商的声望。

在某些情况下，承约商可能会主动准备并向客户提交项目建议书。如果客户确信此项目建议书将会以合理的成本解决问题，他可能就会与该承约商签订合同来实施项目，这样就省去了项目建议书的准备阶段和接下来的竞争申请过程。承约商也许能从客户那里直接得到合同而不必与其他承约商竞争。

承约商在项目建议书前所做的努力对于最终赢得合同和执行项目都是很重要的，因为这是一个基础性工作。

3.3.2 项目投标评估

承约商要实事求是地评价自己准备项目建议书的能力，以及签订合同的可能性。

开发和准备项目建议书是要花费时间并且消耗成本的，所以承约商要讲求实际，即对中标的可能性要有切合实际的估计。另外，项目建议书挑选过程的竞争很激烈。客户将从那些相互竞争的项目建议书中选出一个获胜者。对于承约商来说，成功是指赢得项目合同，而不是仅仅提交了项目建议书。提交许多失败的项目建议书来回复需求建议书会损害承约商的声誉。所以，是否投标需求建议书，有时的确是承约商最难以作出的决定。

1. 影响项目投标决策的因素

评价是否准备申请客户提出的项目，也叫是否投标决策。承约商在是否投标决策过程中主要考虑以下一些因素，如图3-10所示。

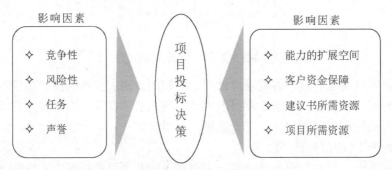

图3-10 影响项目投标决策的因素

1) 竞争性

有哪些承约商会提交项目建议书以回复需求建议书？这些承约商的竞争优势如何？竞争优势是来自于需求建议书前的市场营销工作，还是因为他们以前的工作表现好，在客户中的声望高？这就需要对所有的竞争进行分析。相关的一些问题包括竞争对手的技术与管理能力，他们生产项目所要求的产出能力，他们在特定类型项目中的利益，他们的需求(或"渴望"的程度)，以及之前与客户或组织的关系。

2) 风险性

项目有失败的风险吗？这些风险是来自于技术方面还是资金方面？例如，是否在开发符合客户要求的技术的可行性方面存在不确定性？客户是否想要承约商提交基于固定价格合同的项目建议书，而申请的项目需要付出的研究与开发努力在技术上却只有 50%的成功可能性？

3) 任务

申请项目涉及承约商的经营目标业务领域吗？

4) 能力的扩展空间

申请项目会给承约商提供扩展和强化其能力的机会吗？例如，如果承约商一直都是向个体食品市场提供自动的库存控制系统，现在有一个需求建议书，要为拥有24家连锁店的超市提供整合的库存控制系统，这就有可能会给承约商提供一个扩展其能力和把生意扩大到更大的客户群体中的机会。

5) 声誉

承约商是否曾成功地为类似的客户做过项目，还是有什么问题曾使客户不满？承约商曾在该客户的需求建议书投标中失败过吗？

6) 客户资金保障

客户真的有资金用于这个项目吗？或者，客户只是在"无目的地调查"——虽然尚未确定是否投资于此项目，但却发出需求建议书？客户可能是出于好意，但却很不切实际地发出了需求建议书，因为他预料董事会将批准投资。然而，如果公司出现资金困难，董事会就可能无限期地推迟项目。承约商不应把时间浪费在回应不可能获得投资的需求建议书上。

7) 项目建议书所需资源

是否有合适的资源来准备一份高质量的项目建议书？而且仅仅准备项目建议书是不够的，应当准备的是高质量的项目建议书，这是制胜绝对必要的前提。准备一份高质量的项目建议书，承约商必须有适当的人力资源来开展工作。如果承约商组织内没有合适的资源来准备高质量的项目建议书，承约商就应当作出安排，尽量获取其他资源，以确保制定出最可行的项目建议书。提交低质量的项目建议书可能会给客户留下不好的印象，会降低承约商以后与这家客户签订合同的可能性。

8) 项目所需资源

如果承约商中标了，能得到合适的资源来执行项目吗？承约商需要确保能从组织内部获得合适的人选来承担项目工作。假如在合同签订后，承约商又发现工作团队必须重组，而不是使用原计划人员，这样，成功完成项目的概率就会降低。其结果可能是失望的客户不会再给予承约商合作的机会。如果承约商无法确定是否拥有足够的资源来执行项目，就需要制订一个计划，以获得成功执行项目所需的资源。

2. 项目申请与否的评价

承约商要作出决定是否回复需求建议书并提交项目建议书。承约商组织内部的决策人员可以利用项目申请与否评价单来达成统一意见。具体方法是：根据影响项目投标决策的诸多因素，以及它们对项目申请成功的影响程度，分别赋予不同的权重分值，由决策人员和专家组成评价小组分别打分，据此比较承约商在项目申请中的优势和劣势，最后作出是否投标的决策。

例如，某家制造企业打算聘请一家管理培训公司对位于全国7个不同地点的工厂的员工进行大量的管理培训。表3-4是管理培训公司的高层人物为了达成一致意见而采用的评价工具。

表 3-4 项目申请与否的评价示例

评价要素	分　数	备　注
1. 竞争	5	
2. 风险	3	
3. 任务的一致性	9	
4. 扩展业务的机会	8	
5. 客户的声望	4	
6. 资金保障	8	
7. 准备建议书所需资源	7	
8. 执行项目的有效资源	6	
优势及独特能力		
劣势及欠缺		

注：分数由 0～9 表示重要性的由低至高。

3.3.3　准备项目申请

1. 准备制作项目建议书

项目建议书的制作对于获得客户信任和授权非常重要。这项工作可以是一个人就能胜任的简单任务，也可能是需要组织中的一个小组与一些具备各种专长和技术的人员共同合作的资源密集型活动。

如果是政府机构拟建的项目，每个感兴趣的承约商都可能会组织一组人员和分包商来协助准备申请书。在这种情况下，承约商可能委任一名专门负责项目建议书的经理，由他来协调撰写工作，以确保在客户规定周期前生成一份一致而全面的项目建议书。为大的项目提出一份全面的项目建议书，其本身就应该被看作是一个完整的项目：项目经理负责组织小组成员，建立一份项目建议书的进度计划。进度计划应当包括每个成员在起草建议书中所负责部分的完成日期、与适当的成员进行审议的日期、建议书拍板定型的日期。进度计划还必须留出承约商组织内部的管理层进行评价和批准的时间，也必须留出准备图表的说明、打印和复印的时间，以及把建议书邮寄给承约商的时间。

针对一个大规模的技术项目而制定的项目建议书会有很多文件，包括图表和几百页的正文。在回复期内，承约商可能会首先修正与客户要求不一致的申请，然后用剩下的时间来"包装"一份一流的专业申请书。客户不会承担承约商准备项目建议书的任何费用。承约商会把它当作正常的管理费用，期待着能赢得合同，再从中获利。

项目建议书是一份推销文件，而不是技术报告。它可能包括上百页的内容、图解和列表。项目建议书应当列出足够的细节，使客户相信承约商将为其带来最佳的收益。但是，如果项目建议书过分详细，客户可能不愿去看，而且也会增加承约商准备项目建议书的费用。

2. 项目建议书的内容

所有的建议书都要以简短的摘要开始（项目实施摘要），以最少的专业术语介绍该建议的性质和预期的总收益。同时也应有一份说明信，该信是一种重要的营销文件，值得人们特别关注。除了实施摘要和封面附信之外，每一份建议书还应该回答四个具体的问题：①技术性问题及解决方法；②项目的具体实施计划；③项目的保障和管理计划；④实施该项目的意愿和类似业绩。

项目建议书一般由三个部分组成：技术部分、管理部分和预算部分。承约商建议书的详细程度取决于项目的复杂程度和需求建议书的内容。

1) 技术部分

建议书技术部分的目的是使客户认识到：承约商理解客户的需求或问题，并且能够提供风险最低且收益最大的解决方案。项目建议书首先应对需要解决的问题或着手实施的项目进行概述。如果问题或项目比较复杂，就要列出各个主要子系统以及相应的措施。这时的描述应该充分、详尽，能够使具有相关知识的读者理解建议者的意图。其次，要列出解决关键问题的一般方法。如果存在几个子系统，还应有衔接措施。另外，要说明客户的特殊要求，并提出相应措施。项目建议书中还应包括所有用来保证绩效、质量、可信度，以及满足特定要求的测试和检验程序。

技术部分应当包括以下内容。

(1) 准确理解客户问题。

承约商应当用自己的话来阐述他对客户的问题或需求的理解，但不应当仅仅重述客户的需求建议书中出现过的问题。技术部分的第一块内容必须让客户知道，承约商完全理解需要解决的问题以及提出的需求，并且为技术部分后面的内容打下了提出解决方案的基础。承约商一般会用陈述或表格的形式来描述客户当前的状况。

(2) 提出方法或解决方案。

一些问题本身会产生一种特定的解决方案。然而，有些问题可能并非如此，这些问题可能只有详细描述了具体方案，才能把分析与开发任务当作建议项目的一部分来执行。在这种情况下，承约商的建议书必须描述在建立解决方案过程中用到的某些特定的方法或方法论。例如，工程设计和开发应当作为申请项目的一部分来执行。然而，在建议书中，承约商必须使客户相信：所提出的设计、开发和建立系统的方法是富有逻辑性的、切合实际的，将有助于承约商成功地满足客户的要求。这一块包括以下内容：①描述承约商将如何收集、分析和评价有关问题的数据和信息；②承约商用来评估几个备选方案或进一步提出解决方案；③提出方案或方法的基本原理；④确认提出的方法或解决方案能够满足客户在需求建议书中所陈述的各种物理的、操作性的或性能方面的要求。如果承约商不能满足客户的某些特定要求，就应当在申请书中阐明这一点。

(3) 客户的收益。

承约商应当表明所提方案或方法如何才能使客户受益。受益可能是数量上的或质量上的，还可能包括成本的节约、加工时间的减少、库存的减少、更好的客户服务、废品残率或出错率的降低、安全状况的提高、提供信息更及时和维修次数的更少。建议书的这一部分应当与竞争对手的申请书进行比较，使客户确信申请书中所提方法的价值。

2) 管理部分

项目建议书中管理部分的目的是使客户确信，承约商能够做好项目所提出的工作，且收到预期效果。

管理部分应当包括以下内容。

(1) 工作任务。

承约商应当界定为完成项目而要执行的主要任务，并且提供每个主要任务所包括内容的简要描述。承约商不应仅仅重述客户需求建议书中所包括的工作要求，也不需要列出详细活动的清单，这种活动清单应在赢得合同后，在项目周期的最初计划阶段生成。

(2) 交付物。

承约商应当提交一份交付物清单，无论是有形的产品及物品，还是诸如报告、手册和图纸的"无形产品"。这些交付物应当在项目进行期间提供，如报告、图纸、手册和设备。

(3) 项目进度计划。

应当提供完成项目所要执行的主要任务的进度计划。进度计划必须表明承约商能在需求建议书所规定的期限内完成项目。任务进度计划可以以下几种方式给出：①标有预计开始和结束日期的任务清单；②通常被称作甘特图的条形图，它沿水平的时间轴用细杠代表每件任务的估计工期；③也可以用网络图，将任务以图解的形式给出，显示出任务之间的次序及相互依存性。除了主要任务，进度计划可能还包括别的关键事件的日期，如重要的评审会议、客户审批活动以及一些交付物的完成日期。

有时存在这样一种倾向，认为所谓的"非技术性"项目(即项目不涉及物理科学或物质产品)，就可以不必介绍项目的实施计划——包括里程碑事件、进度计划和预算的详细情况。轻率地处理非技术项目是非常愚蠢的行为，并且会使人们对建议者按计划完工的能力产生怀疑。(对于与艺术、音乐、戏剧、计算机软件的开发工作有关的项目以及其他一些"非技术"领域的项目，经常会忽略对项目产品或服务、完成日期和成本作出明确的规定。)

(4) 项目组织。

承约商应当描述如何组织工作和资源，以便执行项目。大型项目会牵涉许多人和分包商，设计一个组织图并把每个负责人的名字附在主要的项目职能之后可能更为合适。主要负责人的简历也应当包括进去，以便客户了解他们的相关经历，使客户确信项目会成功。除了组织图，承约商也会用到一个责任矩阵，用来列出主要的项目任务和负责每项任务的执行人员、组织或分包商的名称。

(5) 相关经验和业绩。

为了使客户确信承约商能做好项目，承约商应当提供一份曾完成过的类似项目的清单。承约商应当简洁地描述过去的每个项目，并解释说明从那些项目中得来的经验将怎样有助于成功地执行所申请的项目。承约商也应当向客户提供每个项目的合同价值，给客户一份信心——承约商具备管理这种规模项目的能力。对于以前的类似项目，承约商也可列出每个客户的名称、职衔、电话号码，以便目前的客户能与他们取得联系，以考证承约商的工作表现。如果承约商有良好的工作绩效记录，那么来自曾获得过满意服务的客户的介绍信将特别有用。

(6) 变更处理。

一个经常被忽略而又应该在建议书中的管理部分详细说明的重要事项是，如何处理变更单以及如何对相应的成本进行估算。变更是执行项目的组织和客户产生摩擦(或诉讼)的一个重要根源。客户很少能够理解，一个看似简单的变更可能会给项目带来很大的混乱。更糟糕的是，提出项目建议的组织似乎有一种误导潜在客户的倾向，使客户相信在项目实施过程中较小的变更是容易处理的。

(7) 设备和工具。

一些项目会要求承约商使用特殊设备，如计算机、软件、生产设备或测试工具。在这种情况下，承约商可能愿意提供他自己的一系列设备和特殊工具，以便使客户确信他拥有必备的资源。

3) 预算部分

项目建议书中的预算部分的目的是使客户确信，承约商就申请项目所提出的价格是切合实际的、合情合理的。在某些情况下，客户可能只想知道项目总预算的底线，有时一些客户也想看看可选择项目的成本。有些项目的需求建议书通常要求承约商详细载明各种成本。

预算部分通常包括承约商估算的如下要素。

(1) 劳务费用。

这部分给出了预计在项目中工作的各级人员的劳务成本的估算。

(2) 原材料费用。

这部分会给出承约商需要为执行项目而购买的原材料的成本。

(3) 分包商和顾问费用。

当承约商不具备完成某些项目任务的专长与资源时，他们可能会雇用分包商和顾问来执行这些任务。承约商通常要求分包商和顾问提交有关工作范围和任务成本的项目建议书，然后把这些成本加进项目的总预算中。

(4) 设备和设施租金。

为了完成项目，有时承约商必须单独租用特殊的设备、工具或设施。

(5) 差旅费。

如果在项目中需要出差到外地，那就应当包括旅费、住宿费和伙食费等费用。

(6) 文档制作费。

有些客户想要承约商分别阐明与项目文件交付物相关的费用，可能会是印刷手册、制图、报表或制作录像带的成本。

(7) 一般管理费。

承约商将给上述六项条款的费用附上一个百分比，以涵盖正常的一般管理费——经营的间接成本，如保险、折旧、会计成本、总管理成本、市场营销成本和人力资源成本。当然，在非正式项目中，类似的成本就不必要了。

(8) 物价上涨。

大型项目可能得花几年的时间才能完成，承约商必须把项目期间内原材料价格与工资率的上涨等因素造成的成本增加考虑进来。

(9) 意外开支。

意外开支准备金,是承约商为应对意外而索要的额度,包括工作内容遗漏以及因为首次没有成功而需重复执行的一些任务。

(10) 奖金或利润。

上述九条都是成本。承约商应当增加一个作为奖金或利润的数额。总成本加上利润就是承约商为申请这个项目所报的价格。

3.3.4 项目的获得

1. 项目申请书的评估

客户在决定哪一份申请书最有价值时,更看重技术、管理部分,而不是预算部分。

客户用来评估承约商项目建议书的一些标准如下。

(1) 是否遵从客户在需求建议书中提出的要求和工作表述。
(2) 对客户的问题与需求的理解。
(3) 提出解决问题方法的合理性与可行性。
(4) 类似项目的经验与成功经历。
(5) 负责项目工作主要人员的经验,以确保工作范围在预算内按时完成的能力。
(6) 管理能力,包括计划和控制项目。
(7) 进度计划是否切合实际。
(8) 项目价格的合理性。

客户不仅会评估承约商的项目总成本预算,还会评估建议书成本部分的明细成本。客户关心的是承约商所提出价格的合理性、现实性与完善性。承约商所用的成本评估方法是正确的吗?对于项目类型来说,劳动时间、工人等级以及工资率都合适吗?有遗漏的地方吗?客户想确信的是,承约商是否为了赢得项目而低估价格;而且,如果项目的实际成本超出预计成本,承约商是否会向客户索要额外的资金。故意低估价格的承约商被认为是不道德的,或许还是不合法的。

在某些情况下,特别是当客户接到许多份建议书时,经过评估最终将产生一个客户认为可以接受的、有价值建议书的简短名单。然后,客户很有可能要求这些承约商中的某一个口头介绍建议书。这是承约商使客户确信自己的项目建议书将提供最佳价值的最后机会。客户也可能要求这些承约商提交一份项目最终报价,这也给承约商一个降低价格、争取赢得合同的最后机会。然而,客户通常会要求承约商提供一份阐明降低成本的理论依据的书面材料,以确保承约商降低成本的做法是合理的。承约商有可能会审查项目的负责人,决定某些任务由较低工资率的人员完成,或是决定取消或合并某些差旅以降低成本。一旦客户选中了承约商,将会发出通知。如果合同谈判成功,该承约商就是最终的获胜者。

2. 签订项目合同

承约商被选为获胜者,并不意味着就可以开始工作了。在执行项目前,客户与承约商之间必须签订合同。合同是一种工具,能够便利客户与承约商之间的沟通,达成确保项目成功的共识与期望。合同是承约商与客户之间的协议,承约商同意提供产品或服务(交付物)

作为回报，客户则付给承约商一定的酬金。合同必须清楚地表述客户期望承约商提供的交付物，也必须载有客户必须付款给承约商的条款。

本 章 小 结

本章按照项目启动各过程的顺序介绍了项目启动的有关知识。需求是项目产生的根本前提，项目启动的工作中首先要进行需求识别——发现项目。本章首先介绍了项目需求建议书的内容，之后介绍了项目选择应考虑的因素和使用的方法。项目方案选择之后，就进入项目论证的阶段，这包括三个过程：机会研究、初步可行性研究和详细可行性研究。最后，我们讨论了项目申请与获得的相关内容。

综 合 练 习

一、判断题

1. 项目需求建议书是承约商向客户发出的建议。　　　　　　　　　　　（　）
2. 项目的总体投资效果和单位投资效果评价是一致的。　　　　　　　　（　）
3. 可行性研究报告的结果未必都是可行的。　　　　　　　　　　　　　（　）
4. 项目需求建议书是由客户完成的。　　　　　　　　　　　　　　　　（　）
5. 投资回收期的主要缺点是没有考虑到投资回收期以后的现金流量。　　（　）
6. 需求识别是项目启动的起点。　　　　　　　　　　　　　　　　　　（　）
7. 项目识别是以需求识别为基础的。　　　　　　　　　　　　　　　　（　）
8. 项目可行性研究的主要目的是论证项目在经济上是否可行。　　　　　（　）

二、单选题

1. 某项目投资额为 5000 万元，其投资后第一年到第四年的现金流量分别为 500 万元、1000 万元、2000 万元和 3000 万元，则该项目的静态投资回收期为(　　)。

    A. 1 年　　　　　　B. 3 年　　　　　　C. 4 年　　　　　　D. 3.5 年

2. 在项目(　　)工作过程中，一般要进行项目可行性研究。

    A. 启动　　　　　　B. 计划　　　　　　C. 执行　　　　　　D. 控制

3. 有关项目需求建议书的正确表述是(　　)。

    A. 项目需求建议书中包括项目团队对项目客户的要求
    B. 项目需求建议书中包括项目目标说明、完成时间等要求
    C. 项目需求建议书必须是正式的
    D. 以上内容均正确

4. 下列表述错误的是(　　)。

    A. 项目是否具备实施的条件属于项目可行性研究内容之一

B. 进度安排可行性属于项目可行性研究内容之一

C. 在进行项目可行性研究时，不必考虑环境对项目的影响

D. 土地的使用、卫生、安全标准等方面的规章制度也包括在项目可行性研究的内容之中

5. 现有 A、B 两个项目方案，A 项目收益为 80 万元，成本为 20 万元；B 项目收益为 120 万元，成本为 50 万元。运用效益分析法进行项目选择时的决策是（   ）。

　　A. 在资金较为充裕的情况下，应该选择 A 项目

　　B. 在资金较为充裕的情况下，应该选择 B 项目

　　C. A 项目和 B 项目均可行

　　D. A 项目和 B 项目均不可行

6. 下列表述正确的是（   ）。

　　A. 在进行项目方案选择时，要素加权分析法是必须采用的一种方法

　　B. 在进行项目方案选择时，要素加权分析法是比较公正的一种分析方法

　　C. 要素加权分析法中的权重与因素的重要性无关

　　D. 在进行单项打分时，同时要考虑权重问题

7. 某项目初始投资为 120 万元，第一年的净现金流量为 70 万元，第二年的净现金流量为 100 万元，第三年的净现金流量为 120 万元，假设该项目的投资收益率为 10%，则该项目的净现值为（   ）万元。

　　A. 170　　　　B. 236.44　　　　C. 116.44　　　　D. 28.9

8. 在项目生命期的（   ）阶段颁发项目的许可证书。

　　A. 启动　　　　B. 计划　　　　C. 执行　　　　D. 控制

三、多选题

1. 下列表述正确的是（   ）。

　　A. 项目目标中一定要包含项目的完成时间

　　B. 项目目标可能随着项目的进展需要发生变更

　　C. 项目团队成员都要知道项目目标是什么

　　D. 项目目标应尽量简单地进行描述

2. 下列表述正确的是（   ）。

　　A. 项目识别是以承约商为主体的一种行为

　　B. 需求识别是以客户为主体的一种行为

　　C. 项目识别是以客户为主体的一种行为

　　D. 需求识别是以承约商为主体的一种行为

3. 需求建议书的主要内容包括（   ）。

　　A. 满足其需求的项目工作陈述　　　　B. 对项目的具体要求

　　C. 客户供应条款　　　　D. 客户付款方式

4. 可行性研究一般包括（   ）。

　　A. 进行市场研究，了解市场供应和需求情况

B. 进行工艺技术方案研究
C. 研究项目是否可以获得经济上的收益
D. 研究项目是否符合环境保护的要求

5. 项目启动的标志一般包括( )。
   A. 可行性报告的提交　　　　B. 项目经理的任命
   C. 组建项目团队　　　　　　D. 项目章程的颁发
6. 项目目标的共性有( )。
   A. 优先性　　B. 目标体系　　C. 有效性　　D. 层次性
7. 描述项目的目标一般遵循的准则是( )。
   A. 能定量则不定性　　　　　B. 目标是面向成本的
   C. 目标应是现实的，不应是理想的　　D. 目标是面向结果的

四、简答题

1. 项目可能来源于哪些需求？并举例说明。
2. 项目可行性研究的过程及其内容有哪些？
3. 要素加权分析法的过程是怎样的？
4. 确定项目目标应注意哪些问题？
5. 项目需求建议书所包含的内容有哪些？

五、计算题

1. 某公司投资一个使用寿命为 5 年的项目，第一年年初投入 1000 万元，从第 1 年年末到第 5 年每年年末都有净现金流量 300 万元，并且在第 5 年年末有固定资产残值 10 万元，假设该公司预期的报酬率为 10%。

计算：

(1) 该项目的静态投资回收期。
(2) 该项目的净现值。

2. 假设现有甲、乙、丙三个项目方案(见表 3-5)，要求采用要素加权分析方法对这个项目方案进行比较分析，找出最优方案。

表 3-5　甲、乙、丙三个项目方案的比较

要素	权重	单项得分			加权得分		
		甲	乙	丙	甲	乙	丙
项目按计划执行的可能性	4	4	3	2			
内部收益率	3	3	4	3			
所含风险大小(5 表示最低)	3	5	3	4			
项目运营的必要条件	2	3	4	3			
总加权得分		—	—	—			

六、讨论题

1. 假设现在需要建造一个露天游泳池,请问该如何描述这项需求?
2. "建造一所房屋"这样的项目目标是否合理?如果不合理,你认为应该怎样来描述这个目标?

七、案例分析

双面神还是双子星?

菲利斯·亨利,西部新星有限公司新产品开发部的副总裁,此刻正坐在办公桌前试图弄清员工提交上来的最新的项目提议。西部新星有限公司是一家开发商业软件和应用程序的大型开发商,在过去的三个季度,该公司在运作收益上一直处于低谷。高层管理团队已经感受到来自董事会的压力,并正在采取措施来增加收益和盈利。他们的一致意见是需要尽快开发一些新的产品。

菲利斯正在读的报告包括产品开发部两个独立小组进行的项目评估结果。经过几周的分析,两个小组关于最优项目的竞争越来越激烈。其中一个被称作双面神的项目是由软件开发部门提议的,而另外一个项目——双子星项目是由商业应用部门支持的。菲利斯最初要他们准备两个项目的评估报告,以便从中做出选择。由于预算的限制,无法同时对两个项目都进行资助。

第一个评估小组使用了基于西部新星有限公司战略类别的评分模型,这些类别主要包括:①战略符合;②技术成功的可能性;③财务风险;④潜在收益;⑤战略作用(项目使用和增强企业资源和技术性能的能力)。

使用这些类别,该小组对两个项目的评估如表3-6和表3-7所示,分值设置为:1=低,2=中等,3=高。

表3-6 双面神项目

类 别	重要性	得 分	加权得分
战略符合	3	2	6
技术成功的可能性	2	2	4
财务风险	2	1	2
潜在收益	3	3	9
战略作用	1	1	1

得分=22。

表3-7 双子星项目

类 别	重要性	得 分	加权得分
战略符合	3	3	9
技术成功的可能性	2	2	4
财务风险	2	2	4

续表

类　别	重要性	得　分	加权得分
潜在收益	3	3	9
战略作用	1	2	2

最后的得分=28。

上面的结果显示，双子星项目是最后的选择，但是，菲利斯同样也得到了来自第二小组评估的一份使用净现值分析的评估结果。假设要求的收益率为15%，预期的通货膨胀率为3%，第二小组的评估结果如下。

双面神项目	双子星项目
初始投资=250 000 美元	初始投资=400 000 美元
项目生命周期=5 年	项目生命周期=3 年
预期现金流：	预期现金流：
第一年=50 000 美元	第一年=75 000 美元
第二年=100 000 美元	第二年=250 000 美元
第三年=100 000 美元	第三年=300 000 美元
第四年=200 000 美元	
第五年=75 000 美元	
累计净现值=60 995 美元	累计净现值=25 695 美元

用不同的评估方法对两个项目进行评估得到了不同的结果。评分模型显示，双子星项目是最好的选择；而净现值模型显示，双面神项目更好。菲利斯今天下午就要给这两个高级管理团队提出建议，但问题还相当多。

问题：

1. 菲利斯已经叫你进她的办公室来帮助她弄清这些项目评估结果之间的矛盾，你会如何解释造成这种分歧的原因？这两种模型的优、缺点分别是什么？

2. 根据上面的分析，你认为西部新星有限公司会选择哪个项目？说明理由。

3. 这个案例对企业中项目选择方法的使用情况进行了介绍，说明了什么问题？你会如何解决在这个例子中出现的矛盾？

技 能 训 练

实训背景：

某公司的领导班子正在商讨如何筹集资金以满足明年扩大生产线的需要。总经理王明首先发言："由于公司扩大生产线的原因，资金需求量一直在增加，我们的资金几乎用光了，现在我们迫切需要弄清楚怎么才能获得更多的资金。"

"我们必须建立一个筹集资金的项目"，副经理蒋魁响应道。

"我们需要多少资金才能满足生产的需要？"销售经理周方问道。

"大约 100 万元"，蒋魁回答，"在三个月内，这笔资金必须到位，才能保证我们公司不会关门停业。"

请问该项目应如何启动呢？

实训步骤：

第一步：请学生根据本章所学知识梳理项目启动的程序。

第二步：分析项目利益相关者，并撰写该项目启动具体步骤。

第 4 章　项 目 计 划

"凡事预则立,不预则废。"

——《礼记·中庸》

学习目标:

知识目标	技能目标
了解项目计划的作用和内容	掌握项目计划的编制程序
了解项目计划制订中使用的工具和方法	掌握 WBS 的内涵,并能够灵活运用
了解 WBS 的作用	能够根据 WBS 绘制行动计划表
了解责任分配矩阵的作用	
了解行动计划表的作用	

项目的独特性和一次性使得项目计划的正确编制尤为重要。项目计划是项目管理过程中不可或缺的部分。项目计划仿佛就是一张导游图,引导着游客如何抵达目的地,缺少项目计划或没有一个有效和可行的计划,项目经理可能会无从下手,也可能无法实现项目的目标。项目计划是决定项目成败的关键,许多项目之所以延误了工期或者超出了预算,都是因为在项目执行前没有制订出完善的项目计划所致。

4.1　项目计划概述

项目管理的第一个关键过程就是制订一个良好的项目计划,以便指导项目的范围、进度、费用、质量、人力资源、沟通、采购等方方面面的管理。项目计划是决定项目成败的关键。从另一方面来说,由于项目是创造性的过程,项目早期的不确定性很大,所以项目计划不可能一次性全部完成,而必须逐步展开和不断修正。这将取决于能否适当地对计划的执行情况作出反馈并相应地采取控制措施。这期间需要不间断地交流信息。由此我们也可以看出,项目进行过程中控制的重要性。

计划是项目团队为完成项目全部工作而科学预测并确定未来行动的方案。通过完整而又合理的项目计划,可以将整个项目始终置于可控状态。没有完备的计划,任何项目都不会取得圆满成功。

在制订项目计划之后就要贯彻执行,并不断根据项目进展的实际情况对其进行调整。在项目计划执行过程中要进行控制,使得项目进程按照计划的轨道进行。这就意味着要不断根据计划来控制项目的各项工作。项目一开始就必须定期、及时地监测项目的各项指标,以确保项目按计划进行。努力获取项目进展的最新信息,然后与原计划目标作比较,若有偏差就要采取相应的措施进行纠偏,必要时修订计划。

实践中的许多项目都缺乏完备的计划,更不要提真正的执行计划,进行有效的控制了。

如何制订一份好的计划，下面是一些有用的建议。

(1) 计划的本质是在人们真正开始一个项目前，先停下来想一想，以便考虑如何能够将它做得更好。

(2) 把精力集中到工作上，要抓作实际工作这一根本。

(3) 当面对问题时，要问一问以前是如何处理的，以便获得以往的经验。

(4) 避免过于乐观的估计，尤其在项目初期更是如此。如果觉得可能需要额外的资源，如时间、人力、物力等，请明确提出来。

(5) 项目组织应当经常召开项目会议，主要目的就是讨论项目计划，而所制订的项目计划应当对整个项目范围都有效，如果有不同意见就应马上提出来，不能拖到问题出现的时候再提出。

(6) 光用一张图来表示一个计划是不完整的，进行相关的说明是非常必要的。

(7) 必须在得到尽可能多的信息后，再制订计划或对计划进行调整。

(8) 项目计划在分发、内容和格式上都必须保持一致性。

项目计划的制订与修改都是一件很麻烦的事情。尤其是在项目计划的制订阶段，项目经理、业主、管理人员、技术人员等都要积极参与，一定要让计划既具有前瞻性，又具有可操作性，切忌草率应付。否则，后面的工作再出色，项目都很难成功。

项目各项工作的实际执行者一定要参与制订计划。在项目计划的制订过程中，技术人员一定要发挥其应有的作用，因为只有他们才真正了解整个项目的总体框架和具体细节，才最了解需要做哪些详细的活动和每项活动需要花费多长的时间。由于参与了制订项目计划，就能够调动项目团队成员的积极性，项目团队每个成员就会更主动地完成他们各自的任务。对于大项目来说，不可能让所有的团队成员都参与制订项目计划，但是至少应当让其中一部分主要成员参加。

项目经理在制订计划过程中应发挥总体协调的作用，与业主及其他项目利益相关者进行深入的交流和沟通。在这一过程中，项目经理应当随时向技术人员请教，以免闹出笑话。总之，在项目计划的制订过程中，项目有关各方，尤其是项目团队的技术人员，务必要充分认识到计划的重要性，积极参与，为整个项目的规划做出自己的贡献。

项目计划的制订往往需要经过多次反复。例如，计划草案可能只是一个大致的计划和未标明具体日期的粗略日程，而最后定稿时的计划则要指明具体的资源和精确的时间。

一般来说，项目计划的作用如下。

(1) 指导项目的实施。

(2) 记载项目计划的前提假设。

(3) 记载根据选择的方案做出的决策。

(4) 促进项目利益相关者之间的沟通。

(5) 确定项目管理的内容、范围和时间。

(6) 作为度量和控制项目进程的基准。

项目计划主要回答以下问题。

(1) 什么(What)：项目经理与项目团队应当完成哪些工作。

(2) 怎样(How)：如何完成这些工作和任务。解决这一问题时可利用工作分解结构(Work Breakdown Structure，WBS)，WBS 是项目必须完成的各项工作的清单。

(3) 谁(Whom)：确定承担工作分解结构中每项工作的具体人员。

(4) 何时(When)：确定各项工作需要多长时间，以及具体于何时开始，确定每项工作需要哪些资源等。

(5) 多少(How much)：确定 WBS 中每项工作需要多少经费。

(6) 哪里(Where)：确定各项工作在什么地方进行。

项目计划尽管带有很大的不确定性，但它仍然是指引项目团队成员完成工作的指针。

4.2 项目计划的编制

4.2.1 项目计划编制的内容

通常来说，项目计划应该包含以下几个方面的内容。

(1) 范围计划。确定项目所有必要的工作和活动的范围，在明确项目的制约因素和假设条件的基础上，进一步明确项目目标和主要可交付成果。项目的范围计划是将来项目执行的重要文件基础。

(2) 工作计划。用于说明应如何组织实施项目，研究怎样用尽可能少的资源获得最佳的效益。具体包括工作细则、工作检查及相应的措施。工作计划中最主要的工作就是项目工作分解和排序，制定出项目工作分解结构图，同时分析各工作单元之间的相互依赖关系。

(3) 人员管理计划。用于说明项目团队成员应该承担的各项工作任务以及各项工作之间的关系，同时制定出项目成员工作绩效的考核指标和方法及人员激励机制。人员管理计划通常是由上而下地进行编制，然后再自下而上地进行修改，由项目经理与项目团队成员商讨并确定。

(4) 资源供应计划。其明确了项目实施所需要的各种机器设备、能源燃料、原材料的供应及采购安排。此计划要确定所需物资的名称、质量技术标准和数量；确定物资的投入时间和设计、制造、验收时间；确定项目组织需要从外部采购的设备和物资的信息，包括所需设备和物资的名称和数量的清单，获得时间，设备的设计、制造和验收时间，设备的进货来源等。

(5) 进度报告计划。主要包括进度计划和状态报告计划。进度计划是表明项目中各项工作的开展顺序、开始及完成时间以及相互关系的计划，此计划需要在明确项目工作分解结构图中各项工作和活动的依赖关系后，再对每项工作和活动的延时做出合理估计，并安排项目执行日程，确定项目执行进度的衡量标准和调整措施。状态报告计划规定了描述项目当前进展情况的状态报告的内容、形式以及报告时间等。

(6) 成本计划。确定了完成项目所需要的成本和费用，并结合进度安排，获得描述成本—时间关系的项目费用基准，并以费用基准作为度量和监控项目执行过程费用支出的主要依据和标准，从而以最低的成本达到项目目标。

(7) 质量计划。质量计划是为了达到客户的期望而确定的项目质量目标、质量标准和质量方针，以及实现该目标的实施和管理过程。

(8) 变更控制计划。此项计划反映出当项目发生偏差时，处理项目变更的步骤、程序，确定了实施变更的具体准则,但是项目发生的偏差性质未必完全相同,在一定的程度和范围内,是可以接受的,这时只需要采取一定的纠偏措施即可;当超出了一定的范围之后,就可能是由于计划不当造成的,这时便需要对照变更控制计划规定的标准、步骤、准则对计划进行变更。

(9) 文件控制计划。它是指对项目文件进行管理和维护的计划,保证了项目成员能够及时、准确地获得所需文件。

(10) 风险应对计划。它主要是对项目中可能发生的各种不确定因素进行充分的估计,并为某些意外情况制定应急的行动方案。

(11) 支持计划。即对项目管理的一些支持手段,包括软件支持计划、培训支持计划和行政支持计划。软件支持计划是指使用自动化工具处理项目资料的计划;培训支持计划是指对项目团队成员进行培训的计划;行政支持计划是指为项目主管和职能经理配备支持单位的计划。

4.2.2　项目计划编制的程序

项目计划编制的程序如下。
(1) 定义项目的目标并进行目标分解。
(2) 进行任务分解和排序。
(3) 完成各项任务所需时间的估算。
(4) 以网络图的形式来描绘活动之间的次序和相互依赖关系。
(5) 进行项目各项活动的成本估算。
(6) 编制项目的进度计划和成本基准计划。
(7) 确定完成各项任务所需的人员、资金、设备、技术、原材料等资源计划。
(8) 汇总以上成果并编制成计划文档。

项目计划编制的方法较多,如结构化的编制方法,这种方法就像一些标准的模板或表格一样,在计划编制时就有规定的格式或指导原则。例如,电气和电子工程师协会(IEEE)制定的标准描述了"软件项目管理计划"的主要内容,如表 4-1 所示。

表 4-1　IEEE 标准软件项目管理计划格式样板

	项目管理计划部分				
	介　绍	项目组织	管理过程	技术过程	工作包、进度和预算
各部分内容	项目概述,项目可交付成果,软件项目管理计划的制订过程,参考资料,有关定义和缩写说明	过程模型,组织结构,组织界限和界面,项目责任	管理目标和优先级,假设条件,依赖关系,约束条件,风险管理,监督与控制机制,人员计划	方法、工具和技巧,软件文件,项目各项辅助功能	工作包,依赖关系,资源要求,预算与资源,分派以及进度计划

4.3 项目计划的工具和方法

4.3.1 工作分解结构

工作分解结构(Work Breakdown Structure, WBS)是项目管理中最有价值的工具,是制订项目进度计划、项目成本计划等多个计划的基础。它将需要完成的项目按照其内在工作性质或内在结构划分为相对独立、内容单一和易于管理的工作单元,从而有助于找出完成项目工作范围内所有的任务。工作分解结构可以把整个项目联系起来,把项目目标细化为许多可行的、更易操作的,并且是相对短期的任务。

一旦项目的目标制定以后,就必须确定为达到目标所需要完成的具体任务,即定义项目的工作范围,这就要求必须制定一份该项目所有活动的清单。但是对于比较大的或比较复杂的项目而言,活动清单难免会遗漏一些必要的活动,而工作分解结构将是一个比较好的解决方法。

1. 工作分解结构的作用

(1) 把项目分解成具体的活动,定义具体工作范围,让相关人员清楚了解整个项目的概况,对项目所要达到的目标达成共识,以确保不漏掉任何重要的事情。

(2) 通过活动的界定,按照项目活动之间的逻辑顺序来进行项目的实施,有助于制订完整的项目计划。

(3) 通过项目分解,为制定完成项目所需要的技术、人力、时间和成本等质量和数量方面的目标提供基准。

(4) 通过活动的界定,就能很明显地使项目团队成员知道自己的责任和权利,从而对其应当承担和不应当承担的责任有明确的划分。

WBS 在各个知识领域中的作用如表 4-2 所示。

表 4-2 WBS 在各个知识领域中的作用

知识领域	WBS 在知识领域中的作用
时间管理	形成甘特图,利用 CPM 对进度进行管理,进行 PERT 分析
成本管理	进行成本预算、增值管理(EVM)
质量管理	制定过程/产品标准,质量保证计划
HR 管理	形成责任分配矩阵(RAM)
沟通管理	沟通计划编制
采购管理	采购计划编制
风险管理	风险识别

2. 工作分解结构的分解原则

(1) 对项目的各项活动按实施过程、产品开发周期或活动性质等分类。

(2) 在分解任务的过程中不必考虑工作进行的顺序。
(3) 不同的项目分解的层次不同,不必强求结构对称。
(4) 把工作分解到能够以可靠的工作量估计为止。
(5) 在确定最低一级的具体工作时,应能分配给某个或某几个人具体负责。

3. 工作分解结构的分解步骤

工作分解结构是按照各任务范围的大小从上到下逐步分解的。具体步骤如图4-1所示。
(1) 将项目分解成单个定义的且范围明确的子部分(子项目)。
(2) 研究并确定每个子部分的特点、实施结果以及完成它所需要的活动,进一步将它们分解到任务(活动)。
(3) 继续分解,直至工作包。

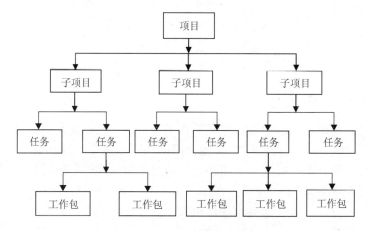

图4-1　工作分解结构示意图

4. 工作包

工作包是完成一项具体工作所要求的一个工作单元。建立工作包的基本要求是使其能为项目控制提供充分而合适的管理信息。建立合理有效的工作包应秉承以下几点要求。
(1) 工作包应该是可确定的、特定的、可交付的独立单元。
(2) 工作包中的工作责任应可以落实到具体的单位或个人。
(3) 工作包的大多数工作应该适用相同的工作人员,从而提高人员之间的沟通。
(4) 工作包应与特定的WBS单元直接相关,并作为其扩展部分。
(5) 工作包单元的周期应是最短周期。
(6) 应明确本工作包与其他工作包之间的关系。
(7) 能确定实际的预算和资源需求。

5. 工作分解结构的编码

运用特定的规则对分解结构图中的各个节点进行编码,可简化项目实施过程中的信息交流。制订项目的成本、进度和质量等计划时不但可以利用编码代表任务名称,而且可以根据某任务的编码情况推断出该任务在工作分解结构图中的位置,这就要求在工作分解结构图中每个节点的编码保持唯一性。

工作分解结构的编码方法有很多种，最常见的方法是利用数字进行编码。下面以一个4层的工作分解结构为例来说明如何编码，如图4-2所示。

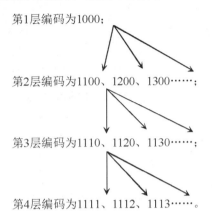

图4-2　工作分解结构编码示意图

6. 工作分解结构的方式

1) 按照项目实施过程的顺序分

例如，在实施ISO 9000质量管理体系项目中，可根据实施的顺序分为体系策划、贯标培训、编写体系文件、内审员培训、内审、管理评审、终审几大块。

2) 按照项目的交付结果分

例如，软件开发项目可根据项目完成后提交给客户的结果分为程序、用户手册、培训教材等。

3) 按照产品的结构分

例如，在轿车开发项目中，可根据轿车的结构分为底盘、发动机、车身、内饰、电控系统等。

4) 按照组织的职责分

例如，在一个项目中，市场部负责前期调查及可行性分析，工程部负责设计开发，采购部负责供应商选择与材料采购，生产部负责样件制造，质量部负责测试和质量控制等。

7. 工作分解结构的形式

项目工作分解结构有两种比较通用的形式：第一种是类似于组织机构图的图形方式，只不过方框中的内容表示活动，而非人名或职务；第二种是任务清单式的直线排列式，从上往下排列，上面一层是大任务，下面一层是完成大任务的具体活动、更详细的工作内容。

例如，如果要组织一次旅游活动项目，按照WBS进行工作分解计划。对于该项目，可以考虑采用基于流程的分解方法，如果采用图形的方式进行分解，则可以得到如图4-3所示的结果。

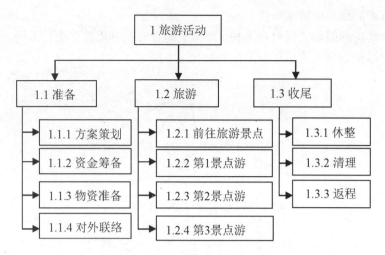

图 4-3　旅游活动的 WBS 分解情况

而如果采用分析表的形式，则可以表示为如表 4-3 所示。

表 4-3　旅游项目结构分解表(项目工作分配表)

编码	活动名称	负责人	预算费用	计划时间	……
1					
1.1					
1.1.1					
1.1.2					
1.1.3					
1.1.4					
1.2					
1.2.1					
1.2.2					
1.2.3					
1.2.4					
1.3					
1.3.1					
1.3.2					
1.3.3					

4.3.2　责任分配矩阵

责任分配矩阵是一种将所分解的工作任务落实到项目有关部门或个人，并明确表示出他们在组织工作中的关系、责任和地位的方法和工具。它是在工作分解结构的基础上建立起来的，以表格形式表示完成工作分解结构中每项活动或工作所需的人员。

责任矩阵强调每一个具体的工作单元由谁负责，并表明每个人的角色和在整个项目中的地位。表 4-4 是旅游活动工作分解结构的责任分配矩阵。责任矩阵中用 R 表示主要责任人，用 S 表示次要责任人。

表 4-4 旅游项目的责任矩阵

WBS 项目	工作任务	项目团队				
		张明	李红	赵光	刘乐	王海
1	准备	R		R		
1.1	方案策划	R	S	S		
1.2	资金筹措			R	S	
1.3	物资准备	R	S	S		
1.4	对外联络		S	R		S
2	旅游		R		R	
2.1	前往景点	S	R			
2.2	游景点 1			S	R	
2.3	游景点 2		R			S
2.4	游景点 3				R	S
3	收尾					R
3.1	休整					R
3.2	清理	S				R
3.3	返程				S	R

4.3.3 项目行动计划表

项目行动计划表是指以工作分解结构图为基础，将项目的一系列活动或任务进一步细分，并按内在的层次关系把持续时间、紧前任务和所需的资源等，汇总并记录所形成的表格。制造机器人项目的行动计划表如表 4-5 所示。需要说明的是，表 4-5 中所列出的要素并非绝对必需，可根据项目的具体情况加以调整。

表 4-5 制造机器人项目的行动计划表

任务编号	任务名称	责任人	时间(周)	紧前任务	所需的资源
1100	整体设计	马里	4		
1110	系统工程	王克	3	—	电脑
1120	专业测试	王月	1	1110	软件
1200	电子技术	张书	2		
1210	设备控制	张书	1	1120	仪器仪表
1220	软件安装	朱良	1	1210	软件
1300	机器人制造	吴云	5		
1310	制造工艺	吴云	3		

续表

任务编号	任务名称	责任人	时间(周)	紧前任务	所需的资源
1311	工艺设计	赵新	1	1300	电脑
1312	构件加工	魏杏	1	1311	车床
1313	构件组装	何明	1	1312	机床
1320	生产控制	杨坤	2	1313	控制系统软件

本 章 小 结

事先制订详细的计划是项目得以成功的根本保证。在项目开始运作之前，项目团队必须花费足够的时间，投入足够的精力，对项目的进度、成本、资源、人员分工等方面进行周密的考虑和安排，制定出切实可行的行动方案。

本章首先对项目计划的作用、定义等方面做了基本概述，然后针对项目计划的编制进行了详细的阐述说明，最后介绍了编制项目计划中经常使用的基本工具——工作分解结构(WBS)、责任分配矩阵和项目行动计划表。理解和掌握项目计划对于项目管理工作的重要性，并充分掌握计划编制工具，对于今后的学习和实践具有重要的指导意义。

综 合 练 习

一、判断题

1. 在进行工作结构分解编码时，应保证编码的唯一性。 (   )
2. 对工作分解结构图中的各个节点进行编码并不能简化项目实施过程中的信息交流。
   (   )
3. 责任分配矩阵提供了哪些任务应由谁完成的信息。 (   )
4. 责任分配矩阵能使项目团队中每个成员认识到自己在项目组织中的基本职责。
   (   )
5. 项目行动计划表是以责任分配矩阵为基础编制的。 (   )

二、单选题

1. 编制项目的计划时，首先必须要做的工作是(   )。
   A. 编制责任分配矩阵　　　　　　　　B. 编制行动计划表
   C. 编制 WBS 图　　　　　　　　　　D. 编制甘特图
2. 工作分解结构(WBS)的目的是(   )。
   A. 对完成项目所需工作的描述　　　　B. 制订风险计划
   C. 项目团队成员进行沟通　　　　　　D. 估算项目工作量的多少
3. 项目计划工作过程应该(   )。
   A. 在概念阶段完成时进行　　　　　　B. 必须在每一项目阶段的相应层次进行

C. 只有对大项目才是必要的　　　　D. 可以在执行阶段开始时结束
4. 责任分配矩阵确定(　　)。
   A. 项目团队如何介入项目　　　　B. 项目团队何时介入项目
   C. 项目团队为什么介入项目　　　D. 项目团队在项目中的责任
5. 项目经理可以用(　　)来确保团队成员清楚地了解他们所承担的各项任务所包括的工作内容。
   A. 项目工作范围　　　　　　　　B. 项目章程
   C. 工作分解结构　　　　　　　　D. 风险管理计划
6. 工作包是(　　)。
   A. 最低层次工作分解结构的可交付成果　　B. 具有唯一标识的任务
   C. 报告的要求水平　　　　　　　D. 可以被分配到一个以上组织单位的任务
7. 项目计划由(　　)来制定。
   A. 高级管理层　　　　　　　　　B. 职能经理
   C. 项目经理　　　　　　　　　　D. 项目团队

三、多选题

1. 在一个项目中,工作分解结构从四级减少到三级会带来的结果是(　　)。
   A. 估计精确度降低　　　　　　　B. 对项目更好地控制
   C. 报告成本降低　　　　　　　　D. 有些事物很可能成为泡影
2. 下面有关工作包的表述正确的是(　　)。
   A. 工作包代表某个工作水平上的工作单元
   B. 不能确定实际的预算和资源需求
   C. 工作包是工作分解结构的最底层
   D. 工作包单元的周期应是最长的周期
3. 按本章介绍的内容对工作分解结构进行编码,如果某任务的编码为1210,则表示(　　)。
   A. 该任务属于第三层中的一项任务
   B. 该任务属于第四层中的一项任务
   C. 整个工作分解结构共有三层
   D. 整个工作分解结构共有四层
4. 下面表述正确的是(　　)。
   A. 工作分解结构图中工作包应是相对独立的、内容单一的,并易于进行核算检查的任务
   B. 工作分解结构是制订项目计划的首要工作
   C. 工作分解结构的层数越多越好
   D. 工作分解结构是制订进度等计划的基础

四、简答题

1. 简述项目计划编制的准则。

2. 简述项目计划的重要性。
3. 简述项目计划编制的步骤。

五、讨论题

1. 项目计划能解决的问题有哪些？试用一个实例说明。
2. 试编制在某一居民区建造一个咖啡厅项目的工作结构分解图和责任矩阵图。

六、案例分析

婚礼的 WBS

张丰毕业后应聘到一家银行工作，为客户提供理财服务，其服务对象主要是年轻的白领。因为性格自由散漫不愿意受到拘束，经过认真思考，决定自己创业。两年后，张丰注册了自己的公司，主要业务是专门承担策划和组织客户的婚礼，他利用原来的客户群，很快打开了局面。

张丰对客户的承诺是：您只需来参加婚礼，其他的任何事情由我们来考虑。为了实现这个目标，张丰成立了一个项目组，专门对"婚礼"项目的主要工作进行分析，试图开发出一个详细"婚礼"项目工作列表，为客户提供专业化的婚礼服务。为了让项目分析更全面、更专业，张丰在项目组中还请来了一位最近刚举行完婚礼的朋友来介绍结婚的流程，同时在很早以前他就给项目组下达了收集目前市场上婚礼承办公司的所有信息，包括大致流程、定价等情况。今天他打算召集项目组开一个会，就以下内容进行讨论：婚礼的流程涉及哪些方面？怎样才能避免重要事项的遗漏？张丰知道，要达到公司所承诺的目标，需要制订非常详细的计划，可能需要比现在市场上其他的婚礼承办公司考虑更多的细节，关键是如何将公司自己的特色做出来。

他的考虑是先让有操办婚礼经验的员工大致列出婚礼流程，再综合其他人收集的资料进行完善，至于特色和创新，也许可以采用"头脑风暴法"来集思广益。虽然不是一个非常陌生的行业，不过对于细节上的考虑还是有点让他头痛的。

问题：

1. 该项目的主要工作应包括哪些？
2. 应该用何种方法来构造该项目的工作分解结构？
3. 请讨论构造项目的工作分解结构是一项复杂的工作吗？有何体会？

技 能 训 练

实训背景：

伴随电子商务的发展，越来越多的企业开始注重企业网站的建立。良好的企业网站不仅能够起到为企业做宣传的作用，而且能够带给消费者和客户与企业进行及时沟通的便捷，这对提高顾客的满意度和建立顾客的忠诚度都有着非同寻常的意义。通过企业网站，企业可以拓展自身的销售渠道,将产品品牌和企业声誉扩展到更广阔的范围。然而,并不是所有的企业网站的建设都是成功的。

一个网站的成功与否与建站前的网站规划有着极为重要的关系。在建立网站前应明确建设网站的目的,确定网站的功能,确定网站规模、投入费用,进行必要的市场分析等。只有详细的规划,才能避免在网站建设中出现很多问题,使网站建设能顺利进行。

网站规划是指在网站建设前对市场进行分析,确定网站的目的和功能,并根据需要对网站建设中的技术、内容、费用、测试、维护等作出规划。网站规划对网站建设起到计划和指导的作用,对网站的内容和维护起到定位作用。网站规划书应该尽可能涵盖网站规划中的各个方面,真正做到实事求是。

实训步骤:

第一步:建设网站的市场需求分析。

(1) 相关行业的市场是怎样的?市场有什么样的特点?是否能够在互联网上开展公司业务?

(2) 市场主要竞争者分析,竞争对手上网情况及其网站规划、功能作用。

(3) 公司自身条件分析、公司概况、市场优势,可以利用网站提升哪些竞争力,建设网站的能力(费用、技术、人力等)。

第二步:确定建设网站目的及功能定位。

(1) 为什么要建立网站,是为了宣传产品,进行电子商务,还是建立行业性网站?是企业的需要,还是市场开拓的延伸?

(2) 整合公司资源,确定网站功能。根据公司的需要和计划,确定网站的功能:产品宣传型、网上营销型、客户服务型、电子商务型等。

(3) 根据网站功能,确定网站应达到的目的。

(4) 企业内部网(Intranet)的建设情况和网站的可扩展性。

第三步:确定网站技术解决方案。

根据网站的功能确定网站技术解决方案。

(1) 采用自建服务器,还是租用虚拟主机?

(2) 选择操作系统,用 UNIX、Linux 还是 Windows 2000/NT?分析投入成本、功能、开发、稳定性和安全性等。

(3) 采用系统性的解决方案,如 IBM、HP 等公司提供的企业上网方案、电子商务解决方案,还是自己开发?

(4) 网站安全性措施,防黑、防病毒方案。

(5) 相关程序开发,如网页程序 ASP、JSP、CGI,数据库程序等。

第四步:确定网站内容。

(1) 根据网站的目的和功能规划网站内容,一般企业网站应包括:公司简介、产品介绍、服务内容、价格信息、联系方式、网上订单等基本内容。

(2) 电子商务类网站要提供会员注册、详细的商品服务信息、信息搜索查询、订单确认、付款、个人信息保密措施、相关帮助等。

(3) 如果网站栏目比较多,则考虑采用网站编程专人负责相关内容。需要注意的是,网站内容是网站吸引浏览者最重要的因素，无内容或不实用的信息不会吸引匆匆浏览的访客。可事先对人们希望阅读的信息进行调查，并在网站发布后调查人们对网站内容的满意度，以便及时调整网站内容。

第五步：确定网页设计方案的评价标准。

(1) 网页美术设计一般要与企业整体形象一致，要符合 CI 规范，要注意网页色彩、图片的应用及版面规划，保持网页的整体一致性。

(2) 在新技术的采用上要考虑主要目标访问群体的分布地域、年龄阶层、网络速度、阅读习惯等。

(3) 制订网页改版计划，如半年到一年时间进行较大规模改版等。

第六步：网站维护计划。

(1) 服务器及相关软硬件的维护，对可能出现的问题进行评估，制定响应时间。

(2) 数据库维护，有效地利用数据是网站维护的重要内容，因此数据库的维护必须受到重视。

(3) 内容的更新、调整等。

(4) 制定相关网站维护的规定，将网站维护制度化、规范化。

第七步：网站测试计划。

网站发布前要进行细致周密的测试，以保证正常浏览和使用。主要测试内容如下。

(1) 服务器稳定性、安全性。

(2) 程序及数据库测试。

(3) 网页兼容性测试，如浏览器、显示器。

(4) 根据需要的其他测试。

第八步：网站发布与推广计划。

(1) 网站测试后进行发布的公关、广告活动。

(2) 搜索引擎登记等。

第九步：确定网站建设日程表。

各项规划任务的开始和完成时间、负责人等。

第十步：费用明细计划。

各项事宜所需费用清单。

第5章 项目执行与控制

"应使任何事情都井然有序。"

——I Gorinthians

学习目标：

知识目标	技能目标
了解项目执行前的准备工作	掌握项目和项目管理的特点
了解项目执行工作的内容和步骤	学会识别项目的利益相关者
理解项目控制的目的和意义	学会区分项目和日常运营
了解项目控制的主要工作内容	
理解影响项目变化的因素	
了解项目执行中的技术方法	

项目计划规划出了项目的未来，项目执行和过程控制则保障了项目的未来。任何项目，即使事先经过认真的分析和准备，在实施过程中仍难免出现一些意想不到的情况，或者遇到各种困难。这就需要发挥控制和监督的作用，以保证实现项目的预期目标，并从中吸取经验教训，改善未来项目的选定和设计。控制服务于目标的实现，一项活动如果没有目标，就无须控制，也无法控制；反之，一切有目标的活动则必须加以控制。良好的计划只有通过控制系统不断地监督、追踪和调整才能满足项目建设的需要。

5.1 项目执行

5.1.1 项目执行的定义

一般认为，项目执行是指正式开始为完成项目而进行的活动或努力工作的过程。由于项目产品(最终可交付成果)是在这个过程中产生的，所以该过程是项目管理应用领域中最为重要的环节。在这个过程中，项目经理要协调和管理项目中存在的各种技术和组织等方面的问题。

5.1.2 项目执行前的准备工作

在执行一个项目之前，项目经理必须事先做好一系列的准备工作，以便为后续的项目执行工作过程创造有利的环境。一般来说，项目执行前需准备的工作内容有如下几个方面。

(1) 项目计划核实工作。在项目实施前，项目经理应对项目计划进行核实，检查前期制订的计划现在是否依然现实、可行、完整及合理，如果发现疏漏和错误，应及时予以补充和修改，还应确认项目是否具有充足的资源保证，项目组织应具有的权利是否得到有关各方的认可。项目团队必须核实项目计划的可行性和合理性,从而确保资源的有效供应。

(2) 项目参与者的确认。在项目计划中,虽然已经给项目团队成员分配了任务,并明确了相应的权限和职责,但如果在项目计划核实工作中发现了计划的错误和纰漏,就应调整项目计划,并重新安排项目参与者。具体工作如下。

① 告诉项目参与者项目计划已被批准及项目开始实施的时间,使他们能合理安排自己的时间,确保能顺利完成所分配的任务。

② 确认项目参与者是否仍可参加该项目。

③ 采用书面协议(如工作安排协议)的形式重申项目参与者需要完成的工作内容、性质、开始时间以及工作延续时间。工作安排协议表如表 5-1 所示。

表 5-1 工作安排协议表

工作安排协议					
项目名称:			项目编号:		
工作名称:			工作分解结构代号:		
工作描述:					
开始日期:		截止日期:		工作延续时间(小时):	
批准					
项目经理:		项目成员:		项目成员监察人:	
姓名:	日期:	姓名:	日期:	姓名:	日期:

④ 让项目参与者在项目计划书上签字,表明其愿意承担责任和风险以及全力支持项目工作的态度。

⑤ 告知项目参与者其他项目成员的名字、项目主要项目利益相关者的名单。

(3) 项目团队的组建。项目是一个复杂系统,各项工作的关联性很强,一个组织要想成功地完成项目,离开团队成员之间的团结合作几乎是不可能的,这就要求项目经理必须组建一个具有合作精神的项目团队。虽然完成项目所需的各项工作和活动已落实到具体人员身上,但是此时各成员之间的关系还是彼此孤立的,而项目中的一项工作往往需要很多人共同完成,而且还会涉及其他成员的工作结果。

(4) 项目规章制度的建立。制定项目规章制度的目的是为了项目的执行活动能够有章可循,以保证项目的顺利实施。

(5) 项目执行动员。这是项目经理为了增强项目团队的凝聚力,激发项目团队成员的工作热情,鼓舞项目团队士气,统一项目团队认识所做的一项准备工作。在此应充分发挥项目宣传组织的作用,动员和组织各方面的力量,使项目团队成员对项目计划有一个统一的认识,以明确自己在项目团队中的作用。

5.1.3 项目执行工作的依据

项目执行工作的依据包括以下几点。

(1) 项目计划。项目执行的主要依据是项目计划，它包括进度计划、成本计划、质量计划、人员管理计划和风险管理计划等具体领域的计划。项目计划可以用来与实际进展情况相比较，以便对变化进行监督与控制，从而保证项目计划的顺利实施。

(2) 组织政策。组织政策是指与项目组织相关的正式和非正式的政策，这些政策可能会影响项目的执行。

(3) 预防措施。预防措施是指为了减轻项目因受那些可以预测的风险所带来的影响而采取的必要措施。

(4) 纠正措施。纠正措施保证了未来的项目执行情况与项目计划的要求相一致。

5.1.4 项目执行工作的内容

项目执行工作包括以下几个方面的内容。

(1) 按计划执行项目计划。按计划执行是指将项目计划付诸实施，开展计划中的各项工作。

(2) 进一步确认任务范围。根据项目执行中所发生的情况，进一步明确项目计划所规定的任务范围。

(3) 质量的保证。质量的保证包括按既定的方法和标准，评价整个项目的实际工作，并采取各种项目质量保证和监控措施，确保项目能够符合预定的质量标准。

(4) 项目团队建设。项目团队建设是指提高项目团队的工作效率和对项目进行高效管理的综合能力。

(5) 信息沟通。信息沟通是指建立信息传递的渠道，以便让项目利益相关者及时获得必要的项目信息。

(6) 招标。招标包括取得报价、标价或建议等相关方面的内容。

(7) 供应商选择。供应商选择是指根据衡量标准确定供应商，并签订合同。

(8) 合同管理。合同管理包括管理好项目组织与供应商的各种合同关系以及合同履行情况。

5.1.5 项目执行工作的步骤

项目执行工作要经过以下几个步骤。

(1) 对将要进行的活动进行安排。这是项目执行中的第一个，也是最重要的管理过程。这个过程主要是对活动的里程碑进行定义(即该活动将要产生的一种可测量的结果)，以及选择要参与活动的人员，并定义这些人员的角色和职责。

(2) 对工作进行授权。对工作进行授权是通过工作授权系统来完成的。工作授权系统是批准项目实施工作的一个正式程序，它赋予项目团队一定的权力，用来确保他们在自己的职责范围内按照恰当的时间、合适的顺序完成项目的预定目标。

(3) 安排活动日程。通过运用网络图、甘特图、项目行动计划表和项目责任矩阵来安排项目活动的日程。根据活动所属的层次和服务的对象，对处于工作分解结构最底层的活动进行时间安排。

(4) 估算活动所消耗的成本和费用。通过 WBS 所描述的活动，确定各个活动所要消耗的资源的类型、数量以及其他的相关信息，从而确定其成本和费用。

（5）项目经理组织项目团队按照项目的计划完成预定的工作。

5.1.6 项目执行工作的成果

项目执行工作的成果主要包括以下两个方面。

（1）工作成果。项目执行的工作成果是指为完成项目工作而进行的那些具体活动的结果。工作成果(包括哪些活动已经完成、哪些活动没有完成、满足质量标准的程度怎样、已经发生的成本或将要发生的成本是多少、活动的进度状况等)的资料都应被收集起来，作为项目实施的一部分，并将其编入执行报告中。

（2）项目变更申请。在项目的实施过程当中，时常会出现项目的变更申请(包括扩大或修改项目合同范围、修改成本等)。

5.2 项目控制概述

在项目实施阶段，由于项目内外客观条件的变化，或原有项目计划考虑不周，或客户提出变更，都会使项目不能按照预定的计划进行。项目实际结果与计划蓝图之间出现偏差时，就需要项目小组对项目的变更进行控制和管理，及时采取措施，减少偏差或重新修订计划。项目控制又叫项目变更控制，就是在项目的整个生命周期中对变更进行识别、评价和管理的工作。

5.2.1 项目控制的目标

项目控制的目标表现为以下几个方面。

（1）确定变更的发生。项目经理必须知道项目的几个关键方面在各个阶段的状态，查明项目进行过程中发生的变化是否构成变更。另外，项目经理必须及时地将一些重大变更与高级管理层和主要项目利益相关者沟通，防止突变的情况使他们难以接受。

（2）对造成变更的因素施加影响，以确保变更对项目来说是有利的。要确保变更有利于项目的成功，项目经理及其项目组必须在范围、时间、成本和质量等关键的几个项目尺度之间进行权衡。

（3）当变更实际出现时，设法尽快和尽早处理。在实际的变更发生或正在发生的时候，对变更加以管理是项目经理和项目人员的一项重要工作。项目经理采取一定的规章来管理项目，使可能发生变更的次数减到最少，这一点是非常重要的。

5.2.2 项目控制的主要工作内容

在项目控制工作中主要开展以下三个方面的工作：项目跟踪、项目控制、项目变更。

1. 项目跟踪

项目跟踪形象地说就是追踪项目行驶的轨迹，是指项目各级管理人员根据项目的规划和目标等,在项目实施的整个过程中对项目状态以及影响项目进展的内外部因素进行及时地、连续地、系统地记录和报告的系列活动过程。

项目跟踪的工作内容主要有两个方面:一是对项目计划的执行情况进行监督;二是对影响项目目标实现的内外部因素的发展情况和趋势进行分析和预测。

外部因素是指来自于项目外部、不被项目所控制的影响因素,如政府、市场价格、利率、自然状况等。对于这类因素,跟踪的主要目的是收集大量资料,尽早做出预测,采取有效的预防措施。

内部因素是指来自于项目内部、在大多数情况下可以被项目所控制的各种要素,如人力资源、资金筹集与应用、材料投入、质量、进度等。对于这类因素,跟踪的主要目的是收集大量信息,寻找项目实际进展情况与计划发生的偏差,并分析其原因,为项目的控制打好基础,这其中最为关键、最为重要、对项目目标的实现影响最大的是进度、成本、质量三大因素。

项目跟踪体现的是过程管理的理念,它以收集信息为基础,最大的好处是可以提高项目的透明度和降低风险。

2. 项目控制

对于任何项目,即使事先经过周密的计划,在实施过程中仍难免会出现一些意想不到的情况和各种困难,这就需要对项目进行适当的控制,以保证实现项目的预期目标。

项目控制以事先制订的计划和标准为依据,定期或不定期地对项目实施的所有环节的全过程进行调查、分析、建议和咨询,发现项目活动与标准之间的偏离,提出切实可行的实施方案,供项目的管理层决策的过程。一般认为,项目控制是为了保证项目计划的实施以及项目总目标的实现而采取的一系列管理活动的过程。

项目控制包括成本控制、进度控制、质量控制、风险控制等方面,具体的控制措施包括会议、里程碑报告、过程审计、风险跟踪、偏差分析报告乃至一些技术相关性很强的活动,如测试和同行评审,也可被归入控制范畴。上述的内容将在本书后面的项目进度管理、项目成本管理、项目质量管理和项目风险管理等章节中进行详细介绍。

3. 项目变更

几乎没有一个项目能够完全按照原先的计划付诸实施,在项目的实施过程中,存在着各种各样的不确定因素,导致项目的实施工作发生或多或少的变化。不同项目在项目生命周期内的不同阶段都会发生变化,其中以执行和控制阶段最为频繁。因此,在项目实施中变化是不可避免的。这里需要强调的是,变更必须要遵循一定的程序,不能随意进行。如果要进行变更,就应尽快实行,变更实施越迟,完成变更的难度就越大。

那么到底什么是项目变更呢?项目变更与项目变化是否有所不同?项目变更控制指的又是什么呢?

当项目的某些基准发生变化时,项目的质量、成本和计划随之发生变化,为了达到项目的目标,就必须对项目发生的各种变化采取必要的应变措施,这种行为被称为项目变更。

项目变化是指项目的实际情况与项目基准计划发生偏差的状况,项目发生变化并不代表项目就会发生变更。

项目变更控制则是指建立一套正规的程序对项目的变更进行有效的控制，从而更有可能达到项目的目标。

5.2.3　项目变化的原因及影响因素

实践表明，项目计划在实施过程当中会发生不同程度的改变，其原因主要来自于如下三个方面。

(1) 项目的利益相关者主动提出项目的更改要求，如项目业主对项目的目标发生改变。

(2) 项目实施过程中，可能会出现新技术和新方法。

(3) 项目预算的减少会导致项目范围的缩小、资源紧缺，这就要求项目经理必须对原有的项目计划进行调整，降低项目的成本和费用，从而保证项目的顺利实施。

一般来讲，项目的变化会受到下列因素的影响。

(1) 项目的生命周期。项目的生命周期越长，项目就越可能发生变化；项目的生命周期越短，项目变化的可能性也就越小。

(2) 项目组织。缺乏有效的组织保障的项目容易发生变化，人员流动、协调困难、管理不科学都会使项目发生较大变化。

(3) 项目经理的素质。高素质的项目经理能够应付复杂多变的项目环境，从而使项目变化不会影响项目目标的实现；反之，低素质的项目经理难以根据项目变化做出相应的调整，从而使项目蒙受巨大的损失，甚至导致项目的失败。

(4) 外部因素。如天气状况、法律纠纷、资源短缺、项目团队成员的消极情绪和上级的干预都会对项目产生影响。

5.2.4　项目变更控制程序

项目变更是正常的、不可避免的，因此建立一套有效的项目变更控制程序是非常重要的。变更控制程序如下。

(1) 明确项目变更的目标。

(2) 对所有提出的变更要求进行审查。

(3) 分析项目变更对项目绩效所造成的影响。

(4) 明确产生相同的各替代方案的变化。

(5) 接受或否定变更要求。

(6) 对项目变更的原因进行说明，对所选择的变更方案给予解释。

(7) 与所有相关团体就变更进行交流。

(8) 确保变更合理实施。

5.3　项目执行与控制的工具和方法

项目执行与控制过程的工具和方法有很多，工作授权系统是项目执行工作过程的工具，而偏差分析技术、关键比值技术和因果分析技术则是项目控制工作过程的方法。

5.3.1 工作授权系统(Work Authorization System)

工作授权系统是一个用来确保合格的人员在正确的时间、以合适的顺序进行工作的方法。工作授权系统可以是一个人为的过程，在该系统结构下，通过正式的文件和签字授权某个人开始进行某个项目活动或工作包的实施工作。当然也可以用自动授权系统简化这个过程。对于一些小项目，口头授权就可以了。

有效的授权对于项目经理来说是非常必要的，项目经理要使项目团队人员明确了解其具体执行的活动的目标，而且要使他们充分意识到自己被授予的权力和所负的责任。项目经理赋予项目团队人员权力后，要保证他们完成其负责活动的自由，不能教导他们如何完成所分配的活动，应该把活动留给他们，使他们更有创造性地工作。具体来说，项目团队成员被赋予权力和责任的条件包括如下几个方面。

(1) 项目团队成员首先必须明确其负责活动的目标，并说明理由。
(2) 项目团队成员对其负责的活动必须要有可行的计划。
(3) 项目团队成员必须拥有对其负责的活动相关的技术和资源。
(4) 项目团队成员要有衡量其负责的活动成果的方法。
(5) 项目团队成员要明确其被赋予的权力，以便在工作出现偏差时采取措施。

5.3.2 偏差分析技术

偏差分析技术也叫挣值法(Earned Value Analysis，EVA)，是评价项目成本实际开销和预算进度情况的一种方法。通过测量和计算计划工作预算成本、已完成工作的实际成本和已完成工作的预算成本，得到有关计划实施的进度和费用偏差，从而达到衡量项目成本执行情况的目的。

偏差分析技术的核心思想是通过引入一个关键性的中间变量——挣值(已完成工作的预算成本，也称为赢得值)，来帮助项目管理者分析项目成本、进度的实际执行情况同计划的偏差程度。运用偏差分析技术要求计算每个活动的关键值，通过计算费用偏差、进度偏差、计划完工指数和成本绩效指数来实现评价目的。有关挣值法的详细介绍将在本书第 9 章中展开。

5.3.3 关键比值技术

关键比值技术是指通过计算一组指标比值的乘积(即关键比值)来进行项目状态控制的一种分析方法。

我们选取成本比值和进度比值作为项目控制的指标比值来说明关键比值技术的应用。

我们可以把"预算成本/实际成本"称为成本比值；把"实际进度/计划进度"称为进度比值，这里的关键比值就是成本比值与进度比值两者的乘积。

在此需要注意的问题有以下几点。
(1) 关键比值计算中的指标比值可以根据项目执行工作过程中所需控制的指标设定。
(2) 指标比值中的分子与分母应按"越大越好"的原则排列。如成本比值中的"预算成本/实际成本",就是按"越大越好"(预算成本应大于实际成本)的原则进行排列的。

关键比值的计算公式如下:

$$关键比值=(预算成本/实际成本)\times(实际进度/计划进度)$$

在项目的实施过程中,无论是成本比值还是进度比值,大于1表示它们的实际状况好于计划指标,小于1表示它们的实际状况没有达到计划指标的要求。根据单一指标比值我们很容易判断出项目实施状态的好坏,但在项目实施过程中,影响项目成败的因素不止一个,如果有若干个指标比值,而且它们的指标比值有的大于1、有的小于1,这时对项目实施的状态又该如何分析呢?在此我们以表5-2为例进行讨论。

表5-2 关键比值计算表

任 务	预算成本	实际成本	实际进度	计划进度	关键比值
1	4	4	8	8	1.00
2	8	6	4	5	1.07
3	6	6	4	3	1.33
4	6	8	4	4	0.75
5	6	8	3	4	0.56
6	8	6	4	3	1.78

从上述的关键比值数据,可以得出如下分析结论。

(1) 任务1,成本和进度都与计划指标相符,项目此时执行情况良好。

(2) 任务2,成本比值大于1,进度比值小于1,项目此时尽管成本节约了,但项目进度延迟,最终的成本仍有超出计划指标的可能。

(3) 任务3,成本比值等于1,进度比值大于1,说明尽管进度提前,但是并没有因此而增加成本,项目此刻执行情况仍然良好。

(4) 任务4,成本比值小于1,进度比值等于1,说明项目进度与计划指标相符,但是成本已经超支,项目此时执行情况比较差。

(5) 任务5,成本比值小于1,进度比值小于1,说明项目成本超支,进度又延迟,项目此时执行情况非常不好。

(6) 任务6,成本比值大于1,进度比值大于1,说明既节约了成本,又提前了进度,项目此时执行情况非常好。

一般来说,关键比值在1附近,不需要采取任何控制活动。例如,第1、2项任务关键比值等于1或者在1附近,就不需要采取控制行动;第3、6项任务关键比值远大于1,也不需要采取控制行动,但是在项目团队有余力的情况下需要调查其原因;第4、5项任务关键比值都小于1,不但要调查原因,而且应采取控制措施。另外,任务5和任务6实际执行情况与计划差距很大,也有可能是计划制订得不合理所致。

关键比值的控制范围可视具体的项目而定。例如,某个项目的关键比值的控制范围是这样设定的:当关键比值在0.9到1.1范围之内,可以忽略;在0.7到0.9范围之内,让项目的技术人员仔细关注,对关键比值小于0.7的情况应立即进行调查,找出执行情况与计划差距大的原因,并及时通知公司管理人员;在1.1到1.3范围之内,可在项目团队有余力的情况下进行调查，当大于 1.3 时则应立即进行调查，可着重分析计划指标制订得是否合理等原因。关键比值控制的重点应是关键比值小于 1 时的情况。

5.3.4　因果分析技术

因果分析技术是以结果作为特性，以原因作为因素，逐步深入研究和讨论项目目前存在问题的方法。因果分析技术的可交付成果就是因果分析图。

因果分析图又称特性要因图、鱼骨图、树枝图等，它在特性与因素之间用箭头联系表示因果关系。因果分析图是一种集思广益的好方法，它充分调动了项目团队成员动脑筋、查原因的积极性，尤其适合于项目小组中实行民主管理的情况。

因果分析技术的步骤如下。

(1) 明确目前存在的问题。如成本超支、进度滞后、产品不合格率高等。

(2) 定义原因的主要类型。最常见的类型有机器、人员、材料等，原因的类型应视具体问题而定。

(3) 查找产生该问题的原因。为了从系统的角度充分认识各方面原因，可以用头脑风暴法发动大家寻找可能的原因，使每个人都畅所欲言，把所有可能的原因都列出来，并将这些原因进行归类。

(4) 对原因进行筛选，并根据其对结果的影响程度分出它们的层次。在对原因的筛选过程和确定原因层次的过程中，可以采用项目团队成员投票、打分等方法。

(5) 画出带箭头的鱼骨图，把各个原因标注在相对的位置上，如图 5-1 所示。

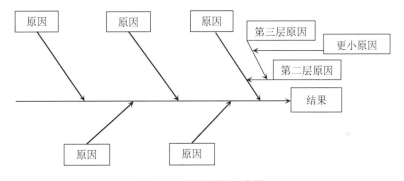

图 5-1　因果分析示意图

一旦确定了因果分析图，项目团队就应该对之进行解释说明，通过数据统计分析、测试、收集有关问题的更多数据或与客户沟通来确认最基本的原因。确认了基本原因之后，项目团队就可以开始制定解决方案并进行改进了。

本　章　小　结

本章介绍了项目执行与控制两个管理过程，在项目执行过程中，详细阐述了项目执行前的准备工作、项目执行的内容和步骤等。项目的控制工作主要是指项目跟踪、项目控制和项目变更，重点应掌握项目变更控制的程序和原则。最后，简单介绍了项目执行和控制中经常使用到的工具和技术方法。

综合练习

一、判断题

1. 项目的执行应该自始至终以项目计划为依据。（   ）
2. 项目经理不应该把项目的权力下放给项目团队成员。（   ）
3. 项目的报告期应该越短越好，这样可以随时了解项目的实际进展情况。（   ）
4. 随着项目的不断进行，允许的偏差值将逐渐减少。（   ）
5. 变更实施的越晚，完成变更的难度就越大。（   ）
6. 当项目发生变更时，原来的计划将作废，项目的计划要从头开始。（   ）
7. 进行项目变更决策时，应该选择对项目的主要因素产生影响最小的变更方案。（   ）
8. 项目发生了变化，就一定会导致项目的变更。（   ）
9. 项目控制贯穿于项目生命周期的全过程。（   ）

二、单选题

1. 项目执行的首要依据是(   )。
   A. 项目计划   B. 项目的规章制度
   C. 项目的目标   D. 项目的可行性报告
2. 项目变更是(   )。
   A. 不正常的   B. 可以避免的
   C. 正常的，不可避免的   D. 正常的，可以避免的
3. 项目变更控制的目的是(   )。
   A. 阻止项目以外的人们提出变更   B. 通过项目的变更，有利于项目目标的实现
   C. 防止对被公认的规范的变更   D. 评估被提议进行的项目变更的结果
4. 经由项目经理授权的工作(   )。
   A. 意味着项目经理不再控制工作
   B. 必须征得上级职能经理的同意
   C. 并没有减轻项目经理对这个工作所负的责任
   D. 它的执行不依赖于其他正在进行的项目工作
5. 挣值是(   )。
   A. 已完成工作量的预算成本   B. 计划工作量的预算费用
   C. 完成工作量的实际费用   D. 到工作完成时的成本
6. 工作授权系统用于(   )。
   A. 控制由谁来做各项工作   B. 让管理层了解计划的任务
   C. 让职能经理了解计划的任务   D. 让项目团队成员了解项目活动的目标

三、多选题

1. 项目执行工作过程可以分成(　　)子过程。
   A. 按计划执行　　　　　　B. 信息沟通
   C. 招标　　　　　　　　　D. 供应商选择

2. 项目团队成员王亮被项目经理赋予了比较大的权力,他应该具备下列素质中的(　　)。
   A. 王亮应明确其负责活动的目标
   B. 王亮应对其负责的活动具有可行性的计划
   C. 王亮不具有对其负责的活动相关的技术,但是项目团队中别人具有
   D. 王亮具有衡量其负责的活动成果的方法

3. 采取管理行动来纠正偏差的形式有(　　)。
   A. 不采取行动　　　　　　B. 修改计划
   C. 调整计划　　　　　　　D. 放弃项目

4. 项目变更控制程序包括(　　)。
   A. 明确项目变更的目标
   B. 对所有提出的变更要求进行审查
   C. 分析项目变更对项目绩效所造成的影响
   D. 明确产生相同的各替代方案的变化

5. 下列选项属于项目实施阶段的活动是(　　)。
   A. 可行性研究　　　　　　B. 挣值分析
   C. 项目变更实施　　　　　D. 项目验收

6. 下列表述正确的是(　　)。
   A. 缺乏有效的组织保障的项目容易发生变化
   B. 项目计划是项目控制的基准
   C. 在做项目变更决策时,应该选择对项目的主要因素产生影响最大的变更方案
   D. 项目计划足够准确,项目就不会发生变化

7. 下列属于项目控制工作过程的基本方法的是(　　)。
   A. 工作授权系统　　　　　B. 偏差分析技术
   C. 关键比值技术　　　　　D. 因果分析技术

四、简答题

1. 项目实施之前通常需要做的准备工作有哪些?
2. 为什么说项目计划是项目控制的基准?
3. 项目控制主要包括哪些内容?
4. 项目变更会对哪些项目因素产生影响?并说明如何对这些因素产生影响?
5. 简述如何对项目的变更进行控制?

五、计算题

1. 根据表5-3中的数据,计算活动1~4的关键比值,并分析确定各项活动完成的情况

(成本、进度是否与计划相符,如进度提前或落后于计划、成本节约或超支等)。

表 5-3 关键比值计算资料

活动	预算成本	实际成本	实际进度	计划进度
1	4	3	6	7
2	3	4	2	3
3	2	4	6	5
4	5	4	7	6

2. 分析表 5-4 中的数据,确定各项活动实际成本与计划成本相符、超支,还是节约?

表 5-4 关键比值计算资料

任务	实际进度	计划进度	关键比值
1	6	4	1.0
2	5	10	0.5
3	6	6	1.5
4	4	2	0.75

六、案例分析

加尔各答市地铁项目的问题分析

1996 年,在经历了长期的等待之后,印度加尔各答市的人们终于从地铁项目带来的长期痛苦中解脱出来。批评家们很早就嘲笑该项目是从未有过的最慢的市政工程项目。这条单通道、由 17 个站组成、全长不过 10 英里(1 英里=1.609 公里)的地铁,从正式批准到投入使用历经 23 年,最后估算总成本达到了 50 亿美元。而同样的工程——纽约市地铁,其主线长 656 英里,连接 468 个站点,同时纽约市的总人口明显少于加尔各答市的 1100 万常住人口。可以说,加尔各答市地铁项目是非常典型的因计划不周而导致问题的项目。

项目最初由于缺乏资金而拖延了开发过程。但是在项目计划过程中,许多对项目产生负面影响的限制因素变得越来越明显。比如在城市的正中心进行施工,这一决定就阻碍了项目的进展。该项目的经理没有选择在终端的一个或两个点,而是在城市的中心开始动工,首先向下挖掘,然后同时向两侧开凿隧道,这一决策带来的问题很快就凸显出来了,一是大量泥土的迁移;二是大型设备的运送。除此之外,该项目还存在其他方面的问题,具体如下。

(1) 不可能对施工地段完全独占。城市的日常生活还要继续,这是大多数大型城市建设中很普遍的附带问题。加尔各答市本来就非常拥挤,公路系统也很不发达,在这样的城市进行地铁建设,最后的结果就是在保证交通秩序和为地铁项目提供足够缓冲的意见之间争执了很久。

(2) 车辆不能完全从公路绕道。公路系统提供不了足够的支持,因此最后公路上的堵塞状况非常严重。

(3) 没有了解公共设施(下水道、煤气总管、电话线、电缆)。该项目最大的失误就是没有对地下公共设施和细线的布局进行全面了解，因此在施工过程中施工人员经常破坏地下线路，不得不等到修复后再继续，整个工作也是断断续续地进行。

（4）没有考虑施工地段周围的商店。随着项目的进行，当地商店的店主很自然会担心影响到自己的经济利益，因此他们积极组织起来反对地铁的建设，直到为每个商店都修建了可以通往营业街的小道，问题才得以解决。

另外一个没有预料到的问题是来自于项目施工过程中的官僚作风。项目组织为雇用的工人及其家庭提供了诸如住房、教育以及医疗等方面的社会保障。事实上，正如一位批评家指出的，在为工人及其家庭提供这么多好处的情况下，希望他们能快速结束该项目完全是一个幻想。

问题：

假设你是加尔各答市的市长，要为该地铁项目进行投标邀请，你如何建立工作说明书来促进该项目的有效执行，并在执行中使用有创造性的方法？

技 能 训 练

实训背景：

为增进班级成员之间的感情，丰富班级的业余生活，经全体班委会成员讨论决定，准备组织全体同学一起开展一次秋游活动。为保证此次秋游活动的圆满，班委会成员将项目管理的原理和方法应用到此次秋游活动的管理中。

实训步骤：

第一步，由班委会成员集体制订项目计划，并形成文档。
第二步，针对该计划，制定项目计划实施中的工作授权系统。
第三步，对所选项目制定变更控制的组织架构、流程图、操作程序等，并形成相应的文档。

第6章 项目收尾

"善妖善老；善始善终。"

——《庄子·大宗师》

学习目标：

知识目标	技能目标
了解项目收尾的意义	正确区分项目收尾与项目验收之间的关系
了解项目收尾的主要工作内容	学会区分项目后评价与可行性研究的关系
了解项目验收的概念、内容和程序	掌握项目后评价的方法
了解项目移交与审计工作的内容	
理解项目后评价的意义	

项目收尾是一项阶段性工作。项目收尾阶段是项目生命周期的最后一个阶段。当项目的所有目标工作均已完成，或者虽未完成，但由于某种原因必须终止时，项目就进入了收尾阶段。拥有清晰的收尾阶段是项目区别于其他工作任务的一个重要特征。

6.1 概 述

6.1.1 项目收尾的意义

凡事都要善始善终，不能虎头蛇尾，项目管理也应当如此。项目的成功结束标志着项目计划任务的完成和预期成果的实现。没有项目收尾阶段的工作，项目成果就不能正式投入使用，不能生产出预期的产品或服务，即使投入使用，项目的维修保养也无法进行。不做必要的项目收尾工作，项目利益相关者不能终止所承担的责任和义务，也无法从项目的完成中获益。因此，做好项目收尾阶段的工作对项目的各参与方都是非常重要的，各方的利益在这一阶段相对也存在着较大的冲突。同时项目进入收尾期后，项目成员的注意力常常已经开始转移，加上这一阶段的工作往往又是烦琐零碎、费时费力的，容易被轻视和忽略，所以更要强调其重要性。

6.1.2 项目收尾工作的主要工作

1. 发布收尾通知

就像项目开始时需要发布一个正式的、权威的文件一样，项目的终结也必须以正式文件的形式宣布，停止不必要的消耗并进入收尾阶段。

项目收尾可以通过项目收尾通知的形式予以确认。项目收尾通知应该包括以下信息：

第 6 章 项目收尾

项目标题、项目编号、收尾日期、收尾原因、某些特殊指令、授权收尾签名。

收尾通知应该通知到所有在项目开始时收到授权开工通知的相关人员。收尾通知可以采用表格的形式表示，如表 6-1 所示。需要注意的是，通知表中不仅应包括项目的终结日期，还应包括项目收尾阶段应该完成的活动或工作清单。

表 6-1 项目收尾通知(样表)

项目在工作时间记录表中的终结时间结束，所以项目费用及其影响都取决于下列日期							
客户：罗克斯化学公司					项目编号：LX5150		
项目名称：罗克斯里尼工厂(哈德斯菲尔德)				终结日期：2005 年 4 月 20 日				
下列预算授权给本表核算清单所列项目之终结活动							
部门	根据标准员工等级成本而记录的工时数						英镑
	1	2	3	4	5	6	
项目工程设计	10			20	40		960
项目规划				10			140
项目采购			15				240
安装及测试							
建造管理	5						100
计算				1			14
记录及档案			10		200		2560
合计	15		25	31	240		4014
特别指令：对这些文件应特别仔细地归档，这是因为此项目后还有一个后续项目。所有文件除非在本表中特别指出，否则一律在 5 年后销毁。							
项目终结活动清单							
项目规格说明书	已经进行过程数据更新但还需核实						
项目变化	查看文件表是否还有遗漏						
图纸一览表	在工程文件中保存 10 年						
设计计算	在工程文件中不定期限保存						
图纸	检查其是否反映了项目最终完工状况						
客户方图纸	返还客户方						
采购控制进度表	在工程文件中保存 10 年						
卖方图纸	保存 10 年						
采购清单							
考察/检查报告							
检测认证证书	保存 10 年						
操作/维护说明书	保存 15 年						
备用文件列表							
维护保养合同							
分包文件	保存 10 年						

续表

商业信函文件	
最终成本记录	在一般性备查文件中保存 10 年
照片	同宣传部门及客户协商并进行编辑
关键路径网络	1 年后销毁并删除相应的计算及记录
管理信息系统	年末从管理信息系统中删除该项目
编制人：莱伯	项目经理：狄特　　　授权人：怀特

2. 移交审核

项目移交审核就是项目小组在将项目交付成果移交给客户之前对项目的范围、项目交付成果的技术性能等进行检查，确保项目移交给客户时能满足其要求；另一方面，项目的接受方也要对已完成的工作结果进行全面的审核、检查，落实项目计划范围内的各项活动是否已经完成、完成的结果如何。

在进行移交之前，项目小组应将有关文件，如项目计划书、技术规范、图纸、变更申请书、测试报告等准备好，并以书面方式通知客户来验收和审查。为了核实项目活动是否按要求完成，以及完成的效果如何，接受方往往需要进行必要的检查、测量、实验等活动，项目小组应为这些验证活动提供相应的协作。

项目移交审核结束后，项目经理和客户的代表应在事先准备好的文件上签字，表示项目接受方正式认可且验收了项目的全部或阶段性成果。

如果项目需要提前结束，则需要客户查明哪些工作已经完成，完成到什么程度，并将检测的结果记录在案，形成书面文件，并且需要接受方在文件上签字，表示对项目阶段性工作的认可和验收，便于日后继续进行该项目时参考。

3. 合同收尾

合同收尾包括结清与了结项目的所有合同协议，以及确定项目正式管理收尾的有关活动时所需的相关活动。这一过程既涉及产品的验收(所有工作正确完成并满足要求)，又涉及管理收尾(更新合同记录以反映最终的结果，将信息归档供以后使用)。合同条款和条件中可能对合同收尾作了具体规定，如果有相关的规定，则必须作为本程序的一部分。

在合同收尾之前要求项目小组准备好合同有关的所有文件，包括合同本身、合同报告记录、有关表格清单、发货单据、付款记录、验收签字等。

合同收尾结束后，项目小组应当将合同相关的文件编号、存档，以便日后查阅，而且应当及时向有关方面发出合同已执行完毕的书面通知。

4. 行政收尾

行政收尾包括一系列零碎、烦琐的工作，如收集、整理项目文件，发布项目信息，重新安排项目人员，庆祝项目结束，总结项目经验教训等。

6.2 项目验收

6.2.1 项目验收的含义

项目验收又称为范围确认或移交,是指项目结束或项目阶段结束时,项目团队将其成果交付给使用者之前,项目接受方会同项目团队以及项目相关方对项目的工作成果进行审查,核查项目计划规定范围内的各项工作或活动是否已经完成,应交付的成果是否令人满意。若检查合格,项目成果应由项目接受方及时接收,确保项目及早转入生产或使用阶段。同时,总结经验教训,为后续项目做准备。

对提前结束的项目或非正常结束的项目,通过验收查明哪些工作已经完成,完成到什么程度,哪些原因造成项目不能正常结束,并将核查结果记录在案,形成文件。

项目验收时,要关注如下三个方面:一要明确项目的起点和终点;二要明确项目的最后成果;三要明确各子项目成果的标志。

6.2.2 项目验收的内容

项目验收包括项目质量验收和项目文件验收两部分内容。

1. 项目质量验收

项目质量验收是指依据质量计划中的范围划分、指标要求和采购合同中的质量条款,遵循相关的质量评定标准,对项目的质量进行认可评定和办理验收移交手续的过程。质量验收是控制项目最终质量的重要手段,也是项目验收的重要内容。项目收尾阶段是整个项目生命周期的最后阶段,也是项目质量的最后把关阶段,关系到项目能否顺利交接及能否进入正常使用阶段。这个时期如果不严格进行质量验收,将有可能使不合格的成果进入到后期使用中,造成许多麻烦和不良影响。因而这一阶段的质量验收,无论对项目团队还是对项目接受方来说都是非常重要的。对于大型、复杂的项目,可采用分阶段验收的办法对项目实施阶段中每个工序的质量进行验收,并将结果进行汇总、统计、澄清,得出项目最终的、整体的质量验收结果;对于比较简单的项目和特殊要求的项目(如系统软件等),收尾阶段的质量验收要依据验收标准,彻底进行检验,以保证项目质量。收尾阶段项目验收的结果将产生质量验收评定报告。全部验收结束并验收合格后,业主签署验收合格文件。

2. 项目文件验收

项目文件是项目整个生命周期的详细记录,也是项目成果的重要展示形式。项目文件既是项目评价和验收的标志,也是项目交接、维护和后评价的重要原始凭证。因而,项目文件在项目验收工作中起着十分重要的作用。在项目验收过程中,项目团队必须将整理好的真实项目资料交给项目验收方,项目验收方只有在对资料验收合格后,才能开始项目质量验收工作。由此可见,项目文件验收是项目质量验收的前提。项目文件验收合格后,项目接受方应将项目文件接收,并妥善保管,以备查阅和参考。

6.2.3 项目验收的程序

项目验收的程序依项目的大小、性质、特点的不同而有所不同,但项目验收通常由以下几个过程组成。

(1) 准备项目验收材料。项目验收的重要依据之一是项目的成果材料,因而,项目团队在项目实施过程中,应不间断地做好各种项目文件的收集工作,为项目验收做好充分的文件准备,确保顺利通过项目验收。

(2) 自检。项目负责人应组织项目团队,在项目成果交付验收之前进行必要的自检、自查工作,找出问题和漏洞,并尽快解决。

(3) 提出验收申请,报送验收材料。项目自检合格后,项目团队应向项目接受方提交申请验收的请求报告,并同时附送验收的相关材料,以备项目接受方组织人员进行验收。

(4) 项目文件验收。项目验收班子对项目团队送交的验收材料进行审查,如有缺项、不全、不合格的材料应立即通知项目团队,令其在一定限期内补交,以保证项目验收的顺利进行。

(5) 初审。项目验收班子根据项目团队送交的验收申请报告,可组织人员对项目成果进行初步检查,大体上对项目成果有所把握,如果检查不符合项目目标要求,应通知项目团队尽快整改。

(6) 正式验收。项目验收班子在对项目验收材料和项目初审合格的基础上,组织人员对项目进行全面、细致的正式验收。正式验收还可依据项目的特点,实行单项工程验收、整体工程验收或部分验收、全面验收等。如果验收合格,签署验收报告;如果验收不合格,通知项目团队进行整改后再作验收。如果在验收中发现较严重的问题,双方难以协商解决,可诉诸法律。

(7) 签发项目验收合格文件。对验收合格的项目,验收班子签发项目验收合格文件,标志项目团队的工作圆满结束,项目由接受方使用,投入到下一阶段的生产运营中去。

(8) 办理固定资产形成和增列手续。对于投资性项目,当项目验收合格后,应立即办理项目移交,对形成的固定资产和增列办理手续。整个验收过程的程序可以用图 6-1 表示。

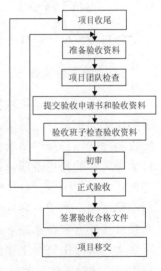

图 6-1 项目收尾工作的程序

6.3 项目移交与审计

6.3.1 项目移交

项目移交是指在签订完项目验收鉴定书后,项目团队将项目产品和相关的技术档案资料的所有权移交给客户。项目移交要做好以下几个方面的工作。

(1) 做好项目的收尾工作,准备好要移交的项目产品和文件资料。

(2) 由项目团队负责进行项目产品的试运营。
(3) 办理好项目产品的移交手续。
(4) 处理好项目运营后的技术服务和人员培训工作。

6.3.2 项目审计

1. 项目审计的定义

项目审计是对项目管理工作的全面检查,包括项目的文件记录、管理的方法和程序、财产情况、预算和费用支出情况以及项目工作的完成情况。

项目审计既可以对拟建、在建或竣工的项目进行审计,也可以对项目的整体进行审计,还可对项目的部分进行审计。例如,项目前期的审计包括项目可行性研究审计、项目计划审计、项目组织审计、招标审计、投标审计、项目合同审计;实施过程中的审计包括项目组织审计、报表和报告审计、设备材料审计、建设项目收入审计、施工管理审计、合同管理审计;项目结束时的审计包括竣工验收审计、竣工决算审计、项目建设经济效益审计、项目人员业绩评价。

2. 项目审计的职能

项目审计具有以下几项职能。

1) 经济监督

经济监督就是把项目的实施情况与其目标、计划和规章制度、各种标准以及法律法令等进行对比,把那些不合法规的经济活动找出来,并决定是否应予以禁止。

2) 经济评价

经济评价是指通过审计和检查,评定项目计划是否科学、可行,项目实施进度是否落后于计划,质量是否能达到客户要求,资源利用、控制系统是否有效,机构运行是否合理等。

3) 经济鉴定

经济鉴定是指通过审查项目实施和管理的实际情况,确定相关资料是否符合实际,并做出书面的证明。

4) 提出建议

提出建议是指通过审计结果进行分析,找出改进项目组织、提高工作效率、改善管理方法的途径,帮助项目管理者在合乎法规的前提下更合理地利用现有资源,以便顺利实现项目的目标。

3. 项目审计的程序

项目审计主要遵从以下程序进行。

(1) 审计启动工作。包括明确审计目的,确定审计范围,建立审计小组,了解项目概况,熟悉项目有关资料,制订项目审计计划等。

(2) 建立项目审计基准。

(3) 实施项目审计。包括下面两个方面的工作:一是针对确定的审计范围实施审查,从中发现常规性的错误和弊端；二是协同项目管理人员纠正错误和弊端。

(4) 报告审计结果并对项目各方面提出改进建议。

(5) 项目审计终结。将审计的全部文档，包括审计记录以及各种原始材料整理归档，建立审计档案，以备日后查考和研究，提出今后审计的改进方法。

6.4 项目后评价

6.4.1 项目后评价概述

1. 项目后评价的定义

项目后评价是相对于项目前评估(即项目论证)以及中期评价而言的，通常在项目完成以后、生命周期结束之前进行。项目后评价是指对已完成项目的目的、执行过程、效益、作用和影响所进行的系统的、客观的分析。通过对项目活动实践的检查总结，判断项目预期的目标是否达到，项目规划是否合理有效，项目的主要效益指标是否实现；通过分析评价找出成败的原因，总结经验教训；通过及时有效的信息反馈，为提高未来新项目的决策水平和管理水平提供基础；为项目实施运营中出现的问题提出改进建议，从而达到提高投资效益的目的。

2. 项目后评价与项目前评估的区别

项目后评价与项目前期准备阶段的评估，在评估原则和方法上没有太大的区别。但是，由于两者的评价时点不同，目的不完全相同，因此也存在一些区别。

1) 评价阶段不同

项目前评估是在项目决策前的前期工作阶段进行的，是项目前期工作的重要内容之一，为项目投资决策提供依据；而项目后评价则是在项目建成投产后一段时间里，对项目全过程(包括项目的投资实施期和生产期)总体情况进行的评价。

2) 评价目的不同

项目前评估的目的是确定项目是否可以立项或建设，它站在项目的起点，主要应用预测技术来分析评价项目未来的效益，以确定项目投资是否值得并可行；项目后评价则是在项目建成以后，总结项目的准备、实施、完工和运营情况，并通过预测对项目的未来进行新的分析评价，其目的是为了总结经验教训，以改进决策和管理服务。

3) 判断标准不同

项目前评估的重要判别标准是投资者要求获得的收益率或基准收益率(社会折现率)；而项目后评价的判别标准则重点是对比项目前评估的结论，即主要采用对比的方法。这是项目后评价与项目前评估的主要区别。

3. 项目后评价的分类

项目后评价分为内部的项目后评价和独立的项目后评价。内部的项目后评价是指项目完成后为评估项目绩效及总结经验教训，项目的实施者应当组织进行的内部项目后评价。

对于大中型项目来说，内部的项目后评价是独立的项目后评价的先行阶段；而对于不需要进行独立的项目后评价的小型项目来说，内部的项目后评价就是项目管理者总结项目经验和改进工作的主要手段。对于重要或大型、复杂的项目往往要求进行独立的项目后评价，后评价任务由独立或相对独立的专业咨询评价机构来完成。独立的项目后评价有全面、系统、专业、客观、公正等特点，评价者要对项目进行效益分析，结合项目的投入、建设成本、实施内容和项目的财务经济结果分析评价项目的实际绩效；要对项目进行效应分析，对照项目目标，从建设内容、项目财务、机构发展及其他相关政策方面分析项目的实际作用和后果；还要对项目进行宏观分析，从项目目标相关的各个方面特别是国家和产业政策、发展方向等角度，评价项目目标是否符合这些方针政策。评价结果要及时报告给任务委托方。

6.4.2 项目后评价的主要内容

基于现代项目后评价理论的发展，项目后评价的基本内容包括以下几个方面。

1. 项目目标后评价

该项评价的任务是评定项目立项时各项预期目标的实现程度，是项目后评价所需完成的主要任务之一。因此，项目后评价要对照原定目标预定的各项主要完成指标，检查项目实现的情况和有关变更，分析偏差产生的原因，以判断目标的实现程度。描述项目目标的指标应当在项目立项时就已经确定，指标一般应予以量化。大型项目通常还包括宏观目标，即对地区、行业或国家经济社会发展的影响和作用。

目标后评价的另一项任务是要对项目原定决策目标的正确性、合理性和实践性进行分析评价。有些项目原定的目标不明确，不符合实际情况，或者遇到政策变化和市场变化，项目实施过程中可能会发生重大变更，对此项目后评价要给予重新分析和评价。

2. 项目效益后评价

项目效益后评价是项目后评价理论的重要组成部分。它以项目投产后实际取得的效益(经济、社会、环境)及其隐含在其中的技术影响为基础，重新测算项目的各项经济数据，得到相关的投资效果指标，然后将它们与项目前评估时预测的有关经济效果值(如净现值、内部收益率、投资回收期等)、社会环境影响值进行对比，评价和分析其偏差情况及产生的原因，吸取经验教训，从而为提高项目的投资管理水平和投资决策服务。项目效益后评价具体包括经济效益后评价、环境影响后评价和社会影响后评价等。

1) 经济效益后评价

项目的经济效益后评价的内容和项目论证相似，主要的分析指标仍是反映项目赢利能力的指标。但项目论证采用的是预测值，项目后评价则对已发生的财务流量和经济流量采用实际值，并对后评价时点以后的流量作出新的预测。

2) 环境影响后评价

项目的环境影响后评价是对照项目论证时批准的环境影响报告书，重新审查项目环境影响的实际结果，包括项目环境管理的决策、制度、规范、参数的可靠性和实际效果。环境影响后评价要遵循国家和地方环保法规的规定，一般包括项目的污染控制、地区环境质量、自然资源利用和保护、区域生态平衡和环境管理等几个方面。另外，对有可能发生突发性事故的项目，还要作出环境影响的风险预测分析。

3) 社会影响后评价

项目的社会影响后评价是从促进社会发展的角度，对项目在当地所产生的有形和无形社会效益的一种判断与分析，重点评价对象是项目对其所在地区和社区各项社会发展目标的直接与间接影响。社会影响后评价一般包括促进社会和谐和提升持续性发展等方面的内容。

3. 项目管理后评价

项目管理后评价是以项目目标和效益后评价为基础，对项目整个生命周期中各阶段管理工作进行的评价。通过分析、比较和评价，了解目前项目管理的水平，吸取经验和教训，以保证更好地完成以后的项目管理工作，促使项目预期目标更好地完成。项目管理后评价主要包括以下几个方面的内容。

1) 投资者的表现

要从项目立项、准备、评估、决策和监督等方面来评价投资者和投资决策者在项目实施过程中的作用与表现。

2) 借款者的表现

要分析评价借款者具有的投资环境和条件，包括执行协议能力、资格和资信以及机构设备、管理程序和决策质量等。世界银行、亚洲开发银行贷款项目还要分析评价协议承诺兑现情况、政策环境、国内配套资金等。

3) 项目执行机构的表现

评价者要分析评价项目执行机构的管理能力和管理者的水平，包括合同管理、人员管理和培训以及与项目受益者的合作等。世界银行、亚洲开发银行贷款项目还要对项目技术援助、咨询专家使用、项目的监测评价系统等进行评价。

4) 外部因素的分析

影响项目成果的还有许多外部因素，如价格的变化、国际国内市场条件的变化、自然灾害等，以及项目其他相关机构的因素，如联合融资者、合同商和供货商等。评价者要对这些因素进行必要的分析和评价。

6.4.3 项目后评价的程序和方法

1. 项目后评价的程序

内部项目后评价通常采用会议的方式对项目执行的绩效进行评价和总结，以识别和解决问题，并在此基础上总结经验。相比较而言，独立项目后评价的程序比较复杂，过程也比较规范。独立项目后评价的程序一般包括选定后评价项目、制订后评价计划、确定后评价范围以及选择执行项目后评价的咨询单位和专家等。

1) 后评价项目的选定

一般来说，选定后评价项目有以下几条标准。

(1) 由于项目实施而引起运营中出现重大问题的项目。

(2) 一些非常规的项目，如规模过大、建设内容复杂或带有试验性的新技术项目。

(3) 发生重大变化的项目，如建设内容、外部条件、厂址布局等发生了重大变化的项目。

(4) 急迫需要了解项目作用和影响的项目。

(5) 可为即将实施的国家预算、宏观战略和规划原则提供信息的相关投资活动和项目。

(6) 为制定投资规划，确定未来发展方向的具有代表性的项目。

(7) 对开展行业、部门或地区后评价研究有重要意义的项目。

2) 项目后评价计划的制订

选定进行后评价的项目之后，需要制订项目后评价计划，以便项目管理者和执行者在项目实施过程中注意收集资料。从项目生命周期的概念出发，每个项目都应重视和准备事后的评价工作。国家、部门和地方的年度评价计划是项目后评价计划的基础，时效性比较强。但是，与银行等金融组织不同的是，国家的后评价更注重投资活动的整体效果、作用和影响等。所以国家的后评价计划应从较长远的角度和更高的层次上来考虑，作出合理安排，使之与长远目标结合起来。

3) 项目后评价范围的确定

由于项目后评价的范围很广，因此，在评价实施前必须明确评价的范围和深度。评价范围通常在委托合同中确定，委托者要确定评价任务的目的、内容、深度、时间和费用等。受托者应根据自身的条件来确定是否能按期完成合同。国际上后评价委托合同通常包括以下内容。

(1) 项目后评价的目的和范围，包括对合同执行者明朗的调查范围。

(2) 提出评价过程中所采用的方法。

(3) 提出所评价项目的主要对比指标。

(4) 确定完成评价的经费和进度。

4) 项目后评价咨询专家组的选择

在项目后评价阶段需要委托一个独立的评价咨询机构或由银行内部相对独立的后评价专门机构来实施。一般情况下，这些机构会确定一名项目负责人，该负责人不应是参与过此项目前评估和项目实施的人。该负责人聘请并组织项目后评价专家组实施后评价。后评价咨询专家的聘用，要根据所评项目的特点、后评价要求和专家的专业特长及经验来选择。项目后评价专家组由"内部"和"外部"两部分人组成。所谓"内部"，就是被委托机构内部的专家，由于他们熟悉项目后评价过程和报告程序，了解后评价的目的和任务，可以顺利实施项目后评价。所谓"外部"，就是项目后评价执行机构以外的独立咨询专家。聘请外部专家的好处是，外部专家一般更为客观、公正。

5) 项目后评价的执行

在委托任务、聘用专家之后，后评价即可开始执行，后评价执行过程中的主要工作如下。

(1) 资料信息的收集。

项目后评价的基本资料包括项目自身的资料方法的有关规定和指导原则等。

项目自身的资料一般应包括如下几个方面。

① 项目自我评价报告、项目完工报告、项目竣工验收报告。

② 项目决算审计报告、项目概算调整报告及其批发文件。
③ 项目开工报告及其批复文件，项目初步设计及其批复文件。
④ 项目评估报告、项目可行性研究报告及其批复文件等。

项目所在地区的资料包括国家和地区的统计资料、物价信息等。项目后评价方法规定的资料则应根据委托者的要求进行收集。目前已经颁布项目后评价方法指导原则或手册的国内外主要机构有：联合国开发署、世界银行、亚洲开发银行、经济合作和发展组织、中国国际工程咨询公司、国家开发银行等。

(2) 编制调查提纲。

专家组在认真阅读文件资料的基础上仔细研究项目的自我评价报告，列出项目需要进行调查的内容，并根据委托任务的要求和编写项目后评价报告的需要，准备现场调查提纲。

(3) 现场调查。

根据现场调查提纲，专家组赴项目实地了解情况，查找问题，分析原因。项目执行者、财务及管理人员和设计单位应予以配合协助。

(4) 形成专家组意见。

在现场调查完毕后应及时讨论形成专家组意见，特别是对有关重大问题应达成共识，允许保留并记录不同意见。专家组要形成对项目整体评价的结论，所提出的意见应作为项目后评价报告的重要附件。

(5) 撰写后评价报告。

项目后评价报告应根据调查结果和专家组意见，按照规定格式和要求编写。初稿形成后，一般要征求后评价委托者的意见，以确定是否满足委托者的要求，并按照委托者的意见进行进一步补充和修改。

(6) 报告和反馈。

后评价报告做出后应在规定的时间内及时上报，并根据成果信息反馈的需要，经委托者同意，尽快传送到各个有关单位和部门。

2．项目后评价方法

国际上通用的项目后评价方法主要有统计预测法、对比分析法、逻辑框架法、成功度分析法和模糊综合评价法等。

1) 统计预测法

项目后评价包括对项目已发生事实的总结和对项目未来发展的预测，项目后评价的总结与预测是以统计学和预测学原理为基础的。

(1) 统计原理方法。

统计原理方法主要包括统计调查、统计资料的整理和统计分析。

① 统计调查。即统计资料的收集，主要有直接观察法和报告法。
② 统计资料的整理。主要包括资料的检查、分组分类与汇总。
③ 统计分析。主要有分组法、综合指标法、动态数列法、指数法、抽样法、回归分析法和投入—产出法等。综合指标包括总量指标、相对指标、平均指标和标准变动度等。

(2) 预测原理方法。

要遵循的原则是惯性原则、类推原则、相关原则和概率推断原则。常用的预测方法有回归预测、趋势预测、投入产出预测和专家调研预测等。预测的基本步骤是：预测因素分析、收集和审核资料、绘制散点图、选择数学模型和预测方法、检验预测技术的适用性、预测并选定预测值。

2) 对比分析法

对比分析法是项目后评价的基本方法，它包括前后对比法和有无对比法。

(1) 前后对比法。

前后对比法是指将项目实施前与项目建成后的实际情况加以对比，以测定该项目的效益和影响。项目后评价是将项目前期阶段，即项目可行性研究与前评估所预测的成果、规划目标和投入产出、效益和影响与项目建成投产后的实际情况进行比较，从中找出存在的差别和原因。前后对比法是进行项目后评价的基础。

(2) 有无对比法。

有无对比法是指在项目地区内，将投资项目的建设及投产后的实际效果和影响，同没有这个项目可能发生的情况进行对比分析。由于项目所在地区的影响不只是项目本身所带来的，而且还有项目以外的许多其他因素的作用，因此，对比的重点是要分清这种影响中项目的作用和项目以外的作用，评价项目的增量效益和社会机会成本。有无对比法是进行项目后评价的主要方法。

3) 逻辑框架法

目前国外进行项目后评价主要采用的是逻辑框架法。它可用来分析和评价项目的目标层次之间的因果关系，把后评价和项目生命周期联系起来，可适用不同层次的管理需要。例如，某贷款项目的目的是通过对交通发展规划的实施，适应和促进工农业的需求和发展；同时，引进项目管理的科学方法，提高未来项目建设的质量，改善公路项目的投资效益，开展公路规划的研究，提高专业人员的素质和能力。其逻辑框架如表 6-2 所示。

表 6-2 某项目的逻辑框架

各层次目标	验证指标	方法和资料来源	外部重要条件
影响：形成国家公路网、促进经济发展	国务院××××年的要求，交通部公路发展规划	国务院文件，国家统计资料	国家宏观经济发展方针和政策
作用：打通国道断头路，即××北通路，提高公路项目管理水平，促进××地区经济发展	×国道与×国道的连通、形成项目评估、招标和监测等管理机制，三个县及××地区工农业经济指标的增长	项目完工报告和审核报告(世界银行)，项目自评报告，××省统计资料，现场调查	合理的计划，合理的公路收费，地方的支持，较小的汇率风险
产出：建设该公路项目，引进项目管理机制，培训专业人员	公路干线××××年×月正式投入运营，工期延误10个月，交通费平均年增长25%	项目监制和竣工报告，统计资料，现场调查	国际招标的经验，当地社区的支持，天气条件

续表

各层次目标	验证指标	方法和资料来源	外部重要条件
投入：资金、技术和设备、专业人员、维护保养、材料供应	总投资×亿元，土地，建筑材料数量，××××年×月开工	项目实施计划、报告，统计资料	项目决策和准备搬迁等

4) 成功度分析法

成功度分析法对项目实现预期目标的成败给出了一个定性的结论。成功度就是成败程度的衡量标准。一般将成功度分为五个等级：AA，表示项目的各项目标都已全面实现或超过，项目取得了巨大的影响和效益；A，表示项目的大部分目标已经实现，达到了预期的效益和影响；B，表示项目实现了原定的部分目标，只取得了一定的效益和影响；C，表示项目实现的目标非常有限，几乎没有取得什么效益和影响；D，表示项目的目标没有现实，项目不得不终止。

运用成功度分析法的具体步骤是：首先对综合评价指标进行定性分析，这些指标包括对宏观经济的影响、对社会的影响、对技术进步的影响、对机构组织和管理水平的影响以及经济效益指标等。项目成功度评定的程序是：确定评议专家，选定综合评价指标并确定其权重，专家个人打分后进行集体评议，然后进行数据处理，最后得出成功度的等级。在进行具体操作时，项目评价组的成员每人要填一张表，对各项指标的取舍和等级进行内部讨论，或者经过必要的数据处理，形成评价组的成功度表，再把结论写入评价报告。

5) 模糊综合评价法

模糊综合评价法对解决多因素复杂问题的评价来说是一种简单而有效的定量评价方法。模糊综合评价方法解决问题的思路是：由评判者从影响问题的主要因素出发，参照有关数据和资料，按照他们的判断对复杂问题分别作出"大，中，小，无"，或者"高，中，低"，或者"优，良，可，劣"，或者"好，较好，一般，较差，差"等不同程度的模糊评价，然后通过模糊数学提供的方法进行运算，得出定量的综合评价结果。

本 章 小 结

本章介绍了项目收尾所要进行的工作，在收尾概述中阐述了项目收尾工作的重要意义以及项目收尾工作过程包括的工作内容，之后分别就收尾过程的各项工作展开讨论。在项目验收中，介绍了项目验收的定义、验收的内容和程序，然后介绍了项目移交与审计的相关内容，最后详尽地介绍了项目后评价的作用、内容、步骤和方法。

综 合 练 习

一、判断题

1. 项目验收与范围核实是两项工作。　　　　　　　　　　　　　　　　　　　（　　）

2. 只有在项目收尾的时候才需要进行项目的审计。　　　　　　　　　　(　　)
3. 项目后评价报告必须使用专业化的词汇，以保证其格式的规范性。　(　　)
4. 后评价报告的首要作用是总结项目的经验教训。　　　　　　　　　(　　)
5. 项目总结报告的最后递交，标志着项目的结束。　　　　　　　　　(　　)

二、单选题

1. 下列有关项目收尾管理的表述正确的是(　　)。
   A. 如果项目失败就没有收尾过程
   B. 进入收尾过程表示项目已经完成
   C. 只有在收尾过程时才能为客户提交可交付成果
   D. 在收尾过程中要将完成的项目成果移交给客户
2. 下列有关项目验收的表述正确的是(　　)。
   A. 项目验收就是将项目移交给其他项目团队，以便继续实施项目
   B. 如果项目无法开展下去，也要进行项目的验收
   C. 项目验收是将项目分包给承包商
   D. 如果在项目实施过程中，需要更换项目经理，则需要进行项目验收
3. 下列表述错误的是(　　)。
   A. 项目后评价工作不属于项目生命周期内的工作
   B. 选择的被评价项目可以是失败的项目
   C. 项目后评价是在项目结束后，对项目的目标、实施情况、影响等进行分析和评价
   D. 项目后评价一般在项目的收尾过程中进行

三、多选题

1. 当某一项目出现(　　)情况时，就应该适时地结束项目。
   A. 项目目标已经成功实现
   B. 项目目标已经无望实现，项目工作开始放慢或已经停止
   C. 项目组织或环境发生重大变化，迫使项目已无法继续进行
   D. 项目被无限期延长
2. 项目后评价的特点有(　　)。
   A. 现实性　　　B. 全面性　　　C. 反馈性　　　D. 合作性
3. 项目后评价主要包括(　　)。
   A. 项目目标评价　　　　　　　　B. 项目实施过程评价
   C. 项目影响评价　　　　　　　　D. 项目持续性评价
4. 项目影响评价包括(　　)。
   A. 经济影响　　B. 社会影响　　C. 环境影响　　D. 财务影响

四、简答题

1. 项目审计主要的工作内容有哪些？
2. 项目后评价和可行性研究的联系和区别有哪些？

3. 项目后评价的意义有哪些？

五、案例分析

红星化工厂冷却液开发项目

简方是红星化工厂的新产品部经理。最近，他碰到了一件棘手的事情。

红星化工厂是全国最大的车辆及机械冷却液生产厂家，产品的技术含量和新产品的开发能力被认为是这个行业成功的关键。因此，他深知自己的责任重大。

去年红星开发了一种新型冷却液，代号 AC-201，工厂在产品研发阶段就为项目组投入了大量的资金及高技术的人员，以确保未来产品的质量稳定、性能卓越。简方作为项目经理全面负责该产品的开发，并在批量生产后，要为 AC-201 制定产品战略。

现在市场上通用的冷却液主要是乙烯基。这种化学材料在恶劣环境下可能从输送管渗漏，与车辆机械的曲柄轴箱使用的机油混合，形成黏稠的泥状物，也会对车辆或机械造成严重损害，如发动机划痕等难以短时间修复的故障。而对于使用冷却液的卡车或起重机械来说，恶劣的工作环境是家常便饭。

红星化工厂的研究人相信，新型的 AC-201 冷却液彻底解决了这个问题，应该是卡车司机或重型机械操纵者所渴望的产品。它采用丙烷基，虽然不能防止渗漏，但即使渗漏进曲柄轴箱，它也不会与机油发生化学反应，造成严重损害。

产品开发出来以后，简方建议 AC-201 的价格在每升 40 元左右，这几乎是普通产品价格的两倍。之所以定价这么高，是因为该产品的开发成本过高，另外，简方也记得这样可以给 AC-201 形成一种优质高价的产品形象。

一开始，他认为 AC-201 至少在两个市场具有吸引力：重型车辆机械生产商和载重卡车使用者。红星的销售人员开始对这两个目标市场努力推销 AC-201，但得到的反映却让人沮丧：这两类顾客都没有表示出很大的兴趣。

车辆制造商不愿意使用这种产品，说除非已经有人用了它并且证明其性能卓越；车辆使用者同样犹豫不决，一些人说价格高得离谱，有些人则觉得现在的冷却液没什么不好的。一提到要付更多的钱，马上就摇头拒绝。

问题：

1. 简方的产品开发及销售项目出现了哪些问题？
2. 在将开发出的产品移交去批量生产和销售之前，项目组还应做哪些工作？

技 能 训 练

实训背景：

某工程施工企业与某咨询公司就项目实施过程中的项目管理后评价工作达成意向。咨询公司的工作组通过对该工程项目管理的过程情况进行的初步了解，制定出后评价的实施方案。

实训步骤:

第一步:确定后评价的主要内容。

基于从施工方角度进行项目管理后评价的目的,咨询组成员对施工企业的工程项目管理后评价主要从项目前期策划和项目过程管理两个层面进行。项目前期策划从组织结构、施工技术方案、进度计划、资源计划、质量策划、采购计划、分包策划、风险预测八个方面进行评价;项目过程管理从资金筹措、进度控制、成本管理、质量管理、技术方案优化、合同管理、沟通及协调管理、团队建设、信息管理、分包商管理十个方面进行评价。

第二步:选择后评价的主要工具和方法。

针对施工企业后评价的要求以及项目自身的特点,咨询组在后评价过程中可以采用如下方法。

(1) 统计分析法。通过对项目部提供的各种数据汇总整理,对整理结果进行统计分析,为评价结论提供实例数据。

(2) 对比法。后评价方法的基本原则是对比原则,包括前后对比、计划和实际发生的对比等,对比的目的是找出项目前期策划与实施结果的变化和差距,为提出问题和寻找原因找到切入点。

(3) 访谈法。通过对项目相关人员进行面对面的互动式访谈,提出问题,以获得所需要的信息。

(4) 典型调查法。选择项目部领导或部门负责人,深入了解项目情况。

(5) 问卷调查法。根据后评价的调查内容设计调查问卷,对调查所得数据进行统计分析,最终得出结论,形成完整的报告。

第 3 篇

项目管理的知识领域

第1章

第 7 章 项目范围管理

如果你允许项目范围发生变化，那么它变化的速度将超过你的想象。

——项目管理谚语

学习目标：

知识目标	技能目标
了解项目范围管理的概念和主要程序	掌握项目范围和产品范围的定义和区别
理解项目范围计划的意义和成果	掌握定义项目范围的方法
理解项目工作分解结构的含义	学会收集项目需求
了解项目范围控制的作用、方法	掌握 WBS 的定义和方法

参与项目的人可能会有这样的经历：项目进行了很久之后，项目何时结束还不确定。因为用户总是有新的需求要项目组来做，项目组也就要根据用户的新需求不断去开发新的功能。这类项目实际是一个"无底洞"，项目成员对这样的项目已经完全丧失了信心。实际上，这里涉及一个"项目范围管理"的概念。项目中哪些该做，做到什么程度，哪些不该做，都是由"项目范围管理"来决定的。本章重点阐述关于项目范围管理的程序、工具和技术。

7.1 概　　述

7.1.1 项目范围管理的概念

项目范围管理包括确保项目做且只做所需的全部工作，以成功完成项目的各个过程。管理项目范围主要在于定义和控制哪些工作应该包括在项目范围内，哪些不应该包括在项目范围内。范围管理是界定项目的范围并且在此基础上进行管理，它是项目未来一系列决策的基础。

在项目环境中，"范围(Scope)"一词包括两个方面的含义。

(1) 产品范围——即产品或服务所包含的特征或功能。

(2) 工作范围——即为交付具有规定特征和功能的产品或服务所必须完成的工作。

项目范围的概念很容易被人理解为"项目所涉及的所有产出物的集合"，然而这个概念是不正确的，构成项目范围的不是产出物的汇总，而是这些产出物所引发的所有工作的汇总。有形的产出物必定会引发相关的工作，所以在制订项目范围计划的时候我们用有形的产出物来表达会易于理解。但不是所有的工作都一定会有相关的产出物，如会议、沟通、验收之类的工作，它们要占用时间和人力资源，但确难以界定其产出的结果。

在确定范围时，首先要确定最终产生的是什么，它具有哪些可清晰界定的特性。需要注意的是,特性必须要清晰,以认可的形式表达出来,如文字、图表或某种标准,能被项目参与人理解,绝不能含含糊糊、模棱两可,在此基础之上才能进一步明确需要做什么工作才能产生所需要的产品。产品范围的完成情况是参照客户的要求来衡量的,而项目范围的完成情况则是参照计划来检验的。这两个范围管理模型间必须要有较好的统一性,以确保项目的具体工作成果,能按特定的产品要求准时交付。

确定了项目范围也就定义了项目的工作边界,明确了项目的目标和主要的项目可交付成果。项目的可交付成果往往又被划分为较小的、更易管理的不同组成部分。因此,确定项目范围对项目管理来说可以产生如下作用。

(1) 提高费用、时间和资源估算的准确性。项目的工作边界定义清楚了,项目的具体工作内容明确了,这就为项目所需的费用、时间、资源的估计打下了基础。

(2) 确定进度测量和控制的基准。项目范围是项目计划的基础,项目范围确定了,就为项目进度计划和控制确定了基准。

(3) 有助于清楚地分派责任。项目范围的确定也就意味着确定了项目的具体工作和任务,为进一步分派任务打下了基础。

正确地确定项目范围对成功地完成项目非常重要,如果项目的范围确定得不好,有可能造成最终项目费用的提高,因为项目范围确定得不好会导致意外的变更,从而打乱项目的实施节奏,造成返工,延长项目完成时间,降低劳动生产率,影响项目组成员的干劲。

7.1.2 项目范围管理的主要程序

项目范围管理是对项目应该包括什么和不应该包括什么进行定义和控制,以确保项目管理者和项目利益相关者对作为项目结果的项目产品和服务以及生产这些产品和服务所经历的过程有一个共同的理解。也就是说,项目范围管理主要关心的是确定与控制哪些应该与不应该包括在项目范围之内的过程。《项目管理知识体系指南》(PMBOK 指南)(第 5 版)将项目范围管理的过程描述如下。

(1) 收集需求——为实现项目目标而确定、记录并管理关系人的需要和需求的过程。

(2) 范围规划——制订项目范围管理计划,记载如何定义、确定和控制项目范围管理的过程。

(3) 范围定义——详细描述项目和产品的过程。

(4) 创建 WBS——将项目可交付成果与项目工作划分为较小和更易管理组成部分的过程。

(5) 范围确认——正式验收已经完成的项目可交付成果的过程。

(6) 范围控制——监督项目和产品的范围状态,控制项目范围的变更的过程。

上述过程不仅彼此之间相互作用,而且还与其他知识领域过程交互作用。根据项目需要,每个过程可能涉及一个或多个个人或集体所付出的努力。每个过程在每个项目或在多阶段项目中的每一阶段至少出现一次。下面我们就围绕项目范围管理的各个过程进行详细的阐述。

项目范围管理的启动方式是始于由负责制订计划的成员参与的启动会议。这些人包括:项目经理、某一知识领域的项目经理助理、专门领域的专家和职能领导,如图 7-1 所示。

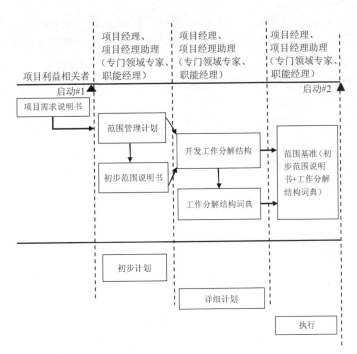

图 7-1　典型的项目启动

7.2　项目需求收集

收集需求是为实现项目目标而确定、记录并管理项目利益相关者的需要和需求的过程。本过程的主要作用是,为定义和管理项目范围(包括产品范围)奠定基础。

让项目利益相关者积极参与需要发掘和分解工作(分解成需求),并仔细确定、记录和管理对产品、服务或成果的需求,能直接促进项目成功。需求是指根据特定协议或其他强制性规范,项目必须满足的条件或能力,或者产品、服务或成果必须具备的条件或能力。需求包括发起人、客户和其他项目利益相关者的已量化且书面记录的需要和期望。应该足够详细地探明、分析和记录这些需求,将其包含在范围基准中,并在项目执行开始后对其进行测量。需求将成为工作分解结构(WBS)的基础。需求是成本、进度和质量规划的基础,有时也是采购工作的基础。

7.2.1　项目需求的种类

许多组织把需求分为不同的种类,如业务解决方案和技术解决方案。前者是项目利益相关者的需要,后者是指如何实现这些需要。把需求分成不同的类别,有利于对需求进行进一步完善和细化。这些需求的具体内容如下。

(1) 业务需求。整个组织的高层级需要,例如,解决业务问题或抓住业务机会,以及实施项目的原因。

(2) 项目利益相关者需求。项目利益相关者或项目利益相关者群体的需要。

(3) 解决方案需求。为满足业务需求和项目利益相关者需求,产品、服务或成果必须具备的特性、功能和特征,解决方案需求又可进一步划分为功能需求和非功能需求:功能需求是关于产品能开展的行为,如流程、数据,以及与产品的互动;非功能需求是对功能需求的补充,是产品正常运行所需的环境条件或质量,如可靠性、安防性、性能、安全性、服务水平、可支持性、保留/清除等。

(4) 过渡需求。从"当前状态"过渡到"将来状态"所需的临时能力,如数据转换和培训需求。

(5) 项目需求。项目需要满足的行动、过程或其他条件。

(6) 质量需求。用于确认项目可交付成果的成功完成或其他项目需求的实现的任何条件或标准。

7.2.2 项目需求收集的方法

项目需求的收集主要采用访谈、焦点小组会议、引导式研讨会和问卷调查的形式进行。

1) 访谈

访谈是通过与项目利益相关者直接交谈来获取信息的正式或非正式的方法。访谈的典型做法是向被访者提出预设和即兴的问题,并记录他们的回答。访谈经常是一个访谈者和一个被访者之间的"一对一"谈话,但也可以包括多个访谈者和/或多个被访者。访谈有经验的项目参与者、发起人和其他高管,以及主题专家,有助于识别和定义所需产品可交付成果的特征和功能。此外,访谈也可用于获取机密信息。

2) 焦点小组会议

焦点小组会议是召集预定的项目利益相关者和主题专家,了解他们对所讨论的产品、服务或成果的期望和态度。它通常由一位受过训练的主持人引导大家进行互动式讨论。焦点小组往往比"一对一"的访谈更热烈。

3) 引导式研讨会

通过邀请主要的跨职能项目利益相关者一起参加会议,对产品需求进行集中讨论与定义。由于群体互动的特点,被有效引导的研讨会有助于参与者之间建立信任、改进关系、改善沟通,从而有利于项目利益相关者达成一致意见。此外,研讨会能够比单项会议更早发现问题,更快解决问题。

4) 问卷调查

问卷调查是指设计一系列书面问题,向众多受访者快速收集信息的方法。问卷调查方法非常适用于以下情况:受众多样化,需要快速完成调查,受访者地理位置分散,并且适合开展统计分析。

7.3 项目范围计划

项目范围计划就是确定项目范围并编写项目说明书的过程。项目范围的确定与管理影响项目的整体成功。每个项目都必须慎重考虑与权衡工具、数据来源、方法系统、过程与程序,以及其他因素,确保为确定项目范围而付出的努力与项目的大小、复杂程度和重要性相称。例如，一个工程公司签订的合同是设计一个石油处理工厂，就要求在设计具体目标时，界定好具体的工作范围。范围阐述形式的基础是通过确认项目目标和主要项目的子项目，使项目团队与项目客户之间达成一个协议。

在项目立项和完成需求收集以后，就要进行项目计划，其中一个很关键的环节就是确定项目的范围，形成详细项目范围说明书。项目范围说明书体现了为什么要进行这个项目，形成项目的基本框架，使项目所有者或项目管理者能够系统地、逻辑地分析项目关键问题及项目形成中的相互作用要素，使得项目的有关利益者在项目实施或项目有关文件书写以前，能就项目的基本内容和结构达成一致；产生项目有关文件格式的注释，用来指导项目有关文件的产生；形成项目结果核对清单，作为项目评估的一个工具，在项目终止以后或项目最终报告完成以前使用，以此作为评价项目成败的判断依据；同时也可以作为项目整个生命周期中监督和评价项目实施情况的背景文件，作为有关项目计划的基础。

在进行范围计划时，依据项目说明书、历史资料、需求文件、组织过程资产，采用一定的工具和技术，从而形成包括项目范围说明书在内的项目范围管理计划。图 7-2 描述了本过程的依据、方法和成果。

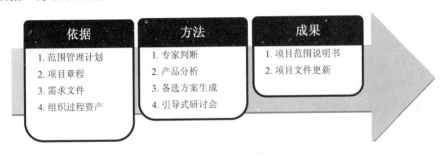

图 7-2　项目范围计划的流程

7.3.1　项目范围计划的依据

项目和子项目都要编写项目范围说明书。一般来说，项目范围说明书要由项目班子来编写，项目班子编写项目范围说明书时必须具备以下依据。

1) 项目说明书

所谓项目说明，就是项目初步范围说明书中对项目和产品特征的描述，包括项目审批要求。在项目说明书中，对要求交付的项目和产品特征必须有明确的要求和说明。

项目说明书是正式承认某项目存在的一种文件。它可以是一个特别的文件形式，也可以用其他文件替代。项目说明书应该由项目外部的企业高层领导发出，它赋予项目经理利用企业资源、从事项目的有关活动的权力。对于一个合同项目来说，签署的合同可以作为卖方的项目说明书。

2) 历史资料

历史资料包括以前项目选择决策的结果和以前项目执行的结果，在可获得的范围内对它们加以考虑。在项目启动阶段，就包含了对项目下一阶段工作的认可时，有关前一阶段结果的信息通常是非常重要的。

3) 需求文件

需求文件描述各种单一需求将如何满足于项目相关的业务需求。一开始，可能只有高层级的需求，然后随着有关需求信息的增加而逐步细化。只有明确的、跟踪的、完整的、相互协调的，且主要项目利益相关者愿意认可的需求，才能作为基准。

4）组织过程资产

组织过程资产是指能够影响项目范围管理方式的正式和非正式的方针、程序和指导原则。对项目范围规划有具体关系的过程资产包括：与项目范围规划与管理有关的组织方针，与项目范围规划与管理有关的组织程序，可能存放于吸取的教训知识库中的历史资料。

7.3.2 项目范围计划的方法

项目范围计划是一项非常严密的分析、推理和决策工作，因此需要采用一系列的逻辑分析和推导方法。项目范围计划经常使用的方法主要包括以下几种。

1）项目产出物分析

通过项目产出物分析可以加深对项目成果的理解。它主要运用系统工程、价值工程、价值分析、功效分析和质量功能展示等技术确定其是否必要、是否有价值。

2）成本效益分析

成本效益分析就是估算不同项目方案的有形和无形费用和效益，并利用诸如投资收益率、投资回收期等财务计量手段估计各项目方案的相对优越性。

3）项目方案识别技术

这里的项目方案是指实现项目目标的方案。项目方案识别技术泛指提出实现项目目标方案的所有技术。管理学中提出的许多现存的技术，如头脑风暴法和侧面思考法可用于识别项目方案。

4）专家判断

可以利用各领域专家来提出或评价各种方案。专家判断常用来分析制定项目范围说明书所需的信息。专家判断和专业知识可用来处理各种技术细节。专家判断可来自于具有专门知识或经过专门培训的任何小组或个人，也可从其他渠道获得，包括：组织内的其他部门；顾问；项目利益相关者，包括客户或发起人；专业与技术协会；行业团体；主题专家。

7.3.3 项目范围计划的成果

项目范围计划的最终成果主要有两个：一个是针对项目范围计划的项目范围说明书和辅助说明；另一个是项目范围管理计划。具体分述如下。

1）项目范围说明书

范围说明书是较初步项目范围书更为详细的说明书，为制定未来项目决策，进一步明确或帮助项目的有关利益集团就项目范围达成共识，为项目实施提供了一个纪实基础。作为项目的过程，阐述这个范围可能需要修改或更精确些，从而很好地反映项目范围的变化。这个范围阐述可以直接进行分析，其内容包括如下几个方面。

(1) 项目调整——商家的既定目标。项目调整要为估算未来的得失提供基础。

(2) 项目产品——产品说明的简要概况。确定项目成功所必须满足的某些数量标准，通常这些标准应包括费用、时间进度和技术性能或质量标准。

(3) 工作细目成果——一份主要的、具有归纳性层次的产品清单,完整的、满意的这些子产品标志着项目工作的完成。例如,为一个软件开发项目设置的主要子项目可能包括工作所需的电脑代码、工作手册和专门的导师。当这些子产品都知道了,排除应该是确定的了,任何不明显的排除也就都包含在这个排除中了。

(4) 项目目标——考虑到项目的成功性,质量标准必须要满足项目的要求,项目目标至少要包括成本、进度表和质量检测。项目目标应该有标志(如成本)、单位(如美元、英磅)和绝对的或相对的价值(如少于 150 万美元等)。不可量化的目标(如"客户的满意程度")要承担很高的风险。

2) 辅助说明

为项目范围阐述作辅助说明,应该是根据需要记录和编组一些文件,并通过其他项目管理程序,把它变成易被利用的东西。辅助说明总是包括所有已认定的假设文件和制约因素。

制约因素是指对项目或过程的执行有影响的限制性因素。需要列举并描述与项目范围有关且会影响项目执行的各种内外部制约或限制条件。例如,客户或执行组织事先确定的预算、强制性日期或进度里程碑。如果项目是根据协议实施的,那么合同条款通常也是制约因素。关于制约因素的信息可以列入项目范围说明书,也可以独立成册。附加说明的数量在不同的领域中会有所不同。

假设条件是在制订计划时,不需要验证即可视为正确、真实或确定的因素。同时还应描述如果这些因素不成立,可能造成的潜在影响。在项目规划过程中,项目团队应该经常识别、记录并确认假设条件。关于假设条件的信息可以列入项目范围说明书,也可以独立成册。

3) 项目范围管理计划

项目范围管理计划是描述项目范围如何进行管理,项目范围怎样变化才能与项目要求相一致等问题的。它包括:说明如何管理项目范围以及如何将变更纳入到项目的范围之内;对项目范围稳定性的评价,即项目范围变化的可能性、频率和幅度;说明如何识别范围变更以及如何对其进行分类等。

根据具体项目工作的需要,一项范围管理计划可以是正式的或非正式的、很详细的或粗略的。项目管理计划是全部项目计划的分支要素。

7.4 项目范围的定义

项目范围的定义是把项目的主要可交付成果分解为主要工作细目中的子项目,使其成为更易操作和管理的单元。项目范围的定义要以其组成的所有产品的范围定义为基础,这也是一个由一般到具体、层层深入的过程。即使一个项目可能是由一个单一产品组成的,但产品本身又包含一系列要素,有其各自的组成部分,每个组成部分又有其各自独立的范围。例如,一个新的电话系统可能包含四个组成部分——硬件、软件、培训及安装施工。其中,硬件和软件是具体产品,而培训和安装施工则是服务,具体产品和服务形成了新的电话系统这一产品的整体。如果项目是为顾客开发一个新的电话系统,要定义这个项目的范围,首先要确定这个新的电话系统应具备哪些功能,定义产品规范;然后具体定义系统的各组成部分的功能和服务要求;最后明确项目需要做些什么才能实现这些功能和特征。

正确的项目范围定义是项目成功的关键。项目范围的定义主要从项目需求的识别和项目需求的表达两个方面来阐述。

1) 项目需求的识别

没有一个项目范围有明确定义,项目就像一艘无舵的航船,风吹向哪里,它就漂向哪里,但不一定是它应该去的方向。项目范围的定义来源于项目的需求,不能全面、正确地理解一个需求和其内在含义,或者不能正确地阐述或表达它,项目管理必将迷失方向,就像那艘无舵的航船。因此,把项目需求从开始的不确定,到逐步进化出一个清晰的框架,直至最终获得正确的理解,是项目管理一个至关重要的环节。

项目是针对满足客户需求的,但认识需求却是一件非常困难的事情。因此,对需求的认识需要充分了解客户及其政治、经济、社会背景,与之建立坦诚的合作关系,全面交流、透彻地分析其凌乱的需求建议或观点,进行详尽的研究,不断深化对需求认识的理解,才能归纳整理出清晰的需求说明。改善需求定义的有效措施包括:一要全面理解项目的处境和项目已有的现行系统,只有对现实准确认识,才能更好地解决未来问题。二要识别多元客户以优我顺序排列他们的需求。三要组织一个项目不同利益方代表组成的需求定义任务小组,使项目利益相关者各方需求能充分协调,更好地定义项目需求。四要教育客户,让客户理解项目涉及的技术功能、问题,明确客户在定义需求时的责任,以配合需求定义。

2) 项目需求的表达

认识到需求之后,必须把它清楚地表达出来,在全面、不含糊地表达需求之后,就可以用肯定的词语规定怎样做才能满足项目的需求。通常,我们可以按以下五个步骤来表达项目需求。

(1) 让提出需求的人把他们的感觉尽可能清楚地表达出来。

(2) 针对需求的真实性、可行性、重要性和影响向客户提出问题,以从不同的角度理解需求。

(3) 从技术和方法的角度对项目做一些必要的研究,更好地处理需求。

(4) 根据以上三步得出的结论,尽可能清楚地描述项目需求。

(5) 客户尽最大努力确认项目管理人员的需求认识是否反映了项目真实需求,根据客户意见作适当修改。

需求自身所具有的模糊性和动态变化性,是导致需求认识困难的原因之一。需求产生时可能只是一闪念,它代表某种新鲜事物、某种不同的想法,具有非常强的不确定性。客户在陈述自己的需求时往往只能提供一些含混的信息:"我说不清楚我需要的是什么,但我见到东西时就会知道。"这说明,客户对自己的需求只是一种感觉,而且这种说不清的感觉还会随着环境的变化而变化,认识需求就像射击一个移动目标,但这并不能说明客户的需求不切实际,它是客观存在的,只是比较粗略,认识需求会因周围环境的变化而变化。

项目人员需求认识能力的缺陷,是导致需求定义困难的原因之二。项目是针对满足客户需求的,但项目不可能满足所有项目利益相关者的需求,根据项目特征而选择需求来源和需求讨论对象是极其重要的,如工程移民项目的需求、认识,工程业主和搬迁工程环境中居民的需求和这些居民"迁得走、留得住、能发展"的需求对项目具有同等重要的意义,如果认识需求选择的需求讨论对象不对，必将导致需求认识方向的错误。其中，项目人员在需求认识中往往容易陷入"误解需求""镀金需求""选择性过渡需求""自我定义需求"等误区。

项目范围定义要进一步以组织过程资产、需求文件及历史资料为依据，同时充分运用在项目范围规划中所形成的项目范围说明书和项目范围管理计划，采用项目工作分解技术，形成包括项目分解结构和工作分解结构字典在内的项目范围基准和项目范围计划更新。图7-3描述了本过程的依据、方法和成果。

图 7-3　项目范围定义的流程

7.4.1　项目范围定义的依据

项目范围定义的依据包括以下几个方面。

（1）项目范围管理计划。项目范围管理计划的阐述在 7.3.3 节中。项目范围管理计划中提供了如何根据详细的项目范围说明书进行项目范围定义，以及如何维护和确认项目范围定义。

（2）项目范围说明书。项目范围说明书的阐述在 7.3.3 节中。项目范围说明书中描述了需要实施的工作及不包含的工作，同时说明了影响项目执行的各种内外部制约或限制条件。

（3）需求文件。需求文件的阐述在 7.3.1 节中。详细的需求文件，对理解项目工作和项目产出物非常重要。

（4）历史资料。在项目范围界定期间，应该考虑以前项目计划的有关历史资料。其他项目的相关历史资料，特别是经验教训，也应在确定项目范围时考虑。

（5）组织过程资产。组织过程资产的阐述在 7.3.1 节中。影响项目范围定义过程的组织过程资产主要包括：用于项目范围定义的政策、程度和模板；历史项目的项目档案；历史项目的经验教训。

7.4.2　项目范围定义的方法

项目范围定义包括以下三种方法。

1）工作分解结构样板

工作分解结构是由项目各部分构成的、面向成果的树型结构。该结构定义并组成了项目的全部范围，一个组织过去所实施的项目的工作分解结构常常可以作为新项目的工作分解结构的样板。虽然每个项目都是独一无二的，但仍有许多项目彼此之间存在着某种程度的相似之处。许多应用领域都有标准的或半标准的工作分解结构作为样板。

2) 项目工作分解

项目工作分解就是把项目及其主要可交付成果分成较小的、更易管理的组成部分，直到可交付成果定义得足够详细，足以支持项目将来的活动，如计划、实施、控制等。项目工作分解主要包括如下活动。

(1) 识别项目的主要组成部分。
(2) 确定项目工作分解的编排方法。
(3) 确定每一组成部分是否分解得足够详细，以便可以对它进行费用和时间的估算。
(4) 确定可交付成果的构成要素。
(5) 核对分解是否合适。

3) 专家评估法

需要依据各种信息，把项目可交付成果分解为更小的组成部分。专家评估常用于分析这些信息，以便创建有效的项目工作分解结构。专家评估和专业知识可用来处理有关项目范围的各种技术细节，并协调各种不同的意见，以便用最好的方法对项目整体范围进行分解。专家评估可以来自具备相关培训、知识或相似项目或业务经验的任何小组或个人，也可表现为预定义的模板。这些模板是关于如何分解某些通用可交付成果的指南，可能是某行业或专业所特有的，或来自于类似项目上的经验。项目经理应该在项目团队的协作下，最终决定如何把项目范围分解为独立的工作包，以便有效管理项目工作。

7.4.3 项目范围定义的结果

项目范围定义主要形成以下成果。

1) 范围基准

项目基准包括批准的详细项目范围说明书、工作分解结构和对应的工作分解结构字典。

(1) 项目范围说明书。本阶段形成的项目范围说明书是项目团队控制整个项目范围好坏的重要文件，它详细地说明了项目的可交付成果和为提交这些可交付成果而必须开展的工作；说明了项目的主要目标，是所有项目利害关系者对项目范围的共同理解；使项目团队能够实施更详细的规划，在执行过程中指导项目团队的工作，并构成了评价变更请求或增加的工作是否超出了项目边界的基准。

(2) 形成工作分解结构(WBS)。工作分解结构确定了项目的整个范围，也就是说，WBS以外的工作不在项目范围之内。在项目范围说明的基础上，WBS有助于加深对项目范围的理解。

(3) 工作分解结构字典。它是制作工作分解结构过程生成的并与工作分解结构配合使用的文件。WBS 字典针对每个 WBS 组件，详细描述可交付成果、活动和进度信息，对 WBS 提供支持。

2) 项目范围管理计划更新

项目范围管理计划是项目管理计划的组成部分，可能需要更新，以便将项目范围定义过程产生并批准的变更请求纳入其中。

7.5 创建项目工作分解结构(WBS)

项目工作分解结构(WBS)是对项目团队为实现项目目标、创建所需可交付成果而需要实施的全部工作范围的层级分解。工作分解结构每向下分解一层,代表着对项目工作更详细的定义。

7.5.1 项目工作分解结构(WBS)概述

项目目标的成功完成需要有项目范围计划,由项目范围计划确定应做的所有工作,将项目各项职责指派给专门确定的组织要素,并为完成项目制订进度计划和预算。工作分解结构是一个以项目产品或服务为中心的子项目组成的项目"家族树",它规定了项目的全部范围。工作分解结构是为方便管理和控制而将项目按等级分解成易于识别和管理的子项目,再将子项目分解成更小的工作单元,直至最后分解成具体的工作(工作包)的系统方法。工作包是 WBS 最底层的单位,可对其成本和持续时间进行估算和管理。分解的程度取决于所需的控制程度,以实现对项目的高效管理。工作包的详细程度因项目规模和复杂程度而异。项目工作分解的最小单位工作包应满足以下原则。

(1) 可管理的,能够分配专门的职权和职责。
(2) 独立的或同其他进行的要素有最小的搭接和依赖性。
(3) 可组合的,以利于形成整个工作包。
(4) 根据进展可进行度量。

在 Microsoft Project 2000 中,工作分解结构(WBS)被定义为:由一系列数字、字母或者二者组合在一起所表示的任务层次结构。项目的工作分解以项目的范围说明书为依据,在明确的项目范围基础上对项目进行分解,确定实现项目目标必须完成的各项工作及其内在结构或实施过程的顺序,并以一定的形式将其表达出来——这就是工作分解结构图。工作分解结构图可以将项目分解到相对独立的、内容单一的、易于成本核算与检查的工作单元(或工作包),并能把各工作单元在项目中的地位与构成直观地表示出来。工作分解结构图是实施项目、创造项目最终产品或服务所必须进行的全部活动的一张清单,也是进度计划、人员分配、成本计划的基础。

7.5.2 项目工作分解结构(WBS)的基本要素

项目工作分解结构(WBS)的三个基本要素为:层次结构、编码和报告。

1) 分解层次与结构

项目工作分解结构的设计对于一个有效的工作系统来说是个关键。根据项目管理和控制的需要,项目工作分解既可按照项目的内在结构,又可按项目的实施顺序进行分解。而且由于项目本身的复杂程度、规模大小也各不相同,因此项目可分成很多级别,从而形成了工作分解结构的不同层次。

工作分解结构每细分一个层次,就表示对项目元素更细致的描述。任何分支最底层的细目叫作工作包。工作包是完成一项具体工作所要求的一个特定的、可确定的、可交付的以及独立的工作单元，为项目控制提供充分而合适的管理信息。WBS 结构应以等级状或树状结构来表示，其底层范围应该很大，代表详细的信息，能够满足项目执行组织管理项目对信息的需要，结构上的上一层次应比下一层次要窄，而且该层次的用户所需的信息由本层提供，以后依次类推，逐层向上。项目工作分解结构的表达形式分为图形式和目录式两种，如图 7-4 所示。

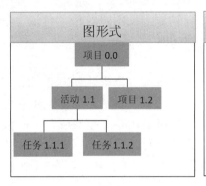 

图 7-4　项目工作分解结构示例

结构设计的原则：一是必须有效和分等级，但不必在结构内构建太多的层次，层次太多反而不易于有效管理，一般情况下设计 4～6 个层次就足够了；二是必须保证信息在各层次之间能自然、有效地交流；三是必须使结构具有能够增加的灵活性，并从一开始就注意使结构被译成代码时对于用户来说是易于理解的。

2) WBS 编码设计

工作分解结构中的每一项工作都要编上号码，用来唯一确定其在项目工作分解结构中的身份，这些号码的全体叫作编码系统。编码系统同项目工作分解结构本身一样重要，在项目规划和以后的各个阶段，项目各基本单元的查找、变更、费用计算、时间安排、资源安排、质量要求等各个方面都要参照这一系统。

利用编码技术对 WBS 进行信息交换，可以简化 WBS 的信息交流过程。编码设计与结构设计是相互对应的。结构的每一层次代表编码的某一位数，有一个分配给它的特定的代码数字。在最高层次，项目不需要代码；在第二层次，要管理的关键用代码的第一位数来编制；下一层次代表上一层次每一个关键活动所包含的主要任务，这个层次将是一个典型的两位数编码；以下依次类推。

在 WBS 编码中，任何等级的一位工作单元，是其余全部次一级工作单元的总和。如第二个数字代表子工作单元(或子项目)——也就是把原项目分解为更小的部分。于是，整个项目就是子项目的总和。所有子项目的编码的第一位数字相同，而代表子项目的数字不同，紧接着后面两位数字是零。再下一级的工作单元的编码依次类推。

3) 报告

项目工作分解结构的报告内容为项目基准，项目基准包括详细项目范围说明书、工作分解结构和工作分解结构字典。具体阐述在 7.4.3 节中。

7.5.3 项目工作分解结构(WBS)的步骤

在进行项目工作分解的时候，一般应遵从以下几个主要步骤。

(1) 确认项目的各主要组成部分，即明确项目的主要可交付成果和项目工作。项目的主要组成部分包括项目的可交付成果、项目工作细目和项目管理的本身。

(2) 确定每个可交付成果的详细程度是否已经达到了足以编制恰当的成本估算和期限估算的要求。若是则进入到第四步，否则接着进入第三步。

(3) 确认可交付成果的组成元素。组成元素应当用有形的、可验证的结果来描述，以便于进行绩效测量。有形的、可证实的结果既包括服务，也包括产品。

(4) 核实分解的正确性。即需要回答下列问题。

① 最底层项对项目分解来说是否是必需而且充分？如果不是，则必须修改组成元素(添加、删除或重新定义)。

② 每项的定义是否清晰完整？如果不完整，描述则需要修改或扩展。

③ 每项是否都能够恰当地编制进度和预算？是否能够分配到接受职责并能够圆满完成这项工作的具体组织单元(如部门、项目队伍或个人)？如果不能，需要做必要的修改，以便于提供合适的管理控制。

7.5.4 创建项目工作分解结构(WBS)的方法

创建工作分解结构的方法多种多样，主要包括类比法、自上而下法、自下而上法和使用指导方针等。

1) 类比法

类比法就是以一个类似项目的 WBS 为基础，制定本项目的工作分解结构。虽然每个项目是唯一的，但是，WBS 经常被"重复使用"，多数项目间在某种程序上是具有相似性的。例如，从每个阶段看，许多项目中给出的组织形式都有相同或相似的生命周期和因此而形成的相同或相似的工作细目要求。许多应用领域都有标准或半标准的 WBS，它能当作样板用。例如，美国国防部，有界定标准的 WBS 为防御材料项目服务。图 7-5 中展示出的样板是这些样板中的其中一个样板的一部分。

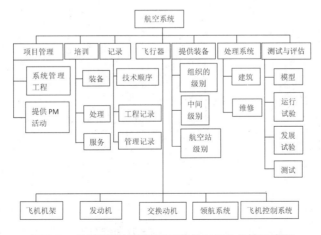

图 7-5 美国国防材料项目工作的 WBS 分解示意图

2) 自上而下法

自上而下法常常被视为构建 WBS 的常规方法，即从项目最大的单位开始，逐步将它们分解成下一级的多个子项，如图 7-6 所示。这个过程就是要不断增加级数，细化工作任务。这种方法对项目经理来说，可以说是最佳方法，因为他们具备广泛的技术知识和对项目的整体视角。

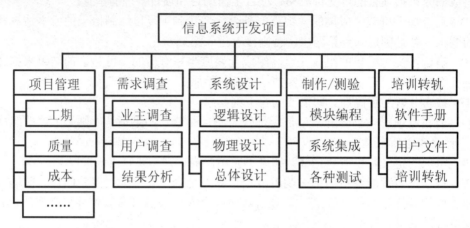

图 7-6　信息系统开发项目 WBS 分解模板示意图

3) 自下而上法

自下而上法是指从项目工作包或项目可交付物入手逐层向上得出项目工作分解结构的方法。项目团队成员尽可能详细地列出他们认为完成项目必须要做的工作，然后对其进行分类、整合，并归总到一个整体活动或 WBS 的上一级内容当中去(见图 7-7)。自下而上法一般都很费时，但这种方法对于 WBS 的创建来说，效果特别好。项目经理经常对那些全新系统或方法的项目采用这种方法，或者用该方法来促进全员参与和项目团队的协作。

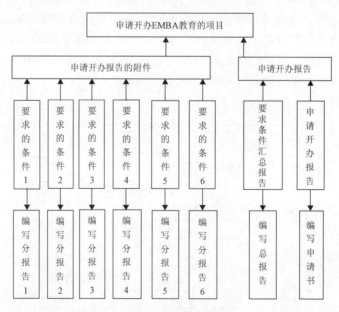

图 7-7　申请开办 EMBA 教育项目的 WBS 示意图

4) 使用指导方针

工作分解结构应该描述的是可交付成果和工作内容，描述方式应该是技术上的完成能够被验证和度量，同时也要提供集成化计划和工作控制的概念框架。可交付成果可以是产品，也可以是服务，并且可交付的产品应与产品分解结构中的产品相对应。工作结构可以采用多种形式，图 7-8 所示的项目将项目生命周期的各阶段作为分解的第一层，把产品和项目可交付成果作为第二层内容；图 7-7 所示的项目将主要交付成果作为分解的第一层。如果存在 WBS 的指导方针，那就必须遵循这些方针。

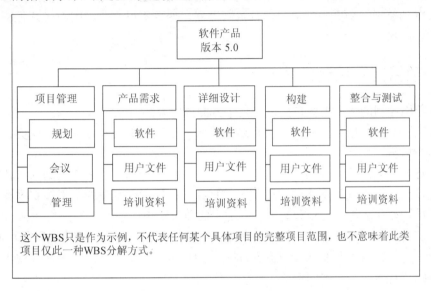

图 7-8　WBS 示例：以阶段作为第二层

7.6　项目范围的控制

在项目的生命周期中，存在着各种因素不断干扰着项目的进行，项目总是处于一个变化的环境之中。项目管理得再好，采用的管理方法再科学，项目也避免不了会发生变化，根据项目管理的哲学思想，这种变化是绝对的。对项目管理者来说，关键的问题是能够有效地预测可能发生的变化，以便采取预防措施，从而实现项目的目标。但实际上很难做到这一点，更为实际的方法则是通过不断的监控、有效的沟通和协调、认真的分析研究，力求弄清项目变化的规律，妥善处理各种变化。

项目范围的控制是监督项目和产品的范围状态，也是管理范围基准变更的过程。项目的变化主要是指项目的目标、项目的范围、项目要求、内部环境以及项目的技术质量指标等偏离原来确定的项目计划。项目范围的变化在项目变化中是最重要、最受项目经理关注的变化之一。一个项目的范围计划可能制订得非常好，但是在实施中不出现任何改变几乎是不可能的。因此对变更的管理也是项目经理必备的素质之一。项目范围变化并不糟糕，糟糕的是缺乏规范的变更管理过程。范围变更的原因是多方面的，如用户要求增加产品功能、环保问题导致设计方案修改而增加施工内容。项目经理在管理过程中必须通过监督绩效报告、当前进展情况等来分析和预测可能出现的范围变更，在发生变更时遵循规范的变更程序来管理变更。

为规范项目变更管理，需要制定明确的变更管理流程，其主要内容是识别并管理项目内外引起超出或缩小项目范围的所有因素。它包括三个主要过程：对引起工作范围变更的因素进行识别；确定确实需要发生的变更，并施加影响以保证变更是有益的；管理那些实际发生的变更。项目范围变更控制关心的是对造成项目范围变更的因素施加影响，并控制这些变更造成的后果，确保所有请求的变更与推荐的纠正，通过项目整体变更控制过程进行处理。项目范围控制也在实际变更出现时，用于管理这些变更并与其他控制过程结合为整体。未得到控制的变更通常称为项目范围潜变。变更不可避免，因而必须强制实施某种形式的变更控制过程。

7.6.1 项目范围控制的依据

项目范围控制的依据主要包括以下几个方面的内容。

(1) 范围基准。用范围基准与实际结果比较，以决定是否有必要进行变更、采取纠正措施或预防措施。

(2) 管理计划。项目范围控制的管理计划包括：描述如何监督和控制项目范围的项目范围管理计划；管理项目变更的过程变更管理计划；针对配置项的变更控制过程的配置管理计划；描述如何分析、记录和管理项目需求的需求管理计划。

(3) 需求文件。需求文件具体阐述在 7.3.1 节中。需求应该明确(可测量且可测试)、可跟踪、完整、一致且得到主要项目利益相关者的认可。记录完好的需求文件便于发现任何对于批准的项目或产品范围的偏离。

7.6.2 项目范围控制的方法

项目范围控制可以采用多种方法，主要方法有如下几个。

(1) 范围变化控制系统。建设和使用项目范围控制系统是开展项目范围控制的主要方法之一。项目范围控制系统主要包括项目范围变更控制的基本程序和方法、项目范围控制的责任划分和授权、项目范围变更的文档化管理、项目范围变更的跟踪监督、项目范围变更请求的审批等。当项目按照合同执行时，范围变化控制体系必须按所有相关的合同规定执行。

(2) 绩效测量。绩效测量技术能帮助人们评估所发生的任何重大变化。利用项目绩效测量结果，可评估偏离项目范围基准的程度。项目范围控制应关注确定偏离项目范围基准的原因和程度，并决定是否需要采取纠正和预防措施。

(3) 附加规划。很少有项目能按合同的要求精确地运转。预期的范围变化需要依据附加规划对 WBS 进行修改或对其他的任选方法进行分析。

7.6.3 项目范围控制的成果

项目范围控制的成果包括以下几个。

(1) 项目范围控制文件。范围变化是对已被认可的 WBS 所确认的项目范围的任何修改。范围变化经常要求对成本、时间、质量和其他项目目标进行判定。通过规划程序反馈的范围变化情况，这些信息需要根据需要进行更新并记录下来，并适当地通知相关项目利益相关者。

(2) 项目范围实施结果。按照项目范围变更方案进行的项目变更结果是项目变更总体控制的结果，它需要满足项目范围控制和项目变更总体控制的要求。

(3) 经验总结。我们应该把各种变化的原因、纠正行为选择的背后理由，以及从范围变化控制中得出的其他形式的经验教训，当作文件记录下来，目的是把这些资料变成历史记录的一部分，为项目执行组织执行这个项目和其他项目提供参考。

本 章 小 结

本章首先对项目的范围管理做了总括的阐述，主要有项目范围管理的定义、项目范围管理的作用和项目范围管理的过程等。然后，分别就项目范围管理的五个过程，即启动、范围计划、范围定义、范围确认和范围变更控制展开了讨论，比较详尽地介绍了各个过程的依据、可采用的工具和方法以及各自的结果。

综 合 练 习

一、判断题

1. 项目只能在进行了一系列正规的可行性研究之后才可以启动。　　　　　　（　　）
2. 项目执行时只要出现偏差就要采取纠偏措施。　　　　　　　　　　　　（　　）
3. 项目范围的变化一般不会影响项目的成本、进度、质量或其他项目目标。（　　）
4. 在项目范围定义过程中，要对项目的工作任务进行分解。　　　　　　　（　　）
5. 项目范围确认可以针对一个项目整体的范围进行确认，也可以针对某一个项目阶段的范围进行确认。　　　　　　　　　　　　　　　　　　　　　　　　　　　　（　　）
6. 项目范围说明书是项目范围定义的工作结果。　　　　　　　　　　　　（　　）
7. 项目章程是由项目经理签发的。　　　　　　　　　　　　　　　　　　（　　）

二、单选题

1. 下列有关项目范围的表述正确的是(　　)。
   A. 确定项目施工地点的范围　　　　B. 确定项目利益相关者和施工地点的范围
   C. 确定项目要做什么工作　　　　　D. 确定项目产品的范围
2. 项目范围定义时，时常使用的工具是(　　)。
   A. 工作分解结构　　　　　　　　　B. 需求分析
   C. 可行性研究　　　　　　　　　　D. 网络图
3. 项目范围变更申请可以是(　　)。
   A. 口头的或书面的　　　　　　　　B. 直接的或间接的
   C. 由外部或内部引发的　　　　　　D. 以上各项皆是
4. 项目范围确认关心的是(　　)。

A. 改善项目成本和进度的精确性

B. 检查项目交给客户前的最后活动

C. 记录项目产品或服务的特征

D. 接受而不是纠正项目范围定义的工作结果

5. 一个项目的目标变更已经完成，现在项目经理正在更新项目技术文件，下一步需要做的工作是(　　)。

A. 通知相关的项目利益相关者

B. 通知公司的管理系统

C. 从该项目的发起人和客户那里得到正式的认可

D. 准备一份业绩报告

三、多选题

1. 项目范围定义对于(　　)活动是十分必要的。

　A. 项目完工时的评价　　　　B. 改善成本进度及资源估计的准确性

　C. 评价项目的执行情况　　　D. 明确责任分派

2. 下列关于项目范围计划的表述中错误的是(　　)。

　A. 项目范围计划提供了范围变更控制的基准

　B. 项目范围计划可以提醒项目团队将来可能发生的问题

　C. 项目范围计划提供了项目绩效方面的信息

　D. 项目范围计划一旦确定，就不能更改

3. 下列选项中属于范围变更控制的工具和方法的是(　　)。

　A. 项目范围变更控制系统　　B. 核检表

　C. 绩效测量　　　　　　　　D. 范围计划调整

4. 项目范围变更的原因有(　　)。

　A. 项目范围计划出现了遗漏　B. 项目团队提出了新的技术

　C. 项目外部环境发生了变化　D. 客户需求发生了变化

5. 项目范围说明书的内容包括(　　)。

　A. 项目的合理性说明　　　　B. 项目范围的稳定性

　C. 项目目标的实现程度　　　D. 项目成果的定量标准

四、简答题

1. 项目范围管理的作用有哪些？
2. 简述项目范围管理的过程。
3. 项目范围变更控制的结果有哪些？

五、案例分析

如何面对客户需求的变更？

A 信息技术有限公司是某市一家大型股份制软件企业，公司研发人员达到 200 人，主要从事电子政务应用系统和金融信息系统等方面的研发。A 公司具有较强的政府背景，公司副总经理兼技术总监张工原为该市政府信息中心总工程师，3 年前创立了 A 公司。目前 A 公司正在进行该市某政府机关的办公自动化系统研发，系统主要由公文管理、档案管理、公共信息、会议管理、领导办公、电子邮件、个人办公、业务管理、事务预警系统管理等子系统组成。由于 A 公司具有较好的技术和产品积累，整个系统于 3 个月前按进度计划开发完成，所用工期 5 个月，目前系统处于试运营阶段，运行情况良好。但是项目一直没有结项，并在实施过程中出现以下问题。

(1) 频繁的需求变更。由于客户属于政府机关单位，客户不断提出一些变更需求，项目组就要处理这些变更需求。

(2) 客户的工作效率低、节奏慢，很小的内部分歧也需要开会讨论。在项目实施过程中，严重单方面拖延实施进度，使项目不能按计划结项，造成项目延期。

(3) 客户同 A 公司关系特别密切，不能完全按照合同进展，对合同规定的阶段验收不予回应，这些问题需要公司老总出面才能协调，项目经理控制协调明显乏力。

问题：

1. 分析导致项目产生上述问题的原因是什么？对于电子政务建设组织管理的关键是什么？

2. 如何有效控制电子政务项目的需求变更？并对 A 公司项目经理提出解决问题的建议。

技 能 训 练

实训背景：

假设你决定开设一家餐厅或其他你准备实施或熟悉的项目，请使用 WBS 原理将项目工作进行分解，并用层次结构图或行首缩进的表格表示。

实训步骤：

可以按照项目产品组成部分进行分解或按照实施过程分解，以项目目标体系为主导，以项目技术系统范围和项目的总任务为依据，由上而下、由粗到细地逐级分解项目工作，直到项目工作充分得到定义。可将项目大致进行如下分解。

第一层：项目名称，即完成项目所包含工作的总和(项目群)。
第二层：项目阶段，是项目的主要可交付成果或重要里程碑(项目)。
第三层：是可交付的子成果(任务)。
第四层：为完成子成果而必须开展的各项工作(活动)。

第 8 章 项目时间管理

项目进展迅速,直到完成 90%为止,由此便停滞不前。

——项目管理谚语

学习目标:

知识目标	技能目标
了解项目进度管理的过程	掌握项目时间管理的所有过程的内容
了解项目各个过程的依据、工具和方法	掌握节点法、箭线图、甘特图、关键路径法、计划评审技术等

项目时间管理是项目管理的重要组成部分之一,它与项目成本管理、项目质量管理并称为项目管理的"三大管理"。项目需要在一定的时间和预算内完成一定的工作范围,并使客户满意,因此项目的重要特征之一是具有具体的时间期限。然而,在各种项目工序进行中可得到的资源数量和质量是有限的,在同一时间里,某些项目任务可能需要同一种资源,但项目往往不可能同时得到资源来满足所有的需要,这些任务对同一种资源的需求具有竞争性。如果得不到充分的资源,某些任务就不得不重新计划,并要等到它们所需要的资源能够得到时才能进行;如果增加资源以保证项目任务按时完成,项目成本又会超出预算。由此可见,资源对项目具有约束性,这就是资源约束——项目进度、成本及资源三者之间在一定范围内客观存在的一定的约束关系:项目必须使用尽可能少的资源,在规定的时间内完成,达到预计的成本控制指标。同时,项目管理的环境极其复杂,总是受大量的会议、书面报告、冲突解决、持续的计划再计划、客户沟通以及危机管理等影响。在规定的时间、成本和质量要求内进行项目管理,是相当困难的。

制订有效的计划,并按各项活动的时间和阶段完成各项活动成果是项目管理的一项核心技术。阶段划分和项目时间管理要求对各个步骤进行排序,以确保按时完成项目。阶段划分则更注重于项目在战略上的进度的把握和不同行动之间的相互重叠。时间安排包括了对于行动的定义,行动的先后顺序的确定,行为持续时间的估计,进度的发展和进度控制。本章全面讨论项目时间管理的内容、理论和方法,重点阐述项目活动分解、项目活动排序、项目活动工期估算等项目时间管理的具体内容。

8.1 概 述

项目时间管理(Project Time Management,PTM)又称为项目进度管理或项目工期管理,是指在项目的进程中,为了确保项目能够在规定的时间内实现项目的目标,对项目活动进度及日程安排所进行的管理过程。在整个项目生命周期中,时间问题是造成项目冲突的主要因素,如表 8-1 所示。因此时间对项目的成败起着非常关键的作用。 项目生命周期中,

第 8 章 项目时间管理

除了概念阶段,在计划、实施和收尾阶段,时间问题都是冲突的最主要来源,并且越到项目后期,时间冲突越严重,因此时间管理在项目的实施和收尾阶段显得尤其重要。

表 8-1 项目不同阶段中冲突的来源

	概念阶段	计划阶段	实施阶段	收尾阶段
时间	0.23	0.3	0.37	0.3
优先级	0.27	0.35	0.24	0.15
人力	0.21	0.24	0.25	0.16
技术观点	0.18	0.26	0.32	0.12
程序	0.26	0.27	0.15	0.08
成本	0.2	0.13	0.15	0.13
个人冲突	0.15	0.19	0.15	0.16

资料来源:Thamhain HJ,Wilemon,DL,项目生命周期内的冲突管理[J]. Sloan 管理评论,1975。

项目时间管理是采用一定的方法对项目范围所包括的活动及其之间的相互关系进行分析,对各项活动所需要的时间进行估计,并在项目的时间期限内合理地安排和控制活动的开始和结束时间,制订合理的进度计划。项目时间计划的执行过程中,检查实际进度是否与进度计划相一致,若出现偏差,要及时查找原因,采取必要的措施。如有必要,还要调整原进度计划,从而保证项目按时完成。

项目时间管理主要通过以下步骤来实现。

(1) 根据项目章程制定详细的范围说明书和 WBS,然后对 WBS 中的活动进行完整的定义,从而对 WBS 达成共识。

(2) 分析 WBS 中活动的依赖关系,以此形成网络图。

(3) 对 WBS 中的活动进行历时估计,成为制订项目进度计划的基础。

(4) 利用 CPM、PERT 等技术确定 WBS 中的活动开始与结束时间,编制项目进度计划。

(5) 按照进度计划对项目中的实际进展情况进行实时控制。

这五个步骤对应项目时间管理的五个过程:活动定义、活动排序、活动时间估计、制订进度计划、进度计划控制。具体来说,项目时间管理的过程如图 8-1 所示,这五个过程都是为了保证项目能够按时完成。

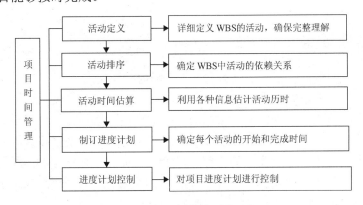

图 8-1 项目时间管理的过程

项目时间管理的五个主要过程既相互影响又相互关联，使得它们在实际的项目管理中表现出相互交叉和重叠的关系，很难截然分开。在某些项目，特别是一些小型项目中，项目的一些管理过程甚至可以合并在一起视为一个阶段。例如，一些小型项目中的活动排序、活动持续时间估算和进度计划编制之间的关系极为密切，可以由一个人在较短时间内完成，因此可以视为一个过程。

项目时间管理的各个过程及有关的工具与技术，因应用领域而异，在确定之后通常都属于项目生命周期的一部分，并记载于进度管理计划之内。进度管理计划则属于项目管理计划的一部分。进度管理计划可以是正式的，也可以是非正式的，可以相当概括，也可以非常详细，具体因项目的需要而确定。

8.2 项目活动定义

项目活动定义是确定完成项目可交付成果必须进行的具体活动的过程。为了确定完成项目的目标，项目工作结构(WBS)分解为更小、更易管理的工作包。项目工作包是工作分解结构(WBS)中底层的可交付成果。活动是未完成工作包而必须开展的工作，是项目工作包进一步细分的组成部分。活动为开展项目估算、编制项目进度计划以及执行和控制项目的奠定基础。项目活动定义的具体过程如图8-2所示。

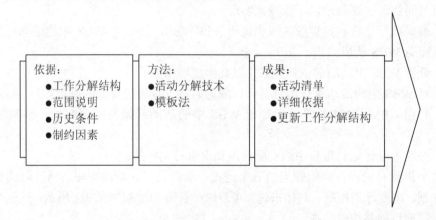

图8-2 项目活动定义

8.2.1 项目活动定义的依据

项目活动定义的依据主要包括以下几个方面的内容。

1) 项目工作分解结构

项目工作分解结构是活动定义所依据的最基本和最主要的信息。项目工作分解结构是项目团队在项目实施期间要完成的工作或要展开活动的一种层次性树状的项目活动描述。项目工作分解结构对项目需要完成的全部工作给予清晰的、整体性的描述。在项目工作分解结构的基础上，通过运用项目活动分解方法，可以把一些活动分解成更小、更容易控制的小活动，以便对它们进行更好的管理控制。

在项目活动界定中所依据的项目工作分解结构的详细程度和分解层次的多少取决于两个主要的因素，其一是分配给每个项目小组或个人的工作责任与他们的承接能力；其二是项目的管理与预算控制水平。一般情况下，项目组织划分较细，管理和预算控制水平较高，工作分解结构就可以详细一些；反之，就要粗略些，层次少些。因此，在项目活动界定的工作中必须考虑该项目的工作分解结构的详细程度。

2) 项目范围界定

项目范围说明是活动定义的基本依据之一。在活动定义期间，必须明确考虑项目范围说明中列入的项目合理性说明和项目目标说明。

3) 历史信息

历史信息既包括本项目前期工作的实际执行情况，也包括项目组织过去展开类似项目的各种历史信息。例如，在类似项目活动中究竟曾经开展过哪些工作，这些工作的内容与顺序，以及这些工作的经验和教训等，都属于项目的历史信息。这些资料对项目的后期进展以及今后的项目提供了参考价值。

4) 制约因素

项目制约因素是指项目所面临的各种限制条件。任何一个项目都会有各种各样，或多或少的制约因素。这些因素会影响项目活动的开展，因此这些制约因素是项目活动定义时必须考虑的关键因素。一个小区的开发项目会受到技术人员、资金、时间、土地资源等因素的限制，这些条件都是定义项目活动时必须考虑的重要因素。

8.2.2 项目活动定义的方法

项目活动定义的一个主要成果是项目活动清单。对一些小型项目来说，得到一份完整的项目活动清单可能相对要容易些，一般通过项目团队成员采用"头脑风暴法"进行集思广益就可以生成项目活动清单。但对于更大型的、更复杂的项目，可能难以获得符合要求的项目活动清单，这种情况下需要采用如下的活动定义的工具。

1) 分解技术

项目分解技术是为了项目更易管理，以项目工作分解结构为基础，按照一定的层次结构把项目工作逐渐分解为更小的、更易操作的工作单元，直到将项目工作分解到具体活动为止的一种结构化的、层次化的活动分解技术。项目活动清单是项目活动分解的结果，为项目进度管理提供了依据。需要注意的是，项目活动分解技术最终得到的是项目活动定义，而不是对项目产出物进行描述。

2) 模型法

模型法是使用已经完成的类似项目的活动清单或部分活动清单作为一个新项目活动定义的模板，并根据新项目的实际情况，进行适当的调整，制定出新项目的活动清单的一种方法。模型法的优点是快捷、方便，但在使用时一定要注意具体情况具体分析，因为不会存在完全相同的两个项目。

3) 专家判断

在制定详细项目范围说明书、工作分解结构和项目时间计划方面具有经验和技能的项目团队成员或其他专家，可以为定义活动提供专业知识。基于历史信息，专家判断可以对项目环境及以往类似项目的信息提供有价值的见解，还可以对是否需要联合使用多种方法，以及如何协调方法之间的差异提出建议。

8.2.3 项目活动定义的成果

项目活动定义作为项目时间管理的第一个过程，往往要输出下列结果。

1) 活动清单

活动清单不是活动定义的最主要的输出结果。活动清单包括项目所需进行的所有活动，但不能包括任何不属于本项目的活动。活动清单应详细阐述每个活动的工作范围，使项目成员知道需要完成什么工作。同时，活动清单中应详细阐述活动里程碑。里程碑是项目中的重要时点或事件。里程碑清单列出了所有项目里程碑，并指明每个里程碑是强制性的(如合同要求的)还是选择性的(如根据历史信息确定的)。里程碑与常规的进度活动类似，有相同的结构和属性，但是里程碑的持续时间为零，因为里程碑代表的是一个时间点。

活动清单与工作分解结构的关系表现为活动清单是对工作分解结构的细化和扩展，活动清单列出的是比工作分解结构更为详细的、具体的项目活动，工作分解结构可以作为活动清单开发的基础。

2) 更新的工作分解结构

在利用工作分解结构识别项目需要进行的活动时，项目管理人员可能会发现原有工作分解结构有遗漏、错误或不必要的地方，这时需要对原有工作分解结构进行修订和更新，因此更新的工作分解结构是活动定义的一个可能的成果。这里需要注意的是，工作分解结构更新后还必须同时更新与之相关的项目管理文件，如项目的成本估计文件等。

3) 辅助性说明

项目活动定义也会产生一些辅助性的详细资料，它将与具体活动相关的假设和约束条件形成相应的文件；在转移到项目进度管理的下一个过程以前，项目团队应该与项目利益相关者共同审查修订依据资料。

8.3 项目活动排序

项目活动定义以活动清单的形式给出了完成项目所必须进行的各项活动，这些活动在实际的执行中必须按一定顺序进行，其中一个原因是一些活动的执行必须在某些活动完成后才能进行，因此接下来需要进行项目活动排序的工作。

项目活动排序就是对活动清单中各项活动的相互关系进行识别，并据此对各项活动的先后顺序进行安排和确定。由此可见，活动排序首先必须识别出各项活动之间的先后依赖关系，这种先后依赖关系有的是活动之间本身存在的、无法改变的逻辑关系，有的则是根据需要人为确定的。一般来说，活动排序对活动之间依赖关系的确定，首先应分析确定工作之间本身存在的逻辑关系，在逻辑关系的基础上再确定各活动之间的人为关系，以便在既定的所有项目制约因素下获得最高的效率。项目活动排序可利用计算机软件或手工进行排序。对于小型项目手工排序很方便，对大型项目手工编制和计算机排序应结合使用。

8.3.1 项目活动排序的依据

项目活动主要依据以下几点进行排序。

1) 活动清单

活动清单列出了项目所需的、待排序的全部进度活动。这些活动的依赖关系和其他制约因素会对活动排序产生影响。

2) 项目范围说明书

在活动排序时要考虑项目范围说明书中记载的将要创造的产品或服务的特性。产品的特性会直接影响项目活动的顺序,通过对项目产品特性的分析可以帮助确定项目活动的顺序,因此在活动排序时应输入项目范围说明书。

3) 项目活动之间的关系

安排活动顺序时,要明确各活动之间的逻辑关系。逻辑关系有三种:必然的依存关系、选择性关系和外部依赖关系。具体说明如表 8-2 所示。

表 8-2 确定依赖关系的原则

确定依赖关系原则	具体说明	其他说明
必然的依存关系	必然的依存关系是活动相互关系确定的基础。它是活动之间所存在的内在关系,通常是不可调整的,所以必然的依存关系的确定相对比较明确。通常技术和管理人员的交流就可确定必然的依存关系,如建造一座大楼,需要先打好地基,然后才能进行上部结构的施工	也称为硬逻辑关系
选择性关系	选择性依存关系有时又称为首选逻辑关系。基于具体应用领域的最佳实践来建立选择性依存关系,或者基于项目的某些特殊性质而采用某种依存关系,即便还有其他依存关系可用。应该对选择性依存关系进行全面记录,因为它们会影响总浮动时间,并限制后续的进度安排。如果打算进行快速跟进,则应当审查相应的选择性依存关系,并考虑是否需要调整或去除。在排列活动顺序过程中,项目团队应明确哪些依存关系属于选择性依存关系	也称为优先逻辑关系或软逻辑关系
外部依赖关系	外部依赖关系是指项目活动与非项目活动之间的依赖关系,是需要来自项目队伍之外其他地方的输入。例如,对建设项目而言,在现场准备工作开始之前,可能需要召开环境影响听证会	

8.3.2 项目活动排序的方法

项目活动排序的方法有如下几种。

1. 顺序图法

顺序图法是创建进度模型的一种技术，用节点表示活动，用一种或多种逻辑关系连接活动，以显示活动的实施顺序。这种技术又称活动节点表示法，是大多数项目管理软件使用的方法。根据表 8-2 所列逻辑关系，可以把活动清单中的各项活动之间的关系分为四种类型：完成—开始，开始—开始，完成—完成，开始—完成。四种活动关系类型的说明如下：

(1) 完成对开始：后继活动的开始要等到先行活动的完成。
(2) 完成对完成：后继活动的完成要等到先行活动的完成。
(3) 开始对开始：后继活动的开始要等到先行活动的开始。
(4) 开始对完成：后继活动的完成要等到先行活动的开始。

这四种逻辑关系如图 8-3 所示。

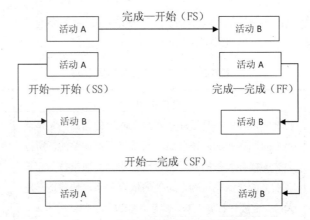

图 8-3　顺序图法的活动关系类型

在顺序图中，完成—开始型最常用，开始—开始型和完成—完成型是运用较多的，开始—完成型是理论上的，比较少见。

现举例说明顺序图法的画法，某项目的活动如表 8-3 所示。

表 8-3　某项目的活动关系表

活动名称	紧前活动	紧后活动
A	—	B，E
B	A	C
C	B	D
D	C	F
E	A	F
F	D，E	—

根据表 8-3 的资料，用顺序图表示出活动之间的关系，如图 8-4 所示。

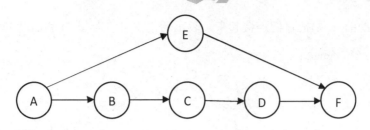

图 8-4 某项目的节点图

在绘制节点图时,必须正确表达已确定的逻辑关系,如表 8-4 所示。

表 8-4 网络图绘制规则

	图示	属性
流向性质		从左向右: A 之前没有活动,B 发生在 A 之后,C 发生在 B 之后
约束性质		A,B,C 可以同时开始 A,B,C 都必须在 D 开始之前完成
编号法则		箭尾节点编号＞箭头节点编号,j>i
循环属性		循环属性:否定 网络图不允许出现循环 左图犯了循环的错误
首尾原则		如果 A,B,C 三项活动同时开始,那么在单代号网络图中可以虚拟一个虚活动 K;在双代号网络图中,可以将 A,B,C 用一个节点连接,出现多个结束活动时亦然

2. 箭线图法

箭线图法又称为双代号网络图法,它用箭线来代表活动,用节点表示活动之间的关系。这种方法虽然没有节点法应用广泛,但在某些领域也是一种可供选择的方法。仍以上例来说明箭线图法的画法,如图 8-5 所示。

在箭线图中,活动是由两个节点中间的箭线来表示的,所以项目的活动可以用两个节点的数字来表示,如活动 B 可以表示为活动(2,3),活动 C 可以表示为活动(3,4)。出于活动 D 和活动 E 分别完成于节点 6 和节点 5,所以用一个虚活动(表示不存在的活动,有助于表示其他活动的关系)把它们连接起来,表示活动 F 要在活动 D 和活动 E 完成之后才能进行。

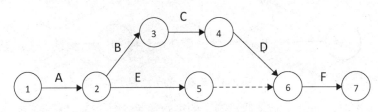

图 8-5　某项目的箭线图

3. 网络样板法

在编制项目计划活动网络时,可以利用标准化的项目进度网络图来减少工作量并加快工作速度。这些标准网络图可以包括整个项目或其中的一部分。项目进度网络图的一部分往往称为子网络。当项目包括若干相同或者几乎相同的可交付成果时(如高层办公楼的楼层、药品研制项目的临床试验、软件项目的程序模块或者开发项目的启动阶段),子网络就非常适用了。

一般来说,绘制项目进度网络图需要以下四个基本的步骤。

(1) 依据工作分解结构列出项目的活动清单,也就是活动定义所要完成的任务。

(2) 界定各项活动之间的逻辑关系,即每项活动首先必须明确以下问题。

① 哪些活动需要安排在此项活动之前?或者说,在进行此项活动之前,其他哪些活动必须要完成?

② 哪些活动需要安排在此项活动之后?或者说,在此项活动结束之前哪些活动必须要完成?

③ 哪些活动可以和此项活动同时进行?或者说,哪些活动可以和此项活动在同一段时间内进行?

(3) 绘制出一张完整的、可行的项目网络图。

(4) 检查项目进度网络图的逻辑结构。为了得到最佳的项目网络图,需要对所绘制的项目进度网络图的逻辑结构进行检查。此时,通常需要对每一项活动及活动之间的关系进行审查,以便保证所有的活动都是必要的,所有活动之间的关系都是恰当的。另外,在这一步骤中,应注意把项目网络图和工作分解结构对照起来,这样可能会发现还存在着一些不必要的项目活动。

8.3.3　项目活动排序的成果

项目活动排序的成果有以下两个。

1) 项目进度网络图

项目进度网络图是表示项目进度活动之间的逻辑关系(也叫依赖关系)的图形。项目进度网络图可手工或借助项目管理软件来绘制。进度网络图可包括项目的全部细节,也可只列出一项或多项概括性活动。项目进度网络图应附有简要文字描述,说明活动排序所使用的基本方法。在文字描述中,还应该对任何异常的活动序列做详细说明。

2) 更新后的项目活动清单

在编制项目进度网络图的过程中，可能会发现需要进行再分解或更新定义的一些活动，这就要求及时对项目活动清单进行更新。

8.4 项目活动时间估算

项目活动时间估算是根据项目资源的情况，估算完成项目各项活动所需工作时间的过程。本过程的主要作用是，确定完成每个活动所需花费的时间量，为制订进度计划过程提供主要依据。

项目活动时间随着时间的推移和经验的增多不断对估算进行更新，因为在项目进展中可以获得更多的经验和认识，从而能够给出比事前更准确的估计。估算更新后，需要对剩余的活动进行重新安排。但无论采用何种估算方法，活动实际的持续时间和事前估算的时间总是会有所不同，主要包括如下影响因素。

(1) 参与人员的熟练程度。一般估算是以典型人员的熟练程度为基础进行的，而项目实际的参与人员的熟练程度可能高于也可能低于平均水平，这就使得活动实际的持续时间可能比估算的时间短或长。

(2) 不确定性因素。项目在实际执行过程中总会遇到意料不到的突发事件，如战争与地震、项目成员生病等。在估算针对所有可能突发事件进行考虑时，不确定性因素对活动的实际持续时间可能产生影响。

(3) 工作效率。在活动持续时间估算中，总是假设人员的工作效率保持不变。其实在实际工作中，由于主观或客观的原因，人员的工作效率很难保持稳定。

(4) 误解和失误。不管计划如何详尽，总是无法避免实施过程中的误解和失误，而出现错误时需要纠正，从而导致活动所需时间与估算的不尽相同。

8.4.1 项目活动时间估算的依据

项目活动时间估算所使用的主要依据包括以下几个方面。

(1) 活动清单。在活动定义中得到可交付成果，列出项目所需开展的全部活动，是对工作分解结构的细化和扩展。

(2) 资源要求。项目活动的时间取决于资源的数量和质量。大多数项目活动的时间将受到分配给该工作的资源数量的影响，如当人力资源减少一半时，工作的延续时间一般来说将会增加一倍。另外，大多数项目活动的时间也受到项目所能够得到的资源质量的影响，如对于同一个活动，高级工人花费的时间肯定比普通工人花费的时间少。

(3) 项目范围说明书。项目范围说明书给出了项目产出物和工作的范围。在估算活动持续时间时，需要考虑项目范围说明书中所列的假设条件和制约因素。项目集成要求对项目范围、时间、成本、质量和风险等方面进行综合考虑，因此项目范围说明书是项目活动时间估算的重要依据之一。

(4) 历史信息。许多类似项目的历史信息对于当前项目的活动持续时间估算是很有帮助的。

8.4.2 项目活动时间估算的方法

由于影响活动时间的因素有很多种,所以要对活动时间进行精确估算是不容易的。对于比较熟悉的业务可以进行相对准确的估计,而在缺乏经验的时候估算会带有相当的不确定性。在项目的进展中,可以获得更多的经验和认识,从而给出比事前更准确的估算,相应就需要进行重新计划,重新安排剩余的工作。进行时间估算的方法主要有以下几种。

1) 专家评估法

专家评估法是由项目时间管理专家运用其经验和专业特长对项目活动持续时间进行估计和评价的方法。由于活动持续时间估算涉及众多因素,通常是相当困难的,很难找到一个通用的计算方法,这种情况下专家评估将是行之有效的方法。只要有可能,应当由专家根据历史信息进行评估,如果找不到这样的专家,那么活动持续时间的估算必然是不确定的和高风险的,当然专家评估主要依赖于历史的经验和信息,其估算结果也具有一定的不确定性和风险。

2) 类比估算法

类比估算法也叫作详细估算法或自上而下估算法,是依据以前的类似项目的活动持续时间来推测估计当前项目各项活动持续时间的方法。当项目活动持续时间方面的信息有限时,例如在项目的初期阶段,这是一种最为常用的方法。当前项目和类比项目表现在本质上,而不是表面上相似以及估算人员掌握了必要的专门技术的条件下,类比估算法将非常可靠。

3) 模拟法

模拟法是以一定的假设条件为前提对活动持续时间进行估算的方法,这种方法也可用来对整个项目的工期进行估算。常见的模拟法有蒙特卡罗模拟法、三点估计法等,其中三点估计法相对比较简单。

三点估计法首先需确定项目各个活动所需要的时间分布,进而利用各个活动时间分布的结果确定各个活动可能的时间分布。项目各种活动的三种可能时间分别是最乐观时间(T_a)、最悲观时间(T_b)、正常时间(T_m),具体如下:

(1) 最可能持续时间——是在为计划活动分派的资源、资源生产率、可供该计划活动使用的现实可能性、对其他参与者的依赖性以及可能的中断都已给定时,就是该计划活动的持续时间。

(2) 乐观持续时间——当估算最可能持续时间依据的条件形成最有利的组合时,估算出来的持续时间就是活动的乐观持续时间。

(3) 悲观持续时间——当估算最可能持续时间依据的条件形成最不利的组合时,估算出来的持续时间就是活动的悲观持续时间。

假设这三个时间服从 β 分布,运用概率的方法可以得出各项活动时间的平均值 T,其计算公式如下:

$$T = \frac{T_a + 4T_m + T_b}{6} \tag{8-1}$$

【例 8-1】 某一简单项目由三个活动 A、B、C 组成,其项目网络结构图如图 8-6 所示。

活动 A、B、C 在正常情况下的工作时间分别 20 天、18 天、24 天，在最有利的情况下工作时间分别为 15 天、16 天、20 天，在最不利的情况下其工作时间分别为 28 天、30 天、36 天，那么该项目各活动和整个项目最可能完成时间是多少？

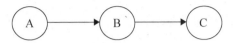

图 8-6　项目网络结构图

解：根据公式(8-1)可知：
活动 A 最可能完成时间 T =(15+4×20+28) /6=20.5 天
活动 B 最可能完成时间 T =(16+4×18+30) /6=19.7 天
活动 C 最可能完成时间 T =(20+4×24+36) /6=25.3 天
所以，整个项目最可能完成时间为 20.5 天+19.7 天+25.3 天=65.5 天

8.4.3　项目活动时间估算的成果

项目活动时间估算的结果包括以下几个方面的内容。
1) 估算出的项目活动时间
项目活动时间的估算，是对完成某一活动所需的工作时间进行定量的估计，并且还要用一定的指标表示出项目活动时间的变动范围。
2) 估算依据的文档
项目活动时间估算的依据必须以文档的形式保留下来。
3) 更新活动清单
项目团队在估算时间后，可能会发现项目活动定义存在一些错误，就需要对项目活动清单进行更新。

8.5　项目进度计划制订

项目进度计划制订是分析活动顺序、持续时间、资源需求和进度制约因素，根据项目的活动定义、活动排序及活动持续时间估算的结果和所需要的资源进行的进度计划编制的工作。其主要任务是确定各项目活动的起始和完成日期、具体的实施方案和措施。项目的主要特点之一就是有严格的时间期限要求，制订项目进度计划的目的是控制项目的时间，从而节约时间，因此进度计划在项目管理中具有重要的作用。制订进度计划时，项目主管要组织有关职能部门参加，明确对各部门的要求。各职能部门据此可拟定本部门的进度计划。

项目进度计划制定的主要作用是，把进度活动、持续时间、资源、资源可用性和逻辑关系带入进度规划工具，从而形成包含各个项目活动的计划日期的进度模型。目前，项目进度计划多采用网络计划技术的形式，这有助于明确反映项目各活动之间的相互关系，有利于项目执行过程中各工作之间的协调与控制。项目进度计划在定稿前，其编制过程必须反复进行，为进度计划编制提供输入的过程也需要随之反复进行，尤其是活动持续时间估算和成本估算的过程。

8.5.1 项目进度计划制订的依据

项目进度计划制订的依据主要有以下几项。

1) 项目网络图

项目网络图确定了项目活动的顺序以及这些活动相互之间的逻辑关系和依赖关系，项目进度计划的制订主要就是按照项目网络图来确定项目活动之间的关系，项目进度制定需按照项目网络图确定项目活动之间的关系。

2) 活动持续时间的估算

项目持续时间的估算是通过上一节介绍的估算方法和估算程序得到的。

3) 项目范围说明书

项目范围说明书中包含了影响项目进度计划制订的假设条件和制约因素。

4) 资源要求

资源要求是指项目活动对资源数量和质量方面的要求，这会对项目进度产生影响。具体来说，就是各项活动在何时需要何种资源以及当项目的几项活动共用一种资源时，如何进行合理的资源平衡，从而确定各项活动的进度。

5) 日历

项目和资源的日历标明了可以工作的时间，明确项目和资源的日历对于进度计划的制订是十分必要的。项目日历直接影响所有的资源，如一些项目仅在正常工作时间进行，而另一些项目采用三班倒的方式进行。资源日历影响某一具体资源或一类资源，如某一项目团队成员可能在休假或参加培训。

8.5.2 项目进度计划制订的方法

在制订项目进度计划时，先用数学分析方法计算出每个活动最早开始时间和结束时间、最迟开始时间和结束时间，得出项目进度网络图，再根据资源因素、活动时间等方面来调整活动的进度，最终形成最佳活动进度计划。

项目进度计划要说明哪些工作必须干、何时完成和完成每一任务所需要的时间，但最好同时也能表示每项活动所需要的人数，常用的制订进度计划的方法有甘特图、关键路径法、PERT 分析、GERT 分析等，下面对这几种方法展开详细讨论。

1. 甘特图

甘特图又称为横道图、条形图。它通过日历形式列出项目活动工期及其相应的开始和结束日期，为反映项目进度信息提供了一种标准格式。

在甘特图中，项目活动在表的左侧列出，时间在表的顶部列出，可以依据计划的详细程度，以年、月、周、天或小时作为度量项目进度的时间单位。下面以表 8-3 所表示的活动关系为例，画出该项目活动的甘特图，如图 8-7 所示，来说明甘特图的作用。

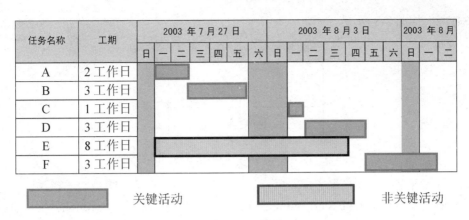

图 8-7　某项目的甘特图

甘特图可以明显地表示出各活动所持续的时间，横道线显示了每项活动的开始时间和结束时间，横道线的长短代表了活动持续时间的长短。甘特图的优点是简单、明了、直观，易于编制，但是，甘特图不能系统地把项目各项活动之间的复杂关系表示出来，难以进行定量的分析和计算，同时也没有指出影响项目进度的关键所在。因此，甘特图一般适用于比较简单的小型项目，对于复杂的项目来说，甘特图就显得难以应对。

2．关键路径法

关键路径法(Critical Path Method，CPM)是利用进度模型时使用的一种进度网络分析技术。关键路径法沿着项目进度网络路线进行正向和反向分析，从而在不考虑任何资源限制的情况下，计算出所有计划活动理论上的最早开始时间和完成时间、最迟开始时间和完成时间。由此计算而得到的最早开始时间和完成时间、最迟开始时间和完成时间不一定是项目的进度计划，它们只不过指明了计划活动在给定的活动持续时间、逻辑关系、时间提前量和滞后量以及其他已知制约条件下应当安排的时间段的长短。

下面一些基本概念是比较重要的。

(1) 最早开始时间和最早完成时间。

① 最早开始时间(Early Start Date，ES)：根据进度网络逻辑、数据日期以及任何进度方面的制约因素，某计划活动尚未完成部分可能开始的最早时间点。

② 最早完成时间(Early Finish Date，EF)：根据进度网络逻辑、数据日期以及任何进度方面的制约因素，某计划活动尚未完成部分可能完成的最早时间点。

计算网络图中各项活动的最早开始时间或最早完成时间的具体原则如下：

① 对于一开始就进行的活动，其最早开始时间为零。

② 某项活动的最早开始时间必须等于或晚于直接指向这项活动的所有活动的最早完成时间中的最晚时间。

③ 计算每项活动的最早开始时间和最早完成时间时，以项目预计开始时间为参照点进行正向推算。对于中间的活动，其活动的最早开始时间就是其前置活动的最早完成时间中的最晚时间。

根据项目的最早开始时间来确定项目的最早完成时间。最早完成时间可在这项活动最早开始时间的基础上加上这项活动的工期估计进行计算，活动工期为 DU(Duration)，即

EF=ES+DU,如图 8-8 所示。

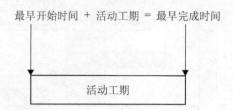

图 8-8 最早开始时间、最早完成时间的关系图

(2) 最迟开始时间和最迟完成时间。

① 最迟开始时间(Late Start Date,LS):根据进度网络逻辑、项目完成日期以及任何施加于计划活动的制约因素,在不违反进度制约因素或延误项目完成日期的条件下允许计划活动最迟开始的时间点。

② 最迟完成时间(Late Finish Date,LF):根据进度网络逻辑、项目完成日期以及任何施加于计划活动的制约因素,在不违反进度制约因素或延误项目完成日期的条件下允许计划活动最迟完成的时间点。

计算网络图中各项活动的最迟开始时间和最迟完成时间的具体原则如下。

① 对于最后完成的活动,其最迟完成时间就是项目规定的完工期。

② 某项活动的最迟完成时间必须等于或早于该活动直接指向的所有活动最迟开始时间的最早时间。

③ 计算每项活动的最迟开始时间和最迟完成时间时,以项目预计完成时间为参照点进行逆向计算,对于中间的活动,其活动的最迟完成时间就是其后置活动的最迟开始时间的最早时间。

最迟开始时间可在该活动最迟完成时间的基础上减去该活动的工期得出,即 LS=LF-DU,如图 8-9 所示。

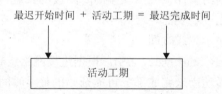

图 8-9 最迟开始时间、最迟完成时间的关系图

(3) 时差。

时差 F(Float)也称为"浮动时间",表示项目活动或整个项目的机动时间。时差分为两种类型:活动总时差和单时差。活动总时差是指在不影响项目在规定时间范围内完成的情况下,项目活动最迟开始时间和最早开始时间的间隔;活动单时差则是指在不影响下一个活动最早开始的前提下,该活动的完成所拥有的机动时间。由此可见,总时差是单时差的综合,但不是单时差的简单加总。时差越大,则表示项目的时间潜力越大。时差可以通过公式(8-2)来表示。

$$F=LF-ES-DU \quad 或 \quad F=LF-EF \qquad (8-2)$$

如果项目某条路线的总时差为正值,这一正的总时差可以为该路线上的所有活动共用,当该路线上的某项活动不能按期完成时,则可以利用该路线的总时差,而不必担心影响项目的进度;如果项目某条路线的总时差为负值,则表明该路线上的各项活动要加快进度,减少在该路线下花费的时间总量,否则项目就不能在规定的时间范围内顺利完成;如果项目某条路线的总时差为零,则表明该路线上的各项活动不用加速完成,但是也不能拖延时间。由此可见,项目网络图的管理理念就在于利用时差来调整整个项目的进度。

(4) 关键路线的确定。

关键路线法的重点是确定项目的关键路线。关键路线的确定是指将项目网络图中每条路线的所有活动的历时分别相加,最长的路线就是关键路线,关键路线上的活动称为关键活动,关键路线的节点称为关键节点,关键活动的总时差为零。因此,关键路线就是网络图中由一系列活动构成的活动工期最长的那条路线,如果关键路线里的某项活动未能如期完成,则所有处于其后的工作活动都要拖延,最终的结果是项目不能按计划完成。反之,如果关键路线上的某活动能够提前完成,那么整个项目也有可能提前完成。由此可见,在编制项目进度计划时,关键路线上的活动是关注的重点。

确定关键路线的方法除了找出所有活动的历时相加最长的路线外,还有一种常用的方法是找出那些具有最小时差的活动,即用每项活动的最迟完成时间减去最早完成时间(或用最迟开始时间减去最早开始时间),然后找出时差值最小的各项活动(如果时差都是正的,则选择正时差值最小的活动;如果存在负时差,则选择负时差绝对值最大的活动),所有这些活动就是关键路线上的活动。

【例 8-2】 某项目的节点式网络图如图 8-10 所示,项目活动情况表如表 8-5 所示,该项目的规定完工时间为 42 天,试用以上两种方法确定该项目的关键路线。

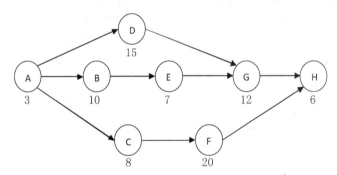

图 8-10 项目网络图

解: ① 运用"时差最小值"来确定项目的关键路线。

表 8-5 项目活动情况表

活动	活动工期	最早		最迟		总时差
		开始时间	完成时间	开始时间	完成时间	
A	3	0	3	0	3	0
B	10	3	13	3	13	0
C	8	3	11	8	16	5

续表

活 动	活动工期	最 早		最 迟		总时差
		开始时间	完成时间	开始时间	完成时间	
D	15	3	18	9	24	6
E	7	13	20	13	20	0
F	20	11	31	16	36	5
G	12	20	32	20	32	0
H	6	32	38	32	38	0

② 由表 8-6 中总时差值可以看出,活动 A、B、E、G 和 H 的总时差均为 0。因此,活动 A、B、E、G 和 H 构成了网络图的关键路线。

③ 运用"活动的历时相加最长的路线"来确定项目的关键路线。在该项目的节点图上,有三条路线 A、D、G、H,A、B、E、G、H 和 A、C、F、H,这三条路线的活动时间相加分别为 36 天、38 天和 37 天,其中路线 A、B、E、G 和 H 活动历时相加是最多的,所以是关键路线。

【例 8-3】 通过分析可知,项目各项活动(工作)逻辑关系和历时如表 8-6 所示,试分析其关键路线。

表 8-6 新产品开发项目的活动资料

活 动	活动内容	紧前活动	活动历时(周)
A	市场调查	—	4
B	资金筹备	—	10
C	产品需求分析	A	3
D	产品设计	A	6
E	产品研制	D	8
F	制订费用计划	C、E	2
G	制订生产计划	F	3
H	筹备设备	B、G	2
I	筹备原材料	B、G	8
J	安装设备	H	5
K	调集人员	G	2
L	准备开工生产	I、J、K	1

该项目的箭线式网络图如图 8-11 所示。

可以运用图上作业和表上作业的方法寻求关键路线,如果网络图较为复杂则使用图上作业法就容易出错,所以常常采用表上作业法。表上作业要求列出计算用表,活动应严格按照箭尾事项编号由小到大排列,箭尾编号相同时,按箭头事项由小到大排列,如表 8-7 所示。

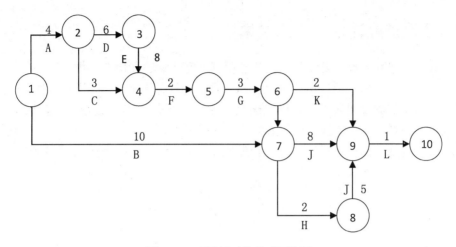

图 8-11 项目活动箭线式网络图

① 计算活动的最早开始时间和最早完成时间，由上至下逐个计算，填入表中第 4 列、第 5 列。

② 由下而上逐个计算活动的最迟开始时间和最迟完成时间，填入表中第 6 列、第 7 列。

③ 计算总时差和单时差，其中总时差由各活动第 6 列减去第 4 列求得。单时差由紧后活动的第 4 列与该项活动的第 5 列相应数字相减而得。

④ 按总时差为零识别出关键活动，填入第 10 列，找出关键路线。

表 8-7 关键路线的表上作业过程与结果

工作		工作历时	最早开始	最早完成	最迟开始	最迟完成	总时差	单时差	关键工作
箭尾	箭头								
1	2	3	4	5	6	7	8	9	10
①	②	4	0	4	0	4	0	0	①→②
①	⑦	10	0	10	13	23	13	13	
②	③	6	4	10	4	10	0	0	②→③
②	④	3	4	7	15	18	11	11	
③	④	8	10	18	10	18	0	0	③→④
④	⑤	2	18	20	18	20	0	0	④→⑤
⑤	⑥	3	20	23	20	23	0	0	⑤→⑥
⑥	⑦	0	23	23	23	23	0	0	⑥→⑦
⑥	⑨	2	23	25	29	31	6	6	
⑦	⑧	2	23	25	24	26	1	0	
⑦	⑨	8	23	31	23	31	0	0	⑦→⑨
⑧	⑨	5	25	30	26	31	1	1	
⑨	⑩	1	31	32	31	32	0	0	⑨→⑩

8.5.3 项目进度计划制订的成果

项目进度计划编制的结果就是包括关于项目进度计划的文件,具体如下。

(1) 项目进度计划。项目进度计划包括各项活动计划开始时间和预计完成时间,这是项目进度计划编制的主要成果。在资源配置之前,这种进度计划只是一个初步的计划,要到资源配置得到确认后,才能形成正式的项目进度计划。

(2) 项目进度计划补充说明。补充说明主要包括假设条件和制约因素的说明、进度计划具体实施细节、进度风险的估算等方面的内容。

(3) 项目进度管理计划。项目进度管理计划说明了项目团队应该如何应对项目进度的变动,它可以是正式的,也可以是非正式的。它是项目进度计划的补充部分。

8.6 项目进度控制

项目进度计划为项目的实施提供了科学、合理的依据,有利于项目如期完成,但并不是制订了好的进度计划就可以保证项目如期完成。因为计划是赶不上变化的,在项目的实施过程中,外部环境的变化经常会导致项目的实际进度与进度计划发生偏离,作为一名项目管理者,我们不能简单地认为问题在不采取任何措施的情况下会自动消失。为了保证项目如期完成,我们必须对项目进度进行严格的监控,即时、定期地将它与计划进度进行比较,并采取有效的纠正措施。

项目进度控制的主要内容包括以下几个方面。

(1) 确定项目的进度是否发生了变化,如果发生了变化,找出变化的原因,如果有必要就采取措施加以纠正。

(2) 对影响项目进度变化的因素进行控制,从而确保这种变化朝着有利方向发展。

8.6.1 项目进度控制的依据

项目进度计划控制的主要依据包括以下几个方面。

1) 项目进度基准计划

批准后项目基准进度计划就是进度基准计划,它是项目进度控制的主要依据,为衡量进度的执行情况提供了基准尺度。

2) 执行情况报告

执行情况报告提供有关项目进度计划执行的实际情况,以及其他的相关信息,例如哪些活动已经如期完成、哪些活动尚未按期完成。执行情况报告还可以提醒项目团队关注那些可能会影响进度的活动。

3) 变更申请

变更申请就是项目团队对项目进度任务提出改动的要求,要求推迟进度或者加快进度。

4) 进度管理计划

进度管理计划提供了如何应对项目进度计划变动的措施和安排,这是进行进度调整的主要依据。

8.6.2 项目进度控制的方法

项目进度计划控制的方法有很多种，使用这些方法可以控制项目进度各个方面的影响要素，并且得到人们想要的项目进度计划执行结果。

1) 绩效审查

绩效审查是指测量、对比和分析进度绩效，如实际开始和完成日期、已完成百分比及当前工作的剩余持续时间。绩效审查可以使用各种技术，其中包括如下几种。

(1) 趋势分析。趋势分析检查项目绩效随时间的变化情况，以确定绩效是在改善还是在恶化。图形分析技术有助于理解当前绩效，并与未来的目标绩效(表示为完工日期)进行对比。

(2) 关键路径法。通过比较关键路径的进展情况来确定进度状态。关键路径上的差异将对项目的结束日期产生直接影响。评估次关键路径上的活动的进展情况，有助于识别进度风险。

(3) 挣值管理。具体阐述详见第 9 章。采用进度绩效测量指标，如进度偏差(SV)和进度绩效指数(SPI，评价偏离初始进度基准的程度)。总浮动时间和最早结束时间偏差也是评价项目时间绩效的基本指标。进度控制的重要工作包括：分析偏离进度基准的原因与程度，评估这些偏差对未来工作的影响，确定是否需要采取纠正或预防措施。例如，非关键路径上的某个活动发生较长时间的延误，可能不会对整体项目进度产生影响；而某个关键或次关键活动的稍许延误，却可能需要立即采取行动。对于不使用挣值管理的项目，需要开展类似的偏差分析，比较活动的计划开始和结束时间与实际开始和结束时间，从而确定进度基准和实际项目绩效之间的偏差。还可以进一步分析，以确定偏离进度基准的原因和程度，并决定是否需要采取纠正或预防措施。

2) 项目管理软件

可借助项目管理软件，对照进度计划，跟踪项目执行的实际日期，报告与进度基准相比的差异和进展，并预测各种变更对项目进度模型的影响。

3) 进度计划编制工具

需要更新进度数据，并把新的进度数据应用于进度模型，来反映项目的实际进展和待完成的剩余工作。可以把进度计划编制工具及其支持性进度数据与手工方法或其他项目管理软件联合起来使用，进行进度网络分析，制订出更新后的项目进度计划。

8.6.3 项目进度控制的成果

项目进度控制的成果主要包括以下几个方面。

1) 更新后的项目进度计划

在项目进度计划的实施过程中，要根据各种变化和计划采取的纠偏措施对项目的进度计划进行相应的修订、更新，并将更新的项目进度计划分发给有关的项目利益相关者。

2) 纠偏措施

为了把项目预计的执行情况控制在项目进度计划规定的范围内，必须对项目进度存在的问题进行纠正，如对进度滞后的情况要采取措施，以加快进度。

3) 经验教训

有关项目进度控制方面的各种经验教训要形成文档，使之成为本项目后续阶段或其他类似项目可以利用的数据库的资料来源。

本 章 小 结

项目进度管理与项目成本管理、项目质量管理并称为项目管理的"三大管理"。项目进度管理涉及的主要过程包括活动定义、活动排序、活动历时估算、进度计划制订和进度控制。本章较为详尽地阐述了项目进度管理各个过程的依据、采用的工具和方法以及各个过程产生的结果，并且在各个过程中介绍了许多方法，如顺序图法、箭线图、甘特图、关键路径法等。

综 合 练 习

一、判断题

1. 在节点图中，箭线代表活动。   （ ）
2. 在箭线图中，虚活动占用时间和资源。   （ ）
3. 项目活动时间估算仅考虑活动所消耗的实际工作时间。   （ ）
4. 计划评审法的活动工期不是固定的，而是用期望值表示的。   （ ）
5. 计划评审法的活动工期估算比关键路径法更准确。   （ ）
6. 图形评审法是随机型的，非肯定型的。   （ ）
7. CPM 和 PERT 在时间的估计和分析上是相同的。   （ ）
8. 逆推法可以确定各活动最早开工时间。   （ ）

二、单选题

1. 下列表述正确的是(   )。

   A. 活动排序就是把要完成的活动按工作量大小排好，从而更好地完成

   B. 活动排序就是确定各活动之间完成的先后顺序

   C. 活动排序就是按照各种计划一项一项地完成各活动

   D. 活动排序是按照活动的必然依存关系进行排序的

2. 某项任务工期的最乐观时间为 3 天，正常时间为 6 天，最悲观时间为 9 天，此任务的预期工期为(   )。

   A. 3 天   B. 6 天   C. 9 天   D. 8.5 天

3. 应用进度变更控制系统的一个好处是它包含(   )。

   A. 进度变更所必须遵循的程序   B. 对于报告进度执行情况的需要

   C. 评估进度变更偏差的方法   D. 对于测量进度执行情况的需要

4. 在 CPM 网络中，A 为 B 的紧前活动，则表示( )。
   A. 活动 A 完工后活动 B 马上开始
   B. 活动 A 完成是活动 B 开始的充分条件
   C. 活动 B 在活动 A 完成后才能开始
   D. 活动 A 和活动 B 同为关键路径或非关键路径

5. 在任务赶工时，应该集中于( )。
   A. 非关键路径的任务   B. 耗费资源多的任务
   C. 关键路径的任务   D. 降低成本加速执行

6. 甘特图与网络图之间的区别是( )。
   A. 历时   B. 任务   C. 节点   D. 浮动时间

7. 活动逻辑关系中的"完成(A)-开始(B)"关系是指( )。
   A. 活动 A 不完成，活动 B 不能开始
   B. 活动 A 完成时，活动 B 必须已经开始
   C. 只有活动 B 开始后，活动 A 才能完成
   D. 活动 A 完成与活动 B 开始必须同时进行

8. 有关关键路径的表述正确的是( )。
   A. 关键路径是指在项目开始到完成的多条路径中耗时最多的那条路径
   B. 关键路径是指在项目开始到完成的多条路径中耗时最短的那条路径
   C. 网络图中最多存在一条关键路径
   D. 关键路径上的某活动延误一天，不影响整个项目的完工时间

9. 某项活动 T 的工期为 5 天，其前置活动有 A、B、C 三个活动。如果活动 A、B、C 的最早完成时间分别为第 4、6、5 天，则下列表述正确的是( )。
   A. 活动 T 的最早完成时间是第 6 天   B. 活动 T 的最早完成时间是第 11 天
   C. 活动 T 的最迟开始时间是第 4 天   D. 活动 T 的最迟完成时间是第 11 天

10. 你正在改造你的厨房并决定为此项目准备一个网络图，你必须购买好用具并与橱柜建成时准备安装，这种情况下，购买用具与建橱柜的关系是( )。
    A. 开始—完成   B. 开始—开始
    C. 完成—开始   D. 完成—完成

三、多选题

1. 下列表述正确的是( )。
   A. 最早完成时间可在这项活动最早开始时间的基础上加上这项活动的工期估计
   B. 活动的最迟完成时间以项目预计完成时间为参照点进行逆向计算
   C. 最迟完成时间可在后置活动的最迟开始时间基础上计算出来
   D. 最迟开始时间可在该活动最迟完成时间的基础上加上该活动的工期得出

2. 在项目进度计划中，常用的工具是( )。
   A. WBS   B. 计划评审技术
   C. 甘特图   D. 关键路径法

3. PERT 计划使用下列项目中的(　　)。
   A. 不可预知因素较多的项目　　　B. 过去未做过的新项目
   C. 复杂的项目　　　　　　　　　D. 研制新产品的项目

4. 下列表述正确的是(　　)。
   A. 关键路径法主要应用于以往在类似项目中已取得一定经验的项目
   B. 计划评审法更多地应用于研究与开发项目
   C. 如果任务工期无法正确估计,一般采用计划评审法
   D. 关键路径法属于非肯定型方法,计划评审法属于肯定型方法

5. 下列表述错误的是(　　)。
   A. 如果进度计划进行了修改,关键路径不会发生变化
   B. 如果时差为负,表示将在预定时间内提前完成项目
   C. 如果时差为正,表示将在预定时间内提前完成项目
   D. 如果时差为正,表示在预定时间内无法完成项目

6. 下列关于选择关键路径的表述中,错误的是(　　)。
   A. 在所有时差中,如果时差都是正的,则选择数值最大的活动
   B. 在所有时差中,如果时差都是正的,则选择数值最小的活动
   C. 在所有时差中,如果有时差是负的,则选择绝对值最小的活动
   D. 在所有时差中,如果有时差是负的,则选择绝对值最大的活动

四、简答题

1. 简述项目进度管理中涉及的主要问题。
2. 关键路径是什么?找出项目活动的关键路径有何意义?
3. 如何确定一个活动的最早开始(完成)时间和最迟开始(完成)时间?

五、应用题

1. 假设一个项目有这样的活动排序:B、C 只有在 A 完成后才能进行,D 在 B、C 完成后可以立即开始,E 在 D 完成后才能开始。试用节点图和箭线图来表示该项目的网络图。

2. 根据表 8-8 提供的资料,画出节点图,并找出关键路径。

表 8-8　某项目的活动关系表

活　动	紧前工作	紧后工作	持续时间
A	—	B、C、D	5
B	A	E	8
C	A	E、F	9
D	A	F	10
E	B、C	G	7
F	C、D	G	8
G	E、F	—	6

六、案例分析

软件项目延期，怎么办？

中源公司是一家专门从事系统集成和应用软件开发的公司，目前有员工50多人。公司有销售部、软件开发部、系统网络部等业务部门，其中销售部主要负责进行公司服务和产品的销售工作，他们会将公司现有的产品推销给客户，同时也会根据客户的具体需要，承接应用软件的研发项目，然后将此项目移交给软件开发部，进行软件的研发工作。软件开发部共有开发人员18人，主要是进行软件产品的研发及客户应用软件的开发。

经过近半年的跟踪后，今年元旦，销售部门与某银行签订了一个银行前置机的软件系统的项目，合同规定，5月1日之前系统必须完成，并且进行试运行。在合同签订后，销售部门将此合同移交给了软件开发部，进行项目的实施。

王伟被指定为这个项目的项目经理，王伟做过5年的金融系统的应用软件研发工作，有较丰富的技术经验，但作为项目经理还是第一次。项目组还有另外4名成员，1名为系统分析员(含项目经理)，2名为有1年工作经验的程序员，1名为技术专家(不太熟悉业务)。项目组的成员均全程参加项目。

在被指定负责这个项目后，王伟制订了项目的进度计划，简单描述如下。

(1) 1月10日—2月1日需求分析。
(2) 2月1日—2月25日系统设计。
(3) 2月26日—4月1日编码。
(4) 4月2日—4月30日系统测试。
(5) 5月1日试运行。

但在2月17日王伟检查工作时发现详细设计刚刚开始，2月25日肯定完不成系统设计。

问题：

你建议王伟应该如何做？他在项目的管理中有问题吗？

技 能 训 练

实训背景：

假设经过几年的接触之后，你和你的恋人最终决定结婚。你的伴侣希望有一个非常隆重的婚礼，你意识到有许多计划和工作需要做。注意到你的紧张，你的朋友和家人纷纷安慰你说，一切都会令人满意的，他们甚至帮助你安排婚礼。作为一个完美主义者，你想确保一切尽可能顺利进行。那么，应该如何才能做到呢？

实训步骤：

第一步：列出所有你对婚礼的想法。

第二步：选择一个全部项目时间跨度。
第三步：做一个工作分解结构图。
第四步：制作责任矩阵，将工作分配到人。
第五步：列出完成项目所必需的活动。
第六步：画出网络图，找到关键路径。

第 9 章　项目成本管理

你可以通过不断交付的结果中吸取经验来更好地控制估计，这要比你一开始就打算估计整个项目要好得多。

——Tom Gilb，软件工程管理原理

学习目标：

知识目标	技能目标
了解项目成本的概念和构成	掌握编制资源计划的各种工具和方法
理解影响项目成本的因素	能够运用成本估算的工具和方法进行成本估算
理解项目成本管理的概念和理念	掌握成本控制的过程和成本控制的挣值法
了解项目成本估算和预算的概念、意义	
了解项目成本控制的作用	

项目的成本管理是项目管理部门的重点工作，也是整个项目的关键工作，它决定着整个项目的盈利与否。对于一个经济实体来讲，成本是生命、是本钱，也是整个经济实体经营管理的中心工作，如果没有成本意识，就没有效益，就没有利润，企业也就无法生存。项目成本管理包含为使项目在批准的预算内完成而对成本进行规划、估算、预算、融资、筹资、管理和控制的各个过程，从而确保项目在批准的预算内完工。本章重点讨论如何进行项目成本的估算和预算，以及如何做好项目成本的控制工作。本章介绍的项目挣值管理方法是近年发展和推广的一种项目成本与项目时间的集成管理方法。

9.1　概　　述

每一个项目都会在一定程度上受客观条件和资源的制约。对于大多数项目而言，资金是一个重要的制约因素。如果项目的费用超支，不但会降低项目的经济效益，使业主或承包商受到损失，还可能使项目因无法继续获得必要的投资而被迫终止。因此，必须搞好项目费用管理。项目费用管理涉及费用规划、估算、预算、控制等过程，以保证能在已批准的预算内完成项目。

9.1.1　项目成本管理的概念

在完成任何一个项目的过程中，必然要发生各种物化劳动和活劳动的消耗，这种耗费的货币表现就是项目成本。

项目成本管理是指为保证项目实际发生的成本不超过项目预算成本所进行的项目资源计划编制、项目成本估算、项目成本预算和项目成本控制等方面的管理过程和活动。项目成本管理也可以理解为，为了确保完成项目目标，在批准的预算内，对项目实施所进行的按时、保质、高效的管理过程和活动。根据发生阶段和用途的不同，项目成本可分为以下几个部分。

1. 定义与决策成本

定义与决策是项目形成过程的第一个阶段。项目定义与决策的好坏对项目的设计与实施，以及建成后的经济效益和社会效益都将会产生重要的影响。为了对项目进行准确的定义和科学的决策，在这一阶段要进行广泛的市场调查，收集和掌握翔实的资料，并对项目进行可行性研究。为完成这些工作所花费的成本就是项目的定义与决策成本。

2. 项目设计费用

一个项目通过可行性研究之后，就需要对项目进行设计。例如，一个工程建设项目需要进行规划设计、施工图设计，一个科研项目需要进行技术路线和实验方案的设计，一个营销项目需要进行营销方案的策划和设计。为完成设计工作所花费的成本就构成了项目设计成本。

3. 项目获取成本

为了获得项目，项目组织开展的询价、供方选择、广告、招投标、承发包等工作所花费的成本称为项目获取成本。

4. 项目实施成本

在项目实施过程中，为了完成项目、获得项目产出物而耗用的各种资源所构成的成本称为项目实施成本。例如，工程项目的实施成本包括人工费、材料费、机械设备费用、管理费、不可预见费和其他费用。

在上述成本中，项目的实施费用一般占总费用的 90%以上。因此，从某种意义上讲，项目费用管理实际上就是项目实施成本管理。

9.1.2 项目成本管理的理念

为了能科学遵循项目成本管理的客观规律，我们在项目成本管理中应该树立如下理念。

1. 全过程项目成本管理

全过程项目成本管理开始于 20 世纪 80 年代中期，由我国及其他一些国家的项目成本管理理论研究者和实际工作者提出。该管理方法认为，应该从整个项目活动全过程的角度去分析、确定和管理项目成本。20 世纪 90 年代以后，我国的项目成本管理研究人员和实际工作者对全过程项目成本管理的思想和方法做了进一步的完善和验证。这种方法正逐步成为我国项目成本管理的主导方法。

2. 全寿命周期项目成本管理

全寿命周期成本的概念起源于瑞典铁路系统。1965 年，美国国防部研究实施 LCC 技术并普及全军，随后英国、德国、法国、挪威等军队普遍运用 LCC 技术。1999 年 6 月，美国前总统克林顿签署政府命令，要求各州所需的装备及工程项目必须有 LCC 报告。同年，以英国、挪威为首组建了 LCC 国际组织，有 50 个国家和地区参加。自 20 世纪 80 年代以来，以英国项目成本管理专家和实际工作者为主的一批人，在全寿命周期项目成本理论方面做了大量的研究和应用工作。全寿命周期项目成本管理已经成为项目投资决策与成本控制的一种思想和技术方法。

3. 全面项目费用管理

"全面项目费用管理"这一名词，最早出现在 1978 年由 Mitchell 所著的《图书馆职能的费用分析》一书中。全面项目费用管理是企业内部全员、全过程、全方位、全环节的综合性的费用管理。其特点表现在以下四个方面：企业内部全员参加的费用管理；企业内部生产全过程的费用管理；市场、科技、人力资源三位一体的全方位费用管理；费用管理各环节的全面管理。全面项目费用管理思想是由国际全面成本管理促进会前主席 Westney 于 1991 年 5 月在美国休斯敦海湾海岸学会召开的春季研讨会上提出来的。AACE-I 给全面项目费用管理做了如下定义："通过有效地使用专业知识和专门技术去计划和控制项目资源、成本与盈利和风险。"全面项目费用管理将成为 21 世纪项目成本管理的最有效的技术和方法。

9.1.3 影响项目成本的因素

影响项目费用的因素有很多，主要有以下几种。

1. 质量对成本的影响

质量对成本的影响，可以用质量成本构成图表示，如图 9-1 所示。质量总成本由质量故障成本和质量保证成本组成。质量越低，引起的质量不合格损失越大，即故障成本越大；反之，质量越高，故障越少，引起的损失也越少，故障成本越低。质量保证成本是指为保证和提高质量而采取相关的保证措施所耗费的开支，如购置设备改善检测手段等。这类开支越大，质量保证程度越可靠；反之，质量越低。

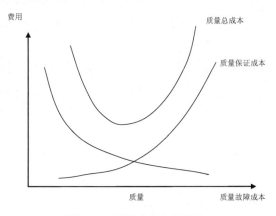

图 9-1　质量对成本的影响

2. 工期对成本的影响

项目的费用由直接费用和间接费用组成，一般工期越长，项目的直接费用越低，间接费用越高；反之，工期越短，项目的直接费用越高，间接费用越低，如图9-2所示。

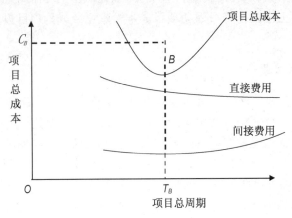

图 9-2　项目总成本与总周期的关系

3. 价格对成本的影响

在设计阶段对费用的影响主要反映在施工图预算，而预算要取决于设计方案的价格，价格直接影响工程造价。因此，在做施工图预算时，应做好价格预测，特别是估计由于通货膨胀使材料、设备、人工费等的涨价率，一边较准确地把握费用水平。

4. 管理水平对项目成本的影响

管理水平对项目成本的影响是显而易见的，高的管理水平可以有效地节约成本。管理水平对项目成本的影响主要表现在以下几个方面。

(1) 对预算成本估算偏低，例如征地费用或拆迁费用大大超过计划而影响成本。

(2) 由于资金供应紧张或材料、设备供应发生问题，从而影响工程进展，造成建设成本增加。

(3) 风险控制不当造成的额外损失。

(4) 更改设计可能增加或减少成本开支，但往往会影响施工进展，给成本控制带来不利影响。

需要强调的是，项目成本管理不单纯是某一方面的工作，而是包括在批准的预算内完成项目所需的各个过程。这些过程与项目管理其他知识领域的过程之间相互作用，虽然它们在理论上彼此独立，相互之间有明显的界线，但在项目管理的实践中，随时可能交叉、重叠、相互影响。

9.1.4　影响项目成本的过程

对项目进行成本管理就是为保障项目实际发生成本不超过项目预算而制订出合理的项目资源计划，估计项目的成本，然后以此为基础，并结合项目的进度计划，进行项目的成本预算,在项目进行过程中,要检查实际成本是否与预算相一致,若出现偏差,需要及时查找原因,采取必要的措施。如有必要,则还要调整原预算计划,从而保证项目按预算完成。

项目成本管理主要解决以下四个问题。

(1) 预测需要什么资源?
(2) 项目将花费多少?
(3) 何时需要这些资金?
(4) 如何使用项目资金?

这四个需要解决的问题对应项目成本管理的四个过程:资源计划编制、成本估算、成本预算、成本控制。项目成本管理的这四个过程确保了在规定的预算内完成项目的目标。具体说来,项目成本管理的过程如图 9-3 所示。

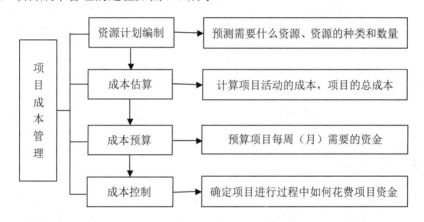

图 9-3　项目成本管理的过程

9.2　项目资源计划

资源可理解为一切具有现实和潜在价值的东西,完成项目必须要消耗劳动力(人力资源)、材料、设备、资金等有形资源,同时还可能需要消耗其他一些无形资源,而且由于存在资源约束,项目耗用资源的质量、数量、均衡状况对项目的工期、成本有着不可估量的影响:在资源保障充分的前提下,可以按最短工期、最佳质量完成项目任务;如果资源保障不充分或配置不合理,必然造成项目工期拖延、实际成本超过预算成本。因此,项目成本管理的重要内容就是根据项目的资源需求,制订资源供应计划,也就是资源计划。

项目资源计划是在分析、识别项目的资源需求,确定项目所需投入的资源种类、数量和时间的基础上,制订科学、合理、可行的项目资源供应计划的项目成本管理活动。

项目资源包括项目实施中需要的人力、设备、材料、能源、设施以及其他各种资源等。项目资源计划涉及决定什么样的资源(人力、设备、材料)以及多少资源将用于项目的每一项工作执行过程中,因此它必然是与费用估计相对应起来的,是项目费用估计的基础。

9.2.1　项目资源计划的依据

项目资源计划的依据主要包括以下内容。

1. 项目工作分解结构

利用 WBS 系统进行项目资源计划时，工作划分得越细、越具体，所需资源种类和数量越容易估计。工作分解自上而下逐级展开，各类资源需要量可以自下而上逐级累加，便得到了整个项目各类资源需要。

2. 项目时间计划

项目时间计划是项目计划中最主要的，是其他各项计划(如质量计划、资金使用计划、资源供应计划)的基础。资源计划必须服务于项目进度计划，什么时候需要何种资源是围绕项目时间计划的需要而确定的。

3. 历史资料

历史信息记录了以前类似工作使用资源的需求情况，这些资料如能获得的话，无疑对现在工作资源需求确定有很大的参考作用。

4. 项目范围说明书

范围说明书描述了项目目标，确定了项目可交付成果，明确了哪些工作是属于项目该做的，而哪些工作不应包括在项目之内，对它的分析可进一步明确资源的需求范围及其数量，因此在编制项目资源计划中应该特别加以考虑。

5. 资源库描述

资源库描述是对项目拥有的资源存量的说明，对它的分析可确定资源的供给方式及其获得的可能性，这是项目资源计划所必须掌握的。资源库详细的数量描述和资源水平说明对于资源安排有特别重要的意义。

9.2.2　项目资源计划的方法

编制资源计划的方法有很多，其中的专家判断法、资料统计法和资源平衡法较为常用，主要是采用一些资源统计和说明的图表统计，在此简要列举如下。

1. 资源计划矩阵

资源计划矩阵是项目工作分解结构的直接产品，如表 9-1 所示。其缺陷是无法囊括信息类的资源。

表 9-1 资源计划矩阵

工作	资源需求量					相关说明
	资源 1	资源 2	……	资源 m-1	资源 m	
工作 1						
工作 2						
……						
工作 n-1						
工作 n						

2. 资源数据表

资源数据表与资源计划矩阵的区别在于它所表示的是在项目进展各个阶段的资源使用和安排情况，而不是对项目所需资源的统计汇总说明，如表 9-2 所示。

表 9-2 项目资源数据表

资源需求种类	资源需求总量	时间安排(不同时间资源需求量)					相关说明
		1	2	……	T-1	T	
资源 1							
……							
资源 m-1							
资源 m							

3. 资源需求甘特图

资源需求甘特图直观地显示了资源在各个阶段的耗用情况，它比资源数据表更为直观、简洁，其缺点是无法显示资源配置效率方面的信息，如图 9-4 所示。

图 9-4 资源需求甘特图

9.2.3 项目资源计划的成果

资源计划输出的结果是资源计划说明书，它将对项目所需资源的需求情况和使用计划进行详细描述。资源计划说明书主要由项目资源计划和项目资源计划的补充说明两部分组成。项目资源计划包括了项目的资源需求计划和对各种资源需求的描述，主要采用各种形式的表格予以反映，如表 9-1、表 9-2、图 9-4 等。由于有时项目资源计划无法对项目所需资源的各个方面都加以详细说明，这就必须借助项目资源计划的补充说明进一步补充。

9.3 项目成本估算

项目成本估算是指为实现项目的目标，在某特定时点根据项目资源计划所确定的资源需求，以及市场上资源的价格信息，对项目所需资源的成本进行的估算。在估算成本时，需要识别和分析可用于启动与完成项目的备选成本方案；需要权衡备选成本方案并考虑风险，如比较自制成本与外购成本、购买成本与租赁成本以及多种资源共享方案，以优化项目成本。

由于项目经常发生变更，而且在项目的整个生命周期内随着宏观环境的变化(导致利率、通货膨胀率发生变化)、资源价格的变化(人力资源的成本、原材料、设备等价格变化)、经营成本的变化、成本估计中相关项目利益相关者行为的变化，以及在项目活动进行中项目团队的学习曲线的变化等，导致项目成本估算在一个不确定性程度很高的环境下进行，使之成为一个很复杂的工作。

项目的成本估算与项目的报价是两个既有区别又有联系的概念。成本估算所涉及的是对项目目标成本进行的量化评估，是项目组织为了向外提供产品或服务的成本费用总和；而报价则是一个经营决策，是项目组织向客户收取它所提供产品或服务的收入总和。项目报价不仅包含项目成本，还包括应获取的利润，项目成本仅仅是项目组织进行项目报价所需要考虑的重要内容之一。

9.3.1 项目成本估算的依据

进行项目的成本估算，要考虑很多因素。因此项目成本估算依据包括工作分解结构、资源需求计划、进度计划、历史信息和经济环境。

1. 工作分解结构

工作分解结构是编制资源计划的基础，也可以用于成本估算并确保所有识别的工作已被估算。

2. 资源需求计划

资源需求计划界定了项目所需资源的种类、数量和质量标准，是成本估算的主要依据。

3. 进度计划

从项目进度管理中得到项目活动的进度安排，主要对项目活动时间和所需的资源有个基本估计。

4. 历史信息

许多资源类别成本方面的信息可以从一些历史的信息中获得，比如相关的项目文件、商业成本估算数据库、项目组成员利用以往的经验知识等。

5. 经济环境

经济环境包括通货膨胀、各种税率和汇率等的变化，进行项目估算时，要考虑到这些因素的影响。对可能涉及重大的不确定因素时，应考虑适当的应急备用金。

9.3.2 项目成本估算的方法

在项目进展的不同阶段，项目的工作分解结构的层次有所不同。根据项目成本估算单元在 WBS 中的层次关系，可将成本估算分为三种：自上而下的估算、自下而上的估算、自上而下和自下而上相结合的估算。

1) 自上而下的估算

自上而下的估算，又称类比估算，通常在项目的初期或信息不足时进行，此时只确定了初步的工作分解结构，分解层次少，很难将项目的基本单元详细列出来。因此，成本估算的基本对象可能就是整个项目或其中的子项目，估算精度较差。自上而下的成本估算实际上是以项目成本总体为估算对象，在收集上层和中层管理人员的经验判断，以及可以获得的关于以往类似项目的历史数据的基础上，将成本从工作分解结构的上部向下部依次分配、传递，直至 WBS 的最底层。

2) 自下而上的估算

自下而上的估算是先估算各个工作单元的费用，然后自下而上将各个估算结果汇总，算出项目费用总和。采用这种技术路线的前提是确定了详细的工作分解结构(WBS)，能做出较准确的估算。当然，这种估算本身要花费较多的费用。

3) 自上而下和自下而上相结合的估算

采用自上而下的估算路线虽然简便，但估算精度较差；采用自下而上的估算路线，所得结果更为精确，并且项目所涉及活动资源的数量更清楚，但估算工作量大。为此，可将两者结合起来，以取长补短。即采用自上而下与自下而上相结合的路线进行成本估算。

自上而下和自下而上相结合的成本估算针对项目的某一个或几个重要的子项目进行详细具体的分解，从该子项目的最低分解层次开始估算费用，并自下而上汇总，直至得到该子项目的成本估算值；之后，以该子项目的估算值为依据，估算与其同层次的其他子项目的费用；最后，汇总各子项目的费用，得到项目总的成本估算。

进行成本估算理想的做法是，完成某项任务所需费用可根据历史标准估算。但对许多工程来说，由于项目和计划变化多端，把以前的活动与现实对比几乎是不可能的。费用的信息，不管是否根据历史标准，都只能将其作为一种估算。而且，在费时较长的大型项目中，还应考虑到今后几年的工人工资结构是否会发生变化，今后几年原材料费用的上涨如何，经营基础以及管理费用在整个项目生命期内会不会变化等问题。所以，成本估算是在一个变化的环境下进行的。在项目管理过程中，为了使时间、费用和工作范围内的资源得到最佳利用,人们开发出了不少费用估算方法,以尽量得到较好的估算。常用的项目成本的估算方法有专家判断法、工料清单法、参数估算法、软件估算法等。

1) 专家判断法

专家判断法是以专家为索取信息的对象,组织专家运用其项目管理理论及经验对项目成本进行估算的方法。该方法适用于项目成本估算精度要求不高的情况,通常,专家判断法有两种组织形式,一是成立项目专家小组共同探讨估算;二是专家们互不见面、互不知名,而由一名协调者汇集专家意见并整理、编制项目成本估算。它通常比其他技术和方法花费要少一些,但是其准确性也较低。当历史项目与当前的项目不仅在形式上,而且在实质上相同时,专家判断法可能提供更可靠和实用的项目成本估算结果。

2) 工料清单法

工料清单法又称自下而上法,是根据项目的工作分解结构,将较小的相对独立的工作包负责人的估算成本加总计算出整个项目的估算成本的方法。它通常首先估算各个独立工作的费用,然后再从下往上汇总估算出整个项目费用。

工料清单法的优点是在子任务级别上对费用的估算更为精确,并能尽可能精确地对整个项目费用加以确定。比起高层管理人员来讲,直接参与项目建设的人员更为清楚项目涉及活动所需要的资源量,因此工料清单法的关键是组织项目最基层的工作包负责人参加成本估算并正确地对其估算结果加以汇总。

3) 参数估算法

参数估算法又称参数模型法,是根据项目成本重要影响因素的特性参数建立数学模型来估算项目成本的方法。通常是将项目的特征参数作为预测项目费用数学模型的基本参数,模型可能是简单的,也可能是复杂的。无论费用模型还是参数模型,其形式都是各种各样的。如果模型是依赖于历史信息,模型参数容易数量化。

4) 软件估算法

项目管理软件,如项目成本估算软件、计算机工作表、模拟和统计工具,被广泛用来进行费用估算。这些工具可以简化一些费用估算工作量,便于进行各种费用估算方案的快速计算。

9.3.3 项目成本估算的成果

项目成本估算的结果主要包括项目成本估算文件、成本估算的详细依据和项目成本管理计划这三个方面的内容。

1. 项目成本估算文件

项目成本估算文件是项目管理文件中最重要的文件之一,它包括项目各活动所需资源(包括人力、财力、物力,并考虑通货膨胀或意外事故等)及其成本的定量估算,这些估算可以用简略或详细的形式表示。成本通常以货币单位表示,但有时为了方便也可用人/天或人/小时这样的单位。在某些情况下,为便于成本的管理控制,在成本估算时必须采用复合单位。

2. 成本估算的详细依据

成本估算的详细依据应该包括如下几点。
(1) 项目工作范围的说明，通常从工作分解结构中得到。
(2) 项目成本估算的基础，说明估计是怎样做出的。
(3) 项目成本估算所作的假设说明，如项目所需资源价格的估定。

3. 项目成本管理计划

项目成本管理计划是整个项目计划的一个辅助部分，说明了如何管理实际成本与计划成本之间发生的差异、差异程度，差异程度不同则管理力度也不同。成本管理计划根据项目的需要，可以是高度详细或粗略框架的，同时既可以是正规的，也可以是非正规的。

9.4　项目成本预算

项目成本预算是项目成本控制的基础，是项目成功的关键。在项目成本估算的基础上，项目成本预算更精确地估算项目总成本，并将其分摊到项目的各项具体活动和各个具体项目阶段上，为项目成本控制制订基准计划的项目成本管理活动，所以又称之为项目成本计划。

成本估算和成本预算既有区别又有联系。成本估算的目的是估计项目的总成本和误差范围，而成本预算是将项目的总成本分配到各工作项和各阶段上。成本估算的输出结果是成本预算的基础与依据，成本预算则是将已批准的估算(有时因为资金的原因需要砍掉一些工作来满足总预算要求，或因为追求经济利益而缩减成本额)进行分摊。

成本预算可以作为一种比较标准来使用，是一种度量资源实际使用量和计划用量之间差异的基线标准，对于管理者来说，他的任务不只完成预定的一个目标，而是必须使目标的完成具有效率。即尽可能在规定的时间内，在达到目标的前提下节省资源，这样才能获得最大的经济效益。所以，每个管理者必须谨慎地在安排好生产进度的同时控制资源的使用。

9.4.1　项目成本预算的依据

项目成本预算的依据包括以下几个方面。

1. 项目成本预算文件

项目成本预算文件是确定项目成本预算的主要依据，其主要内容阐述详见 9.4。

2. 工作分解结构

项目成本预算将成本分配到各个活动中，而工作分解结构确认了需要分配成本的所有活动。

3. 项目进度计划

为了将成本分配到项目各时间段内，进度信息是不可缺少的，这些进度信息只能由项目进度计划来提供。

4. 组织过程资产

影响制定预算过程的组织过程资产主要包括：现有的、正式和非正式的、与成本预算有关的政策、程序和指南；成本预算方法；报告方法。

9.4.2 项目成本预算的方法和过程

1. 项目预算方法

项目成本预算有两种基本方法：自上而下和自下而上。采用哪一种方法，主要与项目组织的决策系统有关。

1) 自上而下的项目预算

自上而下的项目预算方法主要依赖于中上层项目管理人员的经验和直觉判断。这些经验和判断可能来自于历史数据或相关项目的现实数据。首先，由项目的上层和中层管理人员对项目的总体费用、构成项目的子项目费用进行估算。这些估计的结果给下层的管理人员，使他们在此基础上对组成项目或子项目的任务和子任务的费用进行估算。然后向下一级传递，直到最底层。

这种预算方法的缺陷是，当上层的管理人员根据他们的经验进行的费用估计分解到下层时，可能会出现下层人员认为上层的估计不足以完成相应任务的情况。这时，下层人员不一定会表达出自己的真实观点，不一定会和上层管理人员进行理智的讨论，从而得出更为合理的预算分配方案。在实际中，他们往往只能沉默地等待上层管理者自行发现问题并予以纠正，这样往往会给项目带来诸多问题，有时甚至导致项目失败。

自下而上方法的优点主要是总体预算往往比较准确。另外，由于在预算过程中，总是将既定的预算在一系列工作任务间分配，避免了某些任务获得了过多的预算，而某些重要任务又被忽视的情况。

2) 自下而上的项目预算

自下而上的项目预算方法要求运用WBS对项目所有工作任务的时间和预算进行仔细考察。最初，预算是针对资源(团队成员的工作时间和原材料)进行的，然后才转化为所需要的经费。所有工作任务估算的总体汇总就形成了项目总体费用的直接估算。项目经理在此之上再加上适当的间接费用(如管理费用、不可预见费用等)以及项目要达到的利润目标就形成了项目的总预算。

自下而上的预算方法要求全面考虑所有涉及的工作任务。和自上而下的预算方法一样，自下而上的预算方法也要求项目有一个详尽的WBS。自下而上的预算方法也涉及一定的博弈形式。例如，当基层估算人员认为上层管理人员会以一定比例削减预算时，他们就会过高估算自己的资源需求。这样又会使得高层管理人员认为下层的估算含有水分，需要加以削减，从而陷入一个怪圈。自下而上的预算方法的优点是，基层人员更为清楚具体活动所需的资源量,而且由于预算出自于基层人员之手,可以避免引起争执和不满。

2. 项目预算步骤

项目成本预算包括两个步骤:首先,将项目成本估算分摊到项目工作分解结构中的各个工作包中;其次,将每个工作包的预算分摊到工作包的工期中,这样才能知道在每个时间点上预算支出是多少。

1) 分摊总预算成本

将项目总成本按各成本要素(人工、原材料、设备等)分摊到工作分解结构中的工作单元(工作包)中,得到一个成本分解结构(CBS)。

2) 生成累计预算费用

为每个工作包建立总预算成本之后,进一步应该将每个工作包的成本分配到工作包的工期中。每个工作包各个工期的费用估计是根据该工作包的各项活动所完成的进度确定的。把每个工作包的成本分摊到工期的各个区间,就能确定在每个时期花费了多少预算。即把进度估算的费用累加起来就可求得累计预算费用。累计预算费用是到某个时间点为止,按进度完成的预算值。

累计预算费用是分析项目费用绩效的基准,可以用图形来表示项目的累计预算费用。在项目开始阶段累计预算费用增加缓慢,随着项目的开展,费用将会迅速增加,当项目快要结束时,费用增加的速度又会减缓。所以累计预算费用曲线是一条 S 形曲线。

【例 9-1】 科信建筑公司从一个大的制造商那里成功中标了一个价值 540 万美元的新工厂建设项目。制造商要求这个新工厂在一年内能够投入使用。因此,合同包含了下面所列的条款:

(1) 如果公司从现在起在 47 周内不能完成该项目,就要赔偿 30 万美元。
(2) 如果公司能在 40 周内完成这个项目,就会获得 15 万美元的奖金。

为了确保工程能够按照进度进行,科信建筑公司指派大卫·佩蒂为该项目的项目经理。佩蒂先生在公司中拥有多年工作经验,管理层对他非常信任。假设所有活动的成本都是按时间比例平均支付的。利用项目的网络图和关键路径分析,可以计算最早开始时间/最早结束时间、最晚开始时间/最晚结束时间,以及自由时差和总时差,这些参数除了在分析关键路径时用到外,也是进行成本预算的主要参数。

按照项目进度计划,可以按照最早开始时间和最晚开始时间这两种不同的标准分别进行成本预算。各活动的单位时间成本如表 9-3 所示。

表 9-3 科信建筑公司项目各活动的单位时间成本

活动	预计所用时间/周	预计成本/万美元	最早开始时间(ES)	最晚开始时间(LS)	单位成本/万美元·周$^{-1}$
A	2	18	0	0	9
B	4	32	2	2	8
C	10	62	6	6	6.2
D	6	26	16	20	4.333
E	4	41	16	16	10.25

续表

活动	预计所用时间/周	预计成本/万美元	最早开始时间(ES)	最晚开始时间(LS)	单位成本/万美元·周$^{-1}$
F	5	18	20	20	3.6
G	7	90	22	26	12.857
H	9	20	29	33	2.222
I	7	21	16	18	3
J	8	43	25	25	5.375
K	4	16	33	34	4
L	5	23	33	33	5
M	2	10	38	42	6
N	6	33	38	38	5.5

如果分别按照活动的最早开始时间和最晚开始时间来进行成本预算，那么每单位时间内分配给项目的资金是不同的，这之间的差距刚好可以作为调配的活动范围。

1) 按照活动的最早开始时间(ES)来进行成本预算

第 1 周和第 2 周只有活动 A 发生，每周需成本 9 万美元；第 3～6 周只有活动 B 发生，每周需成本 8 万美元；第 7～16 周只有活动 C 发生，每周需成本 6.2 万美元。从第 17 周开始有 D、E、I 三个活动同时进行(注意，图 9-5 中项目历时的周数是从第 1 周开始标号的，项目最早开始于第 16 周就表示为第 17 周)，需要将每周内各项活动所需的成本相加。具体数据如图 9-5 所示。

科信建筑公司项目各活动的单位时间成本

活动	历时(weeks)	估计成本	最早开始时间	活动每周成本	Week 17	Week 18	Week 19	Week 20	Week 21
A	2	$180,000	0	$90,000	$0	$0	$0	$0	$0
B	4	$320,000	2	$80,000	$0	$0	$0	$0	$0
C	10	$620,000	6	$62,000	$0	$0	$0	$0	$0
D	6	$260,000	16	$43,333	$43,333	$43,333	$43,333	$43,333	$43,333
E	4	$410,000	16	$102,500	$102,500	$102,500	$102,500	$102,500	$0
F	5	$180,000	20	$36,000	$0	$0	$0	$0	$36,000
G	7	$900,000	22	$128,571	$0	$0	$0	$0	$0
H	9	$200,000	29	$22,222	$0	$0	$0	$0	$0
I	7	$210,000	16	$30,000	$30,000	$30,000	$30,000	$30,000	$30,000
J	8	$430,000	25	$53,750	$0	$0	$0	$0	$0
K	4	$160,000	33	$40,000	$0	$0	$0	$0	$0
L	5	$250,000	33	$50,000	$0	$0	$0	$0	$0
M	2	$100,000	38	$50,000	$0	$0	$0	$0	$0
N	6	$330,000	38	$55,000	$0	$0	$0	$0	$0
				项目每周成本	$175,833	$175,833	$175,833	$175,833	$109,333
				累计项目成本	$1,295,833	$1,471,667	$1,647,500	$1,823,333	$1,932,667

图 9-5 按照活动的最早开始时间来进行成本预算的结果

第 17～20 周，活动 D、E、I 同时进行，D 每周需要 4.333 万美元，E 每周需要 10.25 万美元，I 每周需要 3 万美元，则这四周内每周需要的成本是 17.583 万美元。第 2l、22 周，活动 D、I 继续进行，活动 E 已经完成，但活动 F 却在这一周开始了。D 每周需 4.333 万美元，F 每周需 3.6 万美元，I 每周需 3 万美元，这两周每周需要的成本是 10.933 万美元。依此类推下去，得出在进行项目的 44 周内每周需要的成本(图 9-5 只显示了第 17～21 周的成本预算)。

2) 按照活动的最晚开始时间来进行成本预算

同理,按照活动的最晚开始时间可以进行类似的成本预算。

3) 生成累计预算成本

按照活动的最早开始时间和最晚开始时间来进行成本预算完成后,可以计算出科信建筑公司项目在整个项目周期内(从标号 1 开始记数,总计 45 周)每周耗费的成本,最终计算出累计预算成本,它是到某期为止按照进度完成工作的预算值。累计预算成本将作为分析项目成本绩效的基准。表 9-4 是按照最早开始时间计算的累计预算成本。

表 9-4 按照最早开始时间计算的累计预算成本情况表

单位:美元

周次	1	2	……	17	18	19	……
项目每周成本	90 000	90 000	……	175 833	175 833	175 833	……
累计项目成本	90 000	180 000	……	1 295 833	1 471 667	1 647 500	……

同理,按照活动的最晚开始时间可以进行类似的累计预算成本。

将按照 ES 和 LS 进行预算的结果,利用累计项目成本预算数据,可以在图上绘制成本预算的 S 曲线,包括:基于 ES 的成本预算曲线(在图 9-6 中处于上方的曲线),以及基于 LS 的成本预算曲线(在图 9-6 中处于下方的曲线),如图 9-6 所示。

从图 9-6 可以看出,两条成本预算曲线中包含了无数条预算曲线,这些预算曲线均是可行的预算,按照项目执行组织本身的资金流情况,可以选择一条可行的预算曲线,不会延迟项目的工期。

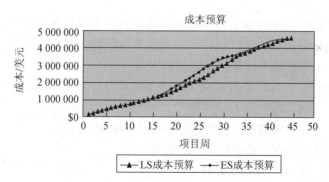

图 9-6 科信建筑公司项目成本预算曲线图

9.4.3 项目成本预算的成果

项目成本预算的成果主要包括如下四个方面。

1. 项目各项活动的成本预算

项目各项活动的成本预算提供了各项活动的成本定量，在项目的实施过程中，将以此作为项目各项活动实际资源消耗量的标准。

2. 成本基准计划

成本基准计划说明了项目的累计预算成本与项目进度之间的对应关系，它可以用来度量和监督项目的实际成本。

3. 项目资金需求

根据成本基准，确定总资金需求和阶段性资金需求。成本基准中既包括预计的支出，也包括预计的债务。项目资金通常以增量而非连续的方式投入，并且可能是非均衡的。如果有管理储备，则总资金需求等于成本基准加管理储备。在资金需求文件中，也可说明资金来源。

4. 项目文件更新

可能需要更新的项目文件包括如下几种。
(1) 风险登记册。
(2) 活动成本估算。
(3) 项目进度计划。

9.5 项目成本控制

项目成本控制是按照项目成本预算过程所确定的成本预算基准计划，运用多种恰当的方法，如挣值管理，对项目实施过程中所消耗的费用的使用情况进行管理控制，以确保项目的实际成本限定在项目成本预算所规定的范围内。

项目成本控制的主要目的是对造成实际成本与基准计划发生偏差的因素施加影响，保证其向有利的方向发展，同时对与成本基准计划已经发生偏差和正在发生偏差的各项成本进行管理，以保证项目顺利进行。项目成本控制主要包括如下内容。

(1) 检查成本执行情况、监控成本执行绩效。
(2) 发现实际成本与计划成本的偏差。
(3) 确保所有正确的、合理的、已经核准的变更都包括在项目成本基准计划中，并把变更后的项目成本基准计划通知相关的项目利益相关者。
(4) 分析成本绩效，从而确定是否需要采取纠正措施，并且决定要采取哪些有效的纠正措施。

项目成本控制的过程必须和项目范围变更控制、计划进度变更控制和项目质量控制等紧密结合，防止因单纯控制成本而出现项目范围、进度、质量等方面的问题。有效的成本控制关键是及时分析成本执行绩效，及早发现成本无效和出现偏差的原因，以便在项目成本失控前能够及时采取纠正措施。

9.5.1 项目成本控制的依据

项目成本控制的主要依据包括以下几个方面。

1. 项目成本基线

项目成本基线是按时间分段的成本预算计划,可用来测量和监督项目成本的实际发生情况,是项目成本控制的基础。

2. 项目成本管理绩效报告

项目成本管理绩效报告提供了项目实施过程中费用方面的信息,如哪个阶段或哪项工作的费用超出了预算,哪些没有超出预算,超出预算的原因是什么。绩效报告可以提醒项目组织注意将来可能引起麻烦的问题。绩效报告可以用多种方法报告成本信息,比较常用的有开支表、直方图和 S 曲线等。

3. 项目变更申请

项目变更申请是指项目利益相关者提出有关更改项目工作内容或成本的请求。其结果是实现这些变更可能要增加或减少项目成本预算。项目变更申请可以是口头的或书面的,可以是直接的或间接的,也可以是组织外部要求的或组织内部提出的。项目变更申请被批准后,项目组织要根据变更后的工作范围和成本预算来对项目进行成本管理与控制。

4. 项目成本管理计划

项目成本管理计划是关于如何管理好项目成本的文件。它重点给出了有关项目费用管理的事前控制和安排。

9.5.2 项目成本控制的方法

从成本控制的内容可知,项目成本控制是一个系统工程,因此研究成本控制的方法非常重要。对规模大且内容复杂的项目,通常是借助相关的项目管理软件和电子表格软件来跟踪计划成本、实际成本和预测成本改变的影响,实施项目成本控制。项目管理实践证明以下一些成本控制方法将使成本控制简便而有效。

1. 项目成本分析表法

项目成本分析表法是利用项目中的各种表格进行成本分析和成本控制的一种方法。应用成本分析表法可以很清晰地进行成本比较研究。常见的成本分析表有月成本分析表、成本日报或周报表、月成本计算及最终预测报告表。

2. 成本累计曲线法

成本累计曲线又叫作时间累计成本图。它是反映整个项目或项目中某个相对独立部分开支状况的图示。它可以从成本预算计划中直接导出,也可利用网络图、条线图等图示单独建立。成本累计曲线图上实际支出与理想情况的任何一点偏差,都是一种警告信号,但并不是说工作中一定发生了问题。图上的偏差只反映了现实与理想情况的差别,所以发现偏差时要查明原因,判定是正常偏差还是不正常偏差,然后采取措施处理。在成本累计曲线图上,根据实际支出情况的趋势可以对未来的支出进行预测,将预测曲线与理想曲线进行比较,可获得很有价值的成本控制信息,这对项目管理很有帮助。

3. 挣值管理

在本书 9.6 小节中我们将介绍该方法,它实际上是一种综合的绩效度量技术,既可用于评估项目成本变化的大小、程度及原因,又可用于对项目的范围、进度进行控制,将项目范围、费用、进度整合在一起,帮助项目管理团队评估项目绩效。该方法在项目成本控制中的运用,可确定偏差产生的原因、偏差的量级和决定是否需要采取行动纠正偏差。

9.5.3 项目成本控制的成果

项目成本控制的结果是实施成本控制后的项目所发生的变化,包括修正成本估算、预算更新、纠正措施和经验教训。

1. 成本估算更新

更新成本估算是为了管理项目的需要而修改成本信息,成本计划的更新可以不必调整整个项目计划的其他方向。更新后的项目计划活动成本估算是指对用于项目管理的费用资料所做的修改。如果需要,成本估算更新应通知项目的利害关系者。

2. 成本预算更新

在某些情况下,费用偏差可能极其严重,以至于需要修改费用基准,才能对绩效提供一个现实的衡量基础,此时预算更新是非常必要的。预算更新是对批准的费用基准所做的变更,是一个特殊的修订成本估计的工作,一般仅在进行项目范围变更的情况下才进行修改。

3. 纠正措施

纠正措施是为了使项目将来的预期绩效与项目管理计划一致所采取的所有行动,是指任何使项目实现原有计划目标的努力。费用管理领域的纠正措施经常涉及调整计划活动的成本预算,如采取特殊的行动来平衡费用偏差。

4. 经验教训

费用控制中所涉及的各种情况,如导致费用变化的各种原因、各种纠正工作的方法等,对以后项目实施与执行是一个非常好的案例,应该以数据库的形式保存下来,供以后参考。

9.6 项目挣值管理方法

项目挣值管理方法实际上是一种分析目标实施与目标期望之间差异的方法,因此它又常被称为偏差分析法。项目挣值管理方法通过测量和计算已完成的工作的预算费用与已完成工作的实际费用和计划工作的预算费用得到有关计划实施的进度和费用偏差,达到判断项目预算和进度计划执行情况的目的,因而它的独特之处在于以预算和费用来衡量工程的进度。挣值法之所以如此取名,正是因为这种分析方法中用到的一个关键数值——挣值(即是已完成工作预算)。

9.6.1 挣值管理的变量和指标

挣值管理(Earned Value Management,EVM)是一种综合了范围、时间和成本数据的项目绩效衡量技术,它把基准计划规定要完成的工作、实际已经完成的工作量、实际花费的成本进行分析,以确定成本和进度是否按照计划进行。

1. 三个关键变量

(1) 计划价值 PV(Plan Value)。PV 是指项目实施过程中某阶段计划要求完成工作量所需的预算费用,因此,更多的教科书习惯性根据它的中文含义的英文首字母 BCWS(Budgeted Cost of Work Scheduled)来表示。PV 是衡量项目进度和费用的基准。一般来说,除非合同发生变更,PV 在项目实施过程中应保持不变。如果合同发生变更,PV 基线也应作出相应的更改。其计算公式为:

$$PV(BCWS)=计划工作量\times预算定额 \tag{9-1}$$

PV 主要是反映进度计划应当完成的工作量,而不是反映应消耗的工时或费用。

(2) 实际成本 AC(Actual Cost)。AC 是指项目实施过程是某阶段实际完成的工作量所消耗的工时(或费用)。通常也会用 ACWP(Actual Cost of Work Performed)来表示。AC 主要反映项目执行的实际消耗指标。

(3) 挣值 EV(Earn Value)。EV 是指项目实施过程中某阶段实际完成工作量按预算定额计算出来的工时(或费用),另外也可使用 BCWP(Budgeted Cost of Work Performed)来表示。EV 的计算公式为:

$$EV=已完成工作量\times预算定额 \tag{9-2}$$

2. 挣值法的四个评价指标

1) 成本偏差 CV(Cost Variance)

CV 是指检查期间 EV 与 AC 之间的差异。其计算公式为:

$$CV=EV-AC \tag{9-3}$$

当 CV 为负值时,表示执行效果不佳,即实际消耗人工(或费用)超过预算值,也就是超支。

当 CV 为正值时,表示实际消耗人工(或费用)低于预算值,即有节余或效率高。

当 CV 等于零时，表示实际消耗人工(或费用)等于预算值。

2) 进度偏差 SV(Schedule Variance)

SV 是指检查日期 EV 与 PV 之间的差异。其计算公式为：

$$SV = EV - PV \tag{9-4}$$

当 SV 为正值时，表示进度提前。

当 SV 为负值时，表示进度延误。

当 SV 为零时，表示实际进度与计划进度一致。

3) 成本绩效指标 CPI(Cost Performed Index)

CPI 是指预算成本与实际成本之比(或工时值之比)。其计算公式为：

$$CPI = EV / AC \tag{9-5}$$

当 CPI>1 时，表示低于预算，即实际费用低于预算费用。

当 CPI<1 时，表示超出预算，即实际费用高于预算费用。

当 CPI=1 时，表示实际费用与预算费用吻合。

4) 进度执行指标 SPI(Schedule Performed Index)

SPI 是指项目挣值与计划之比。其计算公式为：

$$SPI = EV / PV \tag{9-6}$$

当 SPI>1 时，表示进度提前，即实际进度比计划进度快。

当 SPI<1 时，表示进度延误，即实际进度比计划进度慢。

当 SPI=1 时，表示实际进度等于计划进度。

对计划价值、挣值和实际成本这三个参数，既可以分阶段(通常以周或月为单位)进行监测和报告，也可以针对累计值进行监测和报告。图 9-7 以 S 曲线展示某个项目的 EV 数据，该项目预算超支且进度落后。

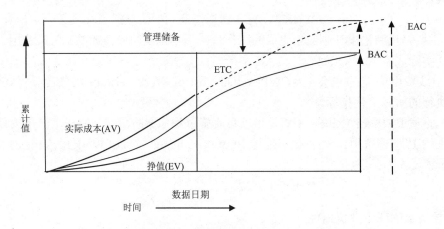

图 9-7 挣值、计划价值和实际成本对比图

9.6.2 项目挣值管理中的预测分析

使用挣值法分析还可以预测未来项目成本的发展变化趋势，从而为项目成本控制指明方向。项目未来完工成本 EAC(Estimate At Completion)是按项目执行情况估计完成项目全部工作所需要的总成本。EAC 的计算是以项目的实际执行情况为基础，再加上项目全部未完

成工作的费用预测。在不同的情况下，对未完成工作的费用预测不同，EAC 的计算方法也不同。最常见有以下三种方法。

(1) 假定项目未完成部分将按照目前的效率去进行预测的方法，计算公式为：

$$EAC=BAC/CPI \tag{9-7}$$

式中，EAC 为到项目完工时的成本，CPI 为成本绩效指数，BAC 为总预算成本。

(2) 假定项目未完成部分将按计划规定的效率进行预测的方法，计算公式为：

$$EAC=AC+BAC-EV \tag{9-8}$$

(3) 当过去的执行情况表明先前的成本假设有根本缺陷或由于条件改变而不再适用新的情况时，需要全面重估剩余工作成本的预测方法，计算公式为：

$$EAC=AC+ETC \tag{9-9}$$

式中，ETC(Estimate To Completion)是全面重新估算项目剩余工作的成本。

表 9-5 汇总了项目挣值管理方法的计算方法。

表 9-5 挣值计算汇总表

挣值分析表				
缩写	名　称	术语词典定义	如何使用	公　式	对结果的解释
PV	计划价值	为计划工作分配的经批准的预算	在某一时点上，通常为数据日期或项目完工日期，计划完成工作的价值		
EV	挣值	对已完成的工作的测量，用该工作的批准预算来表示	在某一时点上，通常为数据日期，全部完成工作的计划价值与实际成本无关	挣值=完成工作的计划价值之和	
AC	实际成本	在给定时间段内，因执行项目而实际发生的成本	在某一时点上，通常为数据日期，全部完成工作的实际成本		
BAC	完工预算	为将要执行的工作所建立的全部预算的总和	全部计划工作的价值，项目的成本基准		
CV	成本偏差	在给定某个时间点，预算亏空或盈余量，表示为挣值与实际成本之差	在某一时点上，通常为数据日期，完成工作的价值与同一时间上实际成本之间的差异	CV=EV-AC	正数=在计划成本之内 零=与计划成本持平 负数=超过计划成本

续表

缩写	名称	术语词典定义	如何使用	公式	对结果的解释
SV	进度偏差	在给定某个时间点,项目进度提前或落后的情况,表示为挣值与计划价值之差	在某一时点上,通常为数据日期,完成工作的价值与同一时间上计划完成的工作之间的差异	SV=EV−PV	正数=提前于进度计划 零=在进度计划上 负数=落后于进度计划
VAC	完工偏差	对预算亏空量或盈余量的一种预测,是完工预算与完工估算之差	项目完工成本的估算差异	VAC=BAC−EAC	正数=在计划成本之内 零=与计划成本持平 负数=超过计划成本
CPI	成本绩效指数	度量预算资源的成本效率的一种指标,表示为挣值与实际成本之比	CPI等于1.0说明项目完全按预算进行,到目前为止完成的工作的成本与预计使用的成本一样,其他数值则表示已完工的成本高于或低于预算的百分比	CPI=EV/AC	>1 在计划成本之内 =1 与计划成本持平 <1 超过计划成本
SPI	进度绩效指数	测量进度效率的一种指标,表示为挣值与计划价值之比	SPI等于1.0说明项目完全按进度计划执行,到目前为止,已完成的工作与计划完成的工作完全一致,其他数值则表示已完成工作落后或提前于计划工作的百分比	SPI=EV/PV	>1 提前于进度计划 =1 在计划进度上 <1 落后于进度计划
EAC	完工估算	完成所有工作所需的预期总成本,等于截至目前的实际成本加上完工尚需估计	如果预计剩余工作的CPI与当前的一致,则使用这个公式计算EAC 如果剩余工作将以计划效率完成,则使用 如果原计划不再有效,则使用 如果CPI和SPI同时影响剩余工作,则使用	EAC=BAC/CPI AC=AC+BAC−EV EAC=AC+自下而上估算的ETC EAC=AC+[(BAC−EV)/(CPI×SPI)]	

第 9 章 项目成本管理

续表

缩写	名称	术语词典定义	如何使用	公式	对结果的解释	
ETC	完工尚需估计	完成所有剩余项目工作的预计成本	假设工作正按计划执行，则使用这个公式计算完成剩余工作所需的成本 对剩余工作进行自下而上的重新估算	ETC=EAC-AC ETC=再估值		
TCPI	完工尚需绩效指数	为了实现特定的管理目标，剩余资源的使用必须达到的成本绩效指标，是完成剩余工作所需的成本与剩余预算之比	为了按计划完成，必须维持的效率	TCPI=(BAC-EV)/(BAC-AC)	>1 =1 <1	很难完成 正好完成 很容易完成
			为了实现当前的完工估算(EAC)，必须维持的效率	TCPI=(BAC-EV)/(EAC-AC)	>1 =1 <1	很难完成 正好完成 很容易完成

本 章 小 结

本章讨论了项目"三大管理"之一的项目成本管理。首先在概述中，介绍了项目成本管理的定义、理念、需要考虑的因素和过程，之后详尽地阐述了项目成本管理的项目资源计划、项目成本估算、项目成本预算、项目成本控制四个过程，主要介绍了各个过程的依据、工具和方法以及结果，同时还讨论了资源的分类、项目成本的构成、影响项目成本的因素、项目成本估算的步骤、项目成本预算的作用和步骤以及项目成本控制的作用。掌握项目成本管理的方法对本章学习将会有很大帮助。

综 合 练 习

一、判断题

1. 一般情况下，成本估算和成本预算可以采用同样的方法。（   ）
2. 可以无限使用的资源对项目成本的影响不是很大，所以对这类资源不用进行严格的跟踪管理。（   ）
3. 在项目成本决策时，既要考虑制订更加精细计划所增加的成本，也要考虑这样会减少以后的实施成本。（   ）
4. 意外开支准备金不可以充当成本预算的底线。（   ）
5. 项目成本估算是项目成本预算的基础。（   ）

6. 在自下而上进行成本估算时，相关具体人员考虑到个人或本部门的利益，他们往往会降低估计量。   （   ）

7. 项目成本文件中标明了潜在的意外开支准备金。   （   ）

8. 当一个项目按合同进行时，成本估算和报价的意思是一样的。   （   ）

二、单选题

1. (   )通过估算最小任务的成本，再把所有任务的成本向上逐渐加总，从而计算出整个项目的总成本。

　　A. 总分预算估算法　　　　　　B. 自下而上估算法
　　C. 参数模型估算法　　　　　　D. 自上而下估算法

2. 下列表述错误的是(   )。

　　A. 意外开支准备金有显在的和潜在的两种类型
　　B. 进行成本估计时，通常将潜在的意外开支准备金作为其中的一部分
　　C. 潜在的意外开支准备金，通常在项目成本文件中没有标明
　　D. 显在的意外开支准备金，通常在项目成本文件中有标明

3. 大部分项目成本累计曲线呈(   )形。

　　A. S　　　　B. L　　　　　C. T　　　　　D. Y

4. 在一个项目中，需要把成本分配到各阶段，应该(   )。

　　A. 准备成本绩效计划
　　B. 准备详细和精确的成本估计
　　C. 把项目进度作为成本预算的依据
　　D. 确定要分配成本的项目组成部分

5. 若已知 BCWS=220 元，BCWP=200 元，ACWP=250 元。如果根据偏差分析法，则此项目的 SV 和项目状态是(   )。

　　A. 20 元，项目提前完成　　　　B. -20 元，项目比原计划滞后
　　C. -30 元，项目提前完成　　　D. 800 元，项目按时完成

6. 若已知 BCWS=220 元，BCWP=200 元，ACWP=250 元，则此项目的 CPI 和项目的成本状况是(   )。

　　A. 0.2，实际成本与计划一致　　B. 0.8，实际成本比计划成本低
　　C. 0.8，实际成本超过计划成本　D. 1.2，实际成本比计划成本低

7. 若已知 BCWS=220 元，BCWP=200 元，ACWP=250 元，则此项目的 CV 是(   )。

　　A. 30 元　　B. 50 元　　　C. -30 元　　　D. -50 元

8. 如果一个工作包原计划花费 1500 元于今天完成，但是，到今天花费了 1350 元却只完成了 2/3，则成本偏差(CV)是(   )。

　　A. 150 元　　B. -350 元　　C. -150 元　　D. -500 元

9. 通过观察累积成本曲线，项目经理能监控(   )。

　　A. BCWS　　B. CV　　　　C. SV　　　　D. CPI

三、多选题

1. 如果进度偏差与成本是一样的，两者都大于0，那么下列表述错误的是( )。
   A. 项目实际成本比计划低　　　B. 项目成本超支
   C. 项目进度滞后　　　　　　　D. 项目进度比计划提前

2. 当采用自下而上估算法来估算项目成本时，下列表述正确的是( )。
   A. 下列人员会夸大自己负责活动的预算
   B. 自下而上估算法估算出来的成本通常在具体任务方面更为精确一些
   C. 高层管理人员会按照一定的比例削减下层人员所作的预算
   D. 自下而上估算法是一种参与管理性的估算方法

3. 下列关于参数模型估算法的表述正确的是( )。
   A. 参数模型估算法考虑了所有对成本影响的因素
   B. 用来建模的所参考的历史数据应该是很准确的
   C. 用来建模的参数容易进行定量化处理
   D. 模型对大型项目适用，经过略微调整后也对小型项目适用

4. 下列表述正确的是( )。
   A. 资源平衡的目的就是使资源需求波动最小化
   B. 在资源平衡的情况下，可以使用"零库存"策略
   C. 如果资源平衡，就不需要大量的资源传送管理工作
   D. 在资源不能平衡的情况下，就应该考虑延长项目的工期

5. 如果项目制定更加详细的决策，就会导致增加项目的决策成本，但是也会减少项目的实施成本，下列情况下制定更加详细的决策可行的是( )。
   A. 增加的决策成本是1000元，但是减少项目的实施成本为1200元
   B. 增加的决策成本是900元，但是减少项目的实施成本为800元
   C. 增加的决策成本是500元，但是减少项目的实施成本为600元
   D. 增加的决策成本是2000元，但是减少项目的实施成本为1800元

6. 在影响项目成本的因素中，下列表述正确的是( )。
   A. 延长项目的工期会减少项目的成本
   B. 项目质量的要求越高，则项目的成本就会越大
   C. 项目完成的活动越复杂，则项目的成本就会越大
   D. 在项目所耗资源的数量和单价两个要素中，资源的数量对项目成本的影响较大

四、计算题

1. 某公路修建项目，预算单价为400元/米。计划用30天完成，每天120米。开工后5天测量，已完成500米。

   实际付给承包商35万元。计算：
   (1) 成本偏差(CV)和进度偏差(SV)是多少？说明了什么？
   (2) 进度执行指数(SPI)和成本执行指数(CPI)是多少？说明了什么？

2. 图9-8是某豪华别墅装修项目的网络图。

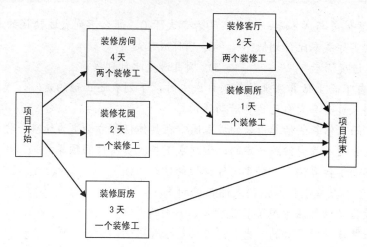

图 9-8　某豪华别墅装修项目网络图

要求：
(1) 绘制资源需求甘特图。
(2) 当该项目只有 3 个装修工时，如何进行该项目的资源平衡？

3. 表 9-6 是一个大型设备的每期成本预算情况。

表 9-6　某大型设备的每期成本预算情况

单位：万元

成　本	1周	2周	3周	4周	5周	6周	7周	8周	9周
设计	4	3							
建造			2	3	1				
安装						2	2		
调试								1	2
合计	4	3	2	3	1	2	2	1	2

试根据表 9-6 中的已知条件计算该项目的累计预算成本。

五、简答题

1. 什么是意外开支准备金？意外开支准备金有哪几种类型？
2. 为什么要利用意外开支准备金？如何确定意外开支准备金的水平？
3. 项目成本管理所要考虑的因素有哪些？
4. 什么是资源负载？它与资源平衡有什么区别？
5. 简述项目成本估算的步骤和依据。
6. 简述各种成本估算方法(自上而下估算法、参数模型估算法、自下而上估算法)的适用情况。
7. 项目成本预算有什么作用？
8. 简述项目成本控制的作用。

9. 图 9-9 是某机器安装项目网络图，请按照该图分别编制资源需求甘特图和资源需求平衡图。

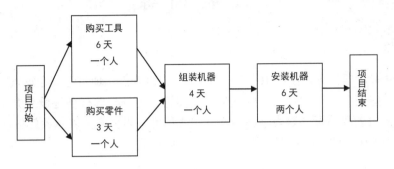

图 9-9　某机器安装项目网络图

10. 某项目预算总成本 400 万元，计划工期为 2 年。在项目的实施过程中，通过成本记录的信息可知：开工后第一年年末的实际发生成本为 100 万元，已完成工作的预算成本额为 50 万元。与项目预算成本比较，项目计划工作量的预算成本为 200 万元。试分析该项目的成本执行情况和计划完工情况。

六、案例分析

如何进行新建数码产品制造流程的成本估算？

小陈被任命为 W 公司一个新建数码产品制造流程的项目经理。该数码产品具有很高的价格敏感性。W 公司已经在计量方面做了很多工作，而且建立了自己的敏感度模型，所以公司能够根据定价方式的变化精确地预测销售数量的变化。

W 公司决策层认为所有在项目中影响该数码产品的各项成本都应该按照敏感度模型的分析运作，由此分析产品的收益并快速做出项目取舍的决策。W 公司的做法使得小陈为提交项目成本预算必须承受很大的压力，公司已经撤换了 4 位在可行性研究阶段表现不佳的项目经理，而且他们都是小陈熟识的同事。

小陈现在面临的问题是：怎样才能编制出一个准确反映该项目全新制造过程的成本估算？该数码产品制造流程只对原流程五个阶段中的一个做出了改动，因此小陈能对其他四个没有改动的流程阶段获得详细的成本信息，但是改动的阶段很多工作不是很清晰，而且这一阶段还会对其他四个阶段产生一些影响，影响的程度也没有得到明确的界定。最重要的是，改动的流程阶段几乎占整个制造成本的 40%。

问题：

1. 目前该项目成本管理中存在的问题是什么？
2. 你认为小陈应该采用哪一种成本估算的方法才能得出比较准确的估算结果？
3. 你认为公司决策层的做法合理吗？

技 能 训 练

实训背景:

某项目共有 7 项任务,在第 10 周结束时有一个检查点。项目经理在该点对项目实施检查时发现,一些任务已经完成,一些任务正在实施,另外一些任务还没有开工,具体情况如表 9-7 所示。(表中的百分数表示任务实际完成程度,阴影部分表示各任务计划进度。)各项任务已完成工作量的实际耗费费用如表 9-8 的第 3 列所示。

问题:

1. 请根据已知条件计算该检查点的 BCWP 和 BCWS,判断此时该项目费用的使用和进度情况,并根据判断提出应对措施。
2. 假设项目的未来情况不会有大的变化,请预测项目完工时各项任务的费用情况。

表 9-7 某项目进展情况表

任务\时间	1~4	5~8	9~10	11~14	15~16	17~20	21~24
1	100%						
2		80%					
3			40%				
4				30%			
5					0%		
6							0%
7						0%	

表 9-8 项目跟踪情况表(未完成)

序 号	费用预算/万元	ACWP/万元	BCWP/万元	BCWS/万元
1	50	45		
2	40	35		
3	60	24		
4	100	28		
5	30	0		
6	25	0		
7	20	0		
合计	325	132		

实训步骤:

第一步:分别检查各项任务在第 10 周的实际完成情况与计划完成情况,然后根据公式

(9-1)和公式(9-2)进行计算。

第二步：根据计算结果，比较计算得到项目的 CV 和 SV，从而判断项目的实际执行情况。

第三步：根据项目在第 10 周的进度，将项目分为三类：已经完成的任务、尚未开始的任务和已经开展但尚未完工的任务。最终计算得到完工时整个项目的 EAC 值。

第 10 章 项目质量管理

我们不应该忘记任何经验，即使是最痛苦的经验。

——Dag Hmmersdjold，联合国秘书长

学习目标：

知识目标	技能目标
熟悉质量规划、质量保证、质量控制的主要工作	掌握项目质量计划编制的方法
了解质量规划、质量保证、质量控制的依据	掌握项目质量控制的各种方法
了解质量管理理论的发展以及质量管理与项目管理的集成等知识	掌握项目质量保证的各种方法

质量关系着人民的生命财产安全和生活质量。项目质量是衡量项目是否实现其使用功能的一个重要标志。客户是项目的使用者，如何识别和满足客户对项目的质量要求、如何保证项目的质量，是项目管理中值得探讨的问题。

质量是维护客户忠诚的最好保证，也是企业的生命。日本著名电子产品松下的创始人松下幸之助曾提到，"对产品质量来说，不是 100 分就是 0 分"，正是在这种注重品质的企业文化下，松下产品闻名遐迩。质量对于一个项目的成功也是非常重要的，一般来说，如果一个项目能按时交付并能达到质量和成本方面的要求，该项目就算是成功的。项目的成本和时间相对比较容易度量，然而项目的质量意味着什么？项目质量管理又该如何进行呢？本章对此进行具体讲解。

10.1 概　　述

10.1.1 质量的定义

质量(Quality)概念所描述的对象早期大多局限于产品，后期逐渐延伸到服务，现代质量概念则不仅包括产品和服务，还扩展到了过程、活动、组织乃至它们的结合。

国际标准化组织(ISO)发布的 2000 版 ISO 9000 将质量定义为："一组固有特性满足要求的程度。"明确指出了质量是产品或过程的固有特性满足要求的程度。

一些知名企业和学者也对质量进行了定义。柯达公司将质量定义为："在一个可产生显著效益的成本水平上，产品或服务可以满足或超过用户的需要和期望的程度。"柯达公司对质量的定义不仅考虑了产品或服务满足或超过顾客的需求，还考虑了质量的成本。

美国质量管理学家约瑟夫·M. 朱兰(Joseph M. Juran)博士从顾客的角度出发，提出了著名的"适用性"观点。他认为：质量就是产品的适用性，即产品在使用时能够满足用户需要的程度。

综上所述，质量的概念应该包括以下几个方面的特点。

(1) 质量的广义性。顾客不仅对组织的产品提出要求，也可能对过程提出要求，而过程同样具有固有特性，因此质量不仅指产品质量，也包括过程质量。

(2) 质量的规定性。质量是指固有特性满足要求的程度，将赋予特性与固有特性予以区分。

(3) 质量的适用性。产品必须能够满足顾客的某些需求，能够解决顾客提出的问题，因此产品的适用性要求对于产品能否在市场上生存也是至关重要的。

(4) 质量的经济性。产品或服务不但要满足顾客功能上的要求，还要满足顾客经济上的要求，努力为顾客节约投入。

(5) 质量的时效性。由于顾客对组织的产品或过程的需求和期望是不断变化的，因此，质量也在变化，这就要求组织不断地调整对质量的要求。

(6) 质量的相对性。既然将质量定义为"满足顾客要求"的程度，不同顾客的要求是不同的，那么对质量的要求也是不同的。

结合质量的定义以及项目的特征可知，项目质量是指项目管理和项目成果的质量，它不仅包括项目的成果，即产品或服务的质量，也包括项目管理的质量。项目质量不但要满足规定的要求，还要力争实现顾客满意。

10.1.2 质量管理的定义

关于质量管理(Quality Management)有许多不同的定义，较为典型的有日本的质量管理学家谷津进和国际标准化组织对于质量管理的定义，他们从不同的角度给出了质量管理的解释。

谷津进认为，质量管理"就是向消费者或顾客提供高质量产品与服务的一项活动。这种产品和服务必须保证满足需求、价格便宜和供应及时"。这一定义给出了质量管理的目的、目标和作用，明确了质量管理的根本目的是向客户和消费者提供高质量的产品与服务，明确了质量管理的目标和作用就是使产品和服务符合"满足需求、价格便宜和供应及时"这三项要求。

国际标准化组织认为："质量管理是确定质量方针、目标和职责，并在质量体系中通过诸如质量策划、质量控制和质量改进，使质量得以实现的全部活动。"从这个定义可以看出，质量管理是一项具有广泛含义的企业管理活动，它包括如下几个方面的内容。

(1) 项目质量管理贯穿从企业质量方针政策的制定到用户对项目产品质量的最终检验的全过程，是专门针对保障和提高项目质量而进行的管理。

(2) 项目质量管理需要所有项目利益相关者的共同努力，它包括：①项目客户、项目所属的公司和项目经理等关于质量目标、方针和职责的制定；②项目管理人员根据上面所制定的质量目标和方针，制订项目的质量计划；③项目团队关于项目质量计划的具体实施。

(3) 项目质量管理不仅包括项目产品的质量管理，而且还包括制造项目产品过程中工作质量的管理，因为项目最终产品的质量是由产品生产过程来保证的，只有保证高质量水平的生产过程，才能生产出高质量的产品。

10.1.3　项目质量管理的定义

项目质量是指项目的可交付成果能够满足客户需求的程度。而项目质量管理是为了保证项目的可交付成果能够满足客户的需求，围绕项目的质量而进行的计划、协调、控制等活动。

项目质量管理的主要目的是确保项目的可交付成果满足客户的要求。项目团队必须与客户建立良好的关系，理解他们明确的需求以及隐含的需求，因为客户是项目质量是否达到要求的最终裁判者。

项目质量管理的概念与质量管理的概念有许多相同之处，也有不同之处。不同之处是由项目的一次性等特性所决定的。质量管理是针对日常运作所进行的活动，日常运作是重复做某件事情，一旦过程设计好了，只需以保守的态度采用诸如统计过程控制等方法进行监控即可，其工作的重点是在质量监控上。在运作管理中，通常也会采用破坏性的测试，测试之后产品就会报废。例如，每 100 件产品可能会抽取一个进行测试。但在项目中，由于只有一次机会，无法进行上述的破坏性测试，因此必须在项目的早期强调质量保证和质量控制。

项目质量管理包括三个主要过程：质量计划编制、质量保证、质量控制，如图 10-1 所示。项目质量管理通过制定质量方针、建立质量目标和标准，并在项目生命周期内持续使用质量计划、质量控制、质量保证和质量改进等措施来落实质量方针的执行，确保质量目标的实现，最大限度地使客户满意。

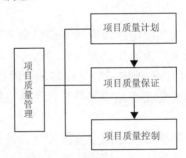

图 10-1　项目质量管理的过程

10.2　项目质量计划

项目质量管理的基本宗旨是："质量出自计划，而非出自检查。"只有制订出精准的质量计划，才能指导项目的实施，做好质量控制。项目质量计划是整体项目管理计划的一部分，是对特定的项目、产品、过程或合同，规定由哪个人、在何时，应使用哪些程序和相关资源的文件。质量计划并不是一个单独的文件，而是由一系列文件组成的。

质量计划是由项目经理和项目组成员制订的，他们利用树状图表技术，将项目的工作分解成更低一层的活动，直到项目的质量能被识别为止而得来。所以，编制项目的质量计划，首先必须确定项目的范围、中间产品和最终产品，然后明确关于中间产品和最终产品的有关规定、标准，确定可能影响产品质量的技术要点，并找出能够确保高效满足相关规定、标准的过程方法。同时，项目经理还要确保这些活动能够按顺序记录和执行，以满足客户的需要和期望。

制订项目质量计划是为了确保项目的质量标准能够满意地实现，其关键是在项目的计划期内确保项目按期完成，同时处理好与其他项目计划之间的关系。项目质量计划的主要目的包括如下几点。

(1) 识别组织内部和外部的所有顾客。
(2) 制定设计过程来满足用户要求。
(3) 使得组织能够对不断变化的客户要求做出反应。
(4) 证明程序工作正常，并且可以满足质量目标。

项目质量规划主要包括质量计划的编制、质量计划的工具和技术、质量计划的输出三部分。表 10-1 是项目质量计划的工作内容。

表 10-1　项目质量计划的工作内容一览表

输入(或数据)	工具与方法	输出(或结果)
质量策略	效益/成本分析	质量管理计划
范围阐述	基准对照	操作性定义
产品说明	流程图	审验单
标准和规则	实验设计	其他程序的输入
其他程序的输出		

10.2.1　项目质量管理计划的输入

项目质量计划的输入包括如下几个方面的内容。

1. 质量策略

质量策略是"一个注重质量的组织的所有努力和决策，通常称为顶级管理"。执行组织的质量策略经常能被项目所采用。然而，如果执行组织忽略了正式的质量策略，或者项目包含了多重的执行组织(合资企业)，项目管理小组就需要专门为这个项目开发一次质量策略。不管质量策略的原因是什么，项目管理小组都有责任确保项目相关人员充分意识到它。

2. 范围阐述

范围阐述不仅规定了项目的主要成果，而且规定了项目的目标，是项目规划的基础和依据，同时也规定了什么样的事项是影响项目的质量问题。

3. 产品说明

虽然产品说明的因素可以在范围阐述中加以具体化，但通常仍需要产品说明来阐明技术要点的细节和其他可能影响质量规划的因素。

4. 标准和规则

项目经理必须考虑可能对该项目产生影响的任何领域的专门标准和规则，考虑这些标准和规则对本项目的质量会带来什么影响，进而为本项目的质量规划所用。

5. 其他程序的输出

除了范围说明和产品说明外，其他过程也可能和质量规划有一定的联系。例如，采购计划就可能对承包商提出各种质量要求，因此，这些也应该在质量管理规划中有所反映。

10.2.2 项目质量管理计划的工具和技术

编制质量计划通常采用流程图、因果分析图等方法对项目进行分析，确定需要监控的关键元素，设置合理的见证点、停工待检点，并制定质量标准。

1. 效益/成本分析

质量规划过程必须考虑成本与效益两者之间的取舍权衡。符合质量要求所带来的主要效益是减少返工，它意味着劳动生产率提高，成本降低，利害相关者更加满意。为达到质量要求所付出的主要成本是开展项目质量管理活动的开支。而质量成本却包括以下两类呈反方向变动的成本。

(1) 质量纠正成本。包括交货前内部故障成本和交货后的外部故障成本。
(2) 质量保证成本。包括预防成本和鉴定成本。

进行质量成本分析的目的，即寻求最佳质量成本。

质量成本的四个项目的比例，在不同项目、项目的不同阶段是不相同的。但它们的发展趋势总带有一定的规律性：如在开展质量管理的初期，质量水平不太高时，一般鉴定成本和预防成本较低；随着质量要求的提高，这两项费用就会逐渐增加；当质量达到一定水平后如再需提高，这两项费用将急剧上升。内部损失成本和外部损失成本的情况正好相反，当合格率较低时，内、外部损失成本较大；随着质量要求的提高，质量内部和外部损失的费用都会逐步下降。

2. 基准对照

基准对照是指通过将项目的实际做法或计划做法与其他项目的做法进行对照，启发改善项目质量管理的思路，产生改进的方法，或者提供一套度量绩效的标准。这里所说的其他项目既可在实施组织内部，也可在其外部；既可在同一应用领域，也可在其他领域。

3. 流程图

流程图是显示系统中各要素之间的相互关系的图表。流程图能够帮助项目小组预测可能发生哪些质量问题，在哪个环节发生，因而使解决问题手段更为有效。在质量管理中常用的流程图包括以下两个。

(1) 因果图，又称鱼刺图，用于说明各种直接原因和间接原因与所产生的潜在问题和影响之间的关系。

(2) 系统或程序流程图，用于显示一个系统中各组成要素之间的相互关系。

4. 实验设计

实验设计可以说是一种分析技术，它可以帮助鉴定哪些变量是对整个项目产生影响最主要的因素。这种技术最常应用于项目生产的产品。例如，汽车设计者可能希望决定哪种刹车与轮胎的组合能具有最令人满意的运行特性，而成本又比较合理。

通常，也使用其他质量规划工具，帮助更好地界定情况，并有助于更有效地计划质量管理活动。这些工具包括集思广益、关系图、力场分析、名义组技术、模块图和优先排序矩阵等。

10.2.3 项目质量管理计划的输出

项目经理在质量计划结束后，应该得到下面的成果。

1. 质量管理计划

质量管理计划用来说明项目管理团队如何具体执行质量策略。用 ISO9000 的术语来对质量体系进行描述，就是："组织结构、责任、工序、工作过程及具体执行质量管理所需的资源。"质量管理计划为整个项目计划提供了输入资源，并必须兼顾项目的质量控制、质量保证和质量提高。

2. 操作性定义

操作性定义是用非常专业化的术语描述各项操作规程的含义，以及如何通过质量控制程序对它们进行检测。例如，仅仅把满足计划进度时间作为管理质量的检测标准是不够的，项目管理小组还应指出是否每项工作都应准时开始，抑或只要准时结束即可；是否要检测个人的工作，抑或仅仅对特定的子项目进行检测。如果确定了这些标准，那么就可以明确哪些工作或工作报告需要检测。在一些应用领域，操作性定义又称为公制标准。

3. 审验单

审验单是一种组织管理手段，通常是工业或专门活动中的管理手段，用以证明需要执行的一系列步骤是否已经得到贯彻实施。审验单可以很简单，也可以很复杂。常用的语句有命令式（"完成工作！"）或询问式（"你完成这项工作了吗？"）。许多组织提供标准化审验单，以确保对常规工作的要求保持前后一致。在某些应用领域中，审验单还会由专业协会或商业服务机构提供。

4. 对其他程序的输入

质量计划程序可以在其他领域提出更长远的工作要求。

10.3　项目质量保证

10.3.1　项目质量保证的概念

国际标准 ISO 9000：2000 把质量保证定义为质量管理的一部分，它致力于提供能满足质量要求的信任。

一般来说，质量保证是指定期评价项目的全部性能，提供项目满足质量标准的证明拟确定该项目能满足的相关的质量标准，通过这个活动和过程保证交付的产品和服务满足要求的质量层次。也就是说，对项目实施过程进行不断的检查、度量、评价和调整的活动。质量保证是项目对客户在质量方面的担保，它是为了获得优质产品而提前采取的预防措施，预防的目的是为了防止缺陷的发生。它的目的是确保项目的一次性成功。质量保证是正式活动和管理过程的集合性术语。质量保证表明实体能够满足质量要求，并在质量体系中实施需要进行的全部有计划的系统活动。质量保证应能识别目标与标准，以预防为导向，为连续改进循环中使用与按集数据编制计划及建立和维持绩效评估和质量审核编制计划。

质量保证可分为内部质量保证和外部质量保证。内部质量保证视为是项目经理确信企业项目质量或服务质量满足规定要求所进行的活动，其中所包括对项目质量管理体系的评价与审核以及对质量成绩的评定。它是项目质量管理职能的一个组成部分，其目的是使项目经理对项目质量放心。外部质量保证是向顾客或第三方认证机构提供信任，这种信任表明企业能够按规定的要求，保证持续稳定地向顾客提供合格产品，同时也向认证机构表明企业的质量保证体系符合 ISO 9000 标准的要求，并且能有效运行。项目经理为了使顾客确信项目的质量符合规定要求，必须进行一系列有计划、有组织的活动，向顾客提供质量保证。另一方面，项目经理也必须要求供应商和协作单位提供可靠的证据，证明他们的产品符合规定的质量要求，以保证项目的质量。

美国的项目管理协会的 PMBOK 给项目质量保证所下的定义是：质量保证是一种有目的、有计划和有系统的活动。质量保证活动的目的是提供信任，而信任是通过证据来达到的，证据证实的程度应以满足需要和能提供信任为准则。美国质量管理专家朱兰（Juran）在《质量计划与分析》一书中指出，"保证"一词的含义非常类似于"保险"一词。保证和保险都是试图得到某种保护以避免灾祸，而进行少量的投资。就保险来说，这种保护是在万一出现了灾害或事故之后，能得到一笔损失赔偿费。而就保证而言，这种保护反映为所得到的信息，这种信息为下述两种信息之一。

（1）使对方确信万无一失。例如，项目满足用户要求，过程正在正常进行，工艺规程正被遵循等。

（2）向对方提供并非一切如意和某种故障可能正在酝酿之中的早期预警。通过这种早期预警，对方可以预先采取措施，以防止故障或事故的发生。

总之，项目质量保证在内部是向管理者提供证据，以表明产出物满足质量要求，取得管理者的信任，让管理者对产出物的质量放心；在外部是向顾客或其他方提供足够的证据，表明产出物满足质量要求，取得顾客或其他方的信任，让他们放心。

10.3.2 项目质量保证的主要工作

项目质量保证主要包括质量保证的输入、质量保证的工具和技术以及质量保证的输出三部分。项目质量保证的主要工作如表10-2所示。

表10-2 项目质量保证的工作内容一览表

输入(或数据)	工具与方法	输出(或结果)
质量管理计划	质量计划的工具和技巧	质量提高
质量控制检测结果	质量审计	质量保证体系
操作性定义		

1. 项目质量保证的输入

项目质量保证的依据有如下几点。

(1) 质量管理计划。

(2) 质量控制度量的结果。质量控制度量是为了比较和分析所做的质量控制而做的测试记录和度量。

(3) 操作说明。

质量保证应做到以下几点。

(1) 识别目标与标准。

(2) 为在连续改进的周期中使用与收集数据编制计划。

(3) 为建立和维持绩效评估编制计划。

(4) 质量审核。

(5) 提出质量改进措施，提高项目的效能和效率。

2. 项目质量保证的工具和技术

(1) 质量计划的工具和技巧。质量计划手段和技巧在质量保证中同样适用。质量计划编制中的几个工具也可以用于质量保证。实验设计，正如在质量计划编制中描述的那样，同样也能用来帮助保证和提高产品的质量。基准比较分析法是一种用于质量改进的技术，它是将具体项目实践或产品特性与那些在项目执行组织内部或外部的其他项目或产品的相应性进行比较，从而产生质量改进的思想。鱼刺图或石川图可以通过发现质量问题的根本原因，从而有助于保证和提高质量。

(2) 质量审计。质量保证的一个主要工具和技术是质量审计。质量审计是对特定质量管理活动的结构化审查，找出教训，改进现在或将来项目的执行。质量审计可以是定期的，也可以是随时的，可以由公司内的稽查员或在特定领域有专门知识的第三方执行。质量审计常常有行业工程师执行，他们通常为一个项目定义特定的质量尺度，并在整个项目过程中运用和分析这些质量尺度。

3. 项目质量保证的输出

质量保证的输出包括采取措施提高项目的效益和效率，为项目相关人员提供更多的利益。在多数情况下，完成提高质量的工作要求做好改变需求或采取纠正措施的准备，并按照整体变化控制的程序执行。

同时，项目质量保证的内容还涉及质量保证体系。质量保证体系是企业以保证和提高产品质量为目标，运用系统概念和方法，依靠必要的组织机构，把各个部门、各环节的质量管理活动严密地组织起来，形成一个有明确的任务、职责、权限、互相协调、互相促进的质量管理的有机整体。

质量保证体系的基本组成部分是：①设计试制；②生产制造；③辅助生产过程的质量管理；④使用过程的质量管理。

10.4 项目质量控制

10.4.1 项目质量控制概述

1. 质量控制的含义

质量控制是质量管理的一部分，致力于满足质量要求。质量控制的目标就是确保项目质量能满足有关方面所提出的质量要求(如适用性、可靠性、安全性等)。质量控制的范围涉及项目质量形成全过程的各个环节。项目质量受到质量各阶段质量活动的直接影响，任一环节的工作没有做好，都会使项目质量受到损害而不能满足质量要求。质量的各阶段是由项目的特性所决定的，根据项目形成的工作流程，由掌握了必需的技术和技能的人员进行一系列有计划、有组织的活动，使质量要求转化为满足质量要求的项目或产品，并完好地交付给用户，还应根据项目的具体情况进行项目成果交付后的服务，这是一个完整的质量循环。

质量控制的工作内容包括了作业技术和活动，即包括专业技术和管理技术两个方面。在项目形成的每一个阶段和环节，即质量的每一阶段，都应对影响其工作质量的人、机、料、法、环(4M1E)因素进行控制，并对质量活动的成果进行分阶段验证，以便及时发现问题，查明原因，采取措施，防止类似问题重复发生，并使问题在早期得到解决，以减少经济损失。为使每项质量活动都能有效，质量控制对干什么、为何干、如何干、由谁干、何时干、何地干等问题应作出规定，并对实际质量活动进行监控。项目的进行是一个动态过程，所以，围绕项目的质量控制也具有动态性。

2. 质量控制的特点

项目不同于一般产品，对于项目的质量控制也不同于一般产品的质量控制，其主要特点如下：

(1) 影响质量的因素多。项目的进行是动态的，影响项目质量的因素也是动态的。项目的不同阶段、不同环节、不同过程，影响因素也不尽相同。这些因素有些是可知的，有些是不可预见的；有些对项目质量的影响程度较小，有些对项目质量的影响程度较大，有些对项目质量的影响则可能是致命性的，这些都给项目的质量控制造成了难度。所以，加强对影响质量因素的管理和控制是项目质量控制的一项重要内容。

(2) 质量控制的阶段性。项目需经历不同的阶段，各阶段的工作内容、工作结果都不相同，所以各阶段的质量控制内容和控制的重点亦不相同。

(3) 易产生质量变异。质量变异就是项目质量数据的不一致性。产生这种变异的原因有两种，即偶然因素和系统因素。偶然因素是随机发生的，客观存在的，是正常的；系统因素是人为，异常的。偶然因素造成的变异称为偶然变异，这种变异对项目质量的影响较小，是经常发生的，是难以避免的，难以识别的，也难以消除的。系统因素所造成的变异称为系统变异，这类变异对项目质量的影响较大，易识别，通过采取措施可以避免，也可以消除。由于项目的特殊性，在项目进行过程中，易产生这两类变异。所以在项目的质量控制中，应采取相应的方法和手段对质量变异加以识别和控制。

(4) 易产生判断错误。在项目质量控制中，经常需要根据质量数据对项目实施的过程或结果进行判断。由于项目的复杂性、不确定性，造成质量数据的采集、处理和判断的复杂性，往往会对项目的质量状况作出错误判断。例如，将合格判为不合格，或将不合格判为合格；将稳定判为不稳定，或将不稳定判为稳定；将正常判为不正常，或将不正常判为正常。这就需要在项目的质量控制中，采用更加科学、更加可靠的方法，尽量减少判断错误。

(5) 项目一般不能解体、拆卸。已加工完成的产品可以解体、拆卸，对某些零、部件进行检查，但项目一般做不到这一点。例如，对于已建成的楼房，就难以检查其中地基的质量；对于已浇筑完成的混凝土构筑物，就难以检查其中钢筋质量。所以，项目的质量控制应更加注重项目进展过程，注重对阶段结果的检验和记录。

(6) 项目质量受费用、工期的制约。项目的质量不是独立存在的，它受费用和工期的制约。在对项目进行质量控制的同时，必须考虑其对费用和工期的影响，同样应考虑费用和工期对质量的制约，使项目的质量、费用、工期都能实现预期目标。

3. 质量控制的主要工作内容

质量控制的主要工作内容包括以下几个方面。

(1) 预防(不让错误进入项目程序)和检验(不让错误进入客户手中)。

(2) 静态调查(其结果要么一致，要么不一致)和动态调查(其结果依据衡量一致性程度的一种持续性标准而评估)。

(3) 确定因素(非常事件)和随机因素(正态过程分布)。

(4) 误差范围(如果其结果落入误差范围所界定的范围内，那么这个结果就是可接受的)和控制界限(如果其成果落入控制界限内，那么该项目也在控制之中)。

项目质量控制主要包括质量控制的输入、质量控制的工具和技术以及质量控制的输出三部分。表10-3是项目质量控制的工作内容。

表 10-3　项目质量控制的工作内容一览表

输入(或数据)	工具与方法	输出(或结果)
项目成果	检验	质量提高
质量管理计划	控制图	可接受的决定
操作性定义	排列图	返工
审验单	抽样调查统计	完成后的审验单
	流程图	程序的调整
	趋势分析	

10.4.2　项目质量控制的输入、工具和技术

1. 项目质量控制的输入

(1) 项目成果。项目成果包括程序运行结果和生产成果。关于计划的或预测的成果信息(来源于项目计划)应当同有关实际成果的信息一起被利用。

(2) 质量管理计划。

(3) 操作性定义。

(4) 审验单。

2. 项目质量控制的工具和技术

1) 检验

检验包括测量、检查和测试等活动,目的是确定项目成果是否与要求相一致。检验可以在任何管理层次中开展。检验有各种名称：复查、产品复查、审查及回顾。在一些应用领域中,这些名称有范围较窄的专门含义。

2) 控制图

控制图旨在确定一个过程是否稳定,是否具有可预测的绩效结果。控制图也可作为数据收集工具,表明过程何时受特殊原因影响而使过程失控,同时也可以反映一个过程随着时间推移而体现的规律。这构成了过程变量之间交互作用的图形表现形式,可借此得出问题的答案：过程变量是否在可接受的范围内？通过对控制图数据点规律的检查,可以揭示波动幅度很大的过程数值,过程数值的突然变动,或偏差日益增大的趋势。通过对过程结果的监控,可有利于评估过程变更的实施是否带来预期的改进。如果过程处于正常控制范围内,就不应对其进行调整。但如果没有处于正常控制之内时,则需要对其进行调整。也就是说,它是画有控制界限的一种图表,用来分析质量波动究竟由于正常原因引起还是由于异常原因引起,从而判明生产过程是否处于控制状态。

3) 排列图

排列图,又叫帕累托图,是一种直方图,它显示由于某种原因引起的缺陷数量或不一致的排列顺序,是找出影响项目产品或服务质量的主要因素的方法。只有找出影响项目质量的主要因素,才能有的放矢,取得良好的经济效益。

4) 流程图

质量控制中运用流程图有助于分析问题是如何发生的。

5) 趋势分析

趋势分析可采用趋势图表示，趋势图可反映偏差的历史和规律。它是一种线形图，按照数据发生的先后顺序将数据以圆点形式绘制成图形。趋势图可反映一个过程在一定时间段的趋势、一定时间段的偏差情况，以及过程的改进或恶化。趋势分析是借助趋势图来进行的。趋势分析是指根据过去的结果用数学工具预测未来的成果。趋势分析往往用于监测技术绩效(多少错误或缺陷已被确认，其中多少尚未纠正)和费用与进度绩效(每个时期有多少活动在活动完成时出现了明显偏差)。

6) 抽样调查统计

抽样调查统计是指从感兴趣的群体中选取一部分进行检查。例如，从总数为 75 张的工程图纸目录中随机选取 10 张。适当的抽样往往可以降低质量控制费用。目前，统计抽样已经形成了规模可观的知识体系。在某些应用领域，项目管理团队有必要熟悉多种不同的抽样技术。

10.4.3 项目质量控制的输出

项目质量控制输出的结果包括以下几个方面的内容。

(1) 质量提高。

(2) 可接受的决定。经检验后的工作结果或被接受，或被拒绝。被拒绝的工作成果可能需要返工。

(3) 返工。返工是将有缺陷的、不符合要求的产品变为符合要求和设计规格的产品的行为。尤其是预料之外的返工，在大多数应用领域中是导致项目延误的常见原因。项目小组应当尽一切努力减少返工。

(4) 完成后的审验单。在使用审验单时，完成之后的审验单应为项目报告的组成部分。

(5) 程序的调整。程序的调整是指作为质量检测结果而随时进行的纠错和预防行为。在某些情况下，程序调整可能需要依据整体变化控制的程序来实行。

本 章 小 结

项目质量管理与项目时间管理、项目成本管理同属于项目管理的"三大核心"。本章在项目质量管理的概述中，对相关的概念和术语进行了介绍，并且根据项目质量管理的三个主要过程：质量计划编制、质量保证和质量控制，进行了详细的介绍，包括每个过程的主要内容、依据、采用的工具和方法，以及成果等。

综 合 练 习

一、判断题

1. 项目的质量方针是不可以调整的。　　　　　　　　　　　　　　　　　　(　　)
2. 项目质量保证的结果主要就是项目质量改进与提高的建议。　　　　　　　(　　)

3. 项目质量计划的实际执行情况是项目质量的最基本依据。（　　）
4. 内部故障成本属于质量纠正成本。（　　）
5. 质量好并不代表质量高。（　　）

二、单选题

1. 项目质量控制与项目质量保证的关系是(　　)。
   A. 截然分开的   B. 有不同的目标
   C. 互相交叉、相互重叠的   D. 采用相同的方法
2. 下列属于质量控制输出的是(　　)。
   A. 统计抽样   B. 质量管理计划
   C. 工作结果   D. 过程调整
3. 在成本/收益分析中，项目质量收益是指(　　)。
   A. 项目质量的提高所增加的收益
   B. 满足了质量要求而减少返工所获得的好处
   C. 项目质量要求的降低所减少的成本
   D. 项目质量的提高所增加的收益与增加的成本之差
4. 在项目质量控制中，关于质量检查表的表述错误的是(　　)。
   A. 质量检查表可以作为项目质量控制的依据
   B. 完善后的质量检查表记录了项目质量控制的有关消息
   C. 完善后的质量检查表为下一步的质量控制提供了基础
   D. 质量检查表作为编制项目质量计划的依据，不能作为项目质量控制的依据
5. 下列方法中，能找出发生次数少，但对项目质量影响程度大的方法是(　　)。
   A. 趋势分析   B. 质量检查表
   C. 控制图   D. 帕累托图
6. 下列方法中，能确定影响项目质量的因素是由随机事件还是由突发事件引起的方法是(　　)。
   A. 流程图法   B. 试验设计
   C. 控制图   D. 帕累托图
7. 用于说明各种直接原因和间接原因所产生的潜在问题和影响之间的关系的质量规划技术方法是(　　)。
   A. 因果图   B. 系统或程序流程图
   C. 基准对照   D. 实验设计
8. 下列方法中，能描述由不同的原因相互作用所产生的潜在问题的方法是(　　)。
   A. 趋势分析   B. 因果分析图
   C. 控制图   D. 帕累托图
9. 在检查质量成本时，培训成本属于(　　)。
   A. 质量保证成本   B. 质量纠正成本
   C. 内部故障成本   D. 外部故障成本
10. 范围确认和质量控制之间的区别是(　　)。

A. 没有区别

B. 范围确认关注工作结果的正确性，质量控制关注工作结果的可接受性

C. 范围确认关注确保变更是有益的，质量控制关注所有工作结果是正确的

D. 范围确认关注工作结果的可接受性，质量控制关注工作结果的正确性

三、多选题

1. 下列表述正确的是(　　)。

   A. 项目保证成本越大，项目纠正成本就越小

   B. 项目保证成本越大，项目纠正成本也就越大

   C. 项目纠正成本越大，项目保证成本就越小

   D. 项目纠正成本越大，项目保证成本也就越大

2. 质量计划编制的方法包括(　　)。

   A. 帕累托图　　　　　　　B. 因果分析

   C. 流程图法　　　　　　　D. 成本/收益分析

3. 质量控制中常用的工具有(　　)。

   A. 因果分析图　　　　　　B. 控制图

   C. 质量检查表　　　　　　D. 帕累托图

4. 质量计划编制的依据包括(　　)。

   A. 范围说明书　　　　　　B. 成果说明

   C. 标准和规范　　　　　　D. 采购时的物料标准

5. 下列有关流程图的表述正确的是(　　)。

   A. 流程图描述项目各活动之间的相互关系

   B. 流程图有助于发现可能产生质量问题的工作环节

   C. 流程图有助于明确项目质量管理的责任

   D. 流程图有助于找出解决质量问题的方法

6. 下列表述正确的是(　　)。

   A. 质量检查表可以核实项目质量计划的执行是否得到实施

   B. 质量检查表通常以工作分解结构为基础

   C. 质量检查表由详细的条目组成

   D. 质量检查表可以包括某项工作是否已经完成的信息

7. 下列表述正确的是(　　)。

   A. 控制图法是通过描述各样本的质量特征所在的区域来进行质量控制的方法

   B. 上控制界限和下控制界限范围是根据项目质量规定的标准制定的

   C. 项目质量特征在上控制界限和下控制界限范围外时说明它处于受控状态

   D. 项目质量特征在上控制界限和下控制界限范围内时说明它处于失控状态

8. 质量管理计划描述了(　　)。

   A. 实施质量政策的方法

   B. 项目质量系统

   C. 项目质量控制、质量保证、质量改进计划

D. 用来进行成本、进度和质量之间权衡平衡分析的程序

四、简答题

1. "质量保证"与"保证质量"之间存在什么样的联系？
2. 项目质量管理的理念有哪些？
3. 项目质量保证主要包括哪些内容？
4. 项目质量控制主要包括哪些内容？

五、案例分析

A 公司的质量管理工作

A 公司得到国家创新计划资助，决定开发基于 Web 全国范围内的生态信息检索系统，项目由张工负责，时间为 1 年。

项目开始实施后，张工发现该系统内容多，并鉴于具有地域性，以 A 公司的实力无法单独完成。因此，张工把该系统按照地区分成若干子系统，由各地相关科研机构外包完成。外包时间为 10 个月，开工预付款为 20%，外包合同签订时项目已经开展 1 个月。在外包合同中，系统功能已明确说明，但是系统界面、风格、字体等细节没有具体说明。

外包子合同签订以后，张工由于工作繁忙等原因没有及时监督外包完成情况，只是上级在计划中期检查汇报时从外包单位抽取一些文档、代码和执行界面。

10 个月后，外包任务完成，提交到 A 公司时，张工发现子系统的界面、风格、字体等内容不统一，希望这些外包单位按照统一风格修改子系统。但是，外包单位认为合同中没有具体说明这些内容，只说明应该实现的功能，为此双方产生争执，半个月未果。最后张工只支付 40%的外包费用。部分外包单位在子系统中加入时间锁，但没有通知张工，此时距离项目交工只有半个月时间。张工又重新组织人员进行系统集成，期间没有发现时间锁问题，最后草草完工。

投入使用后时间锁生效，系统出现故障，张工被上级领导批评，于是张工与相关外包单位交涉。最后张工交付40%外包费用，时间锁解除，系统正常运转。

问题：

1. 请对 A 公司、张工、外包单位在这个项目开发中的行为进行点评。
2. 如果想提高软件产品的质量，从项目质量管理的角度，阐述张工应该采取什么措施？

技 能 训 练

实训背景：

为了保证生产出来的螺丝能够做到丝毫不差，螺丝生产厂对技工用车床生产出来的螺丝质量进行了随机抽查，样本的数量为 100 个，直径数据如表 10-4 所示，标准直径为 10 毫米。请根据表中数据绘制直方图，并对直方图进行分析和判断。

第 10 章 项目质量管理

表 10-4　样品抽查结果表

单位：毫米

10.24	9.94	10.00	9.99	9.85	9.94	10.42	10.30	10.36	10.09
10.01	10.36	9.88	9.22	10.01	9.85	9.61	10.03	10.41	10.21
10.15	9.76	10.57	9.76	10.15	10.11	10.03	10.15	10.21	10.05
9.73	9.82	9.82	10.06	10.42	10.24	10.60	9.58	10.06	9.98
10.12	9.97	10.30	10.12	10.14	10.17	10.00	10.09	10.11	9.70
9.49	9.97	10.18	9.99	9.98	9.83	9.55	9.87	10.19	10.39
10.27	10.18	10.01	9.77	9.58	10.33	10.25	9.91	9.67	10.10
10.09	10.33	10.06	9.53	9.95	10.39	10.16	9.73	10.15	9.75
9.79	9.94	10.09	9.97	9.91	9.64	9.88	10.02	9.91	9.54
10.21	9.79	9.70	10.04	9.98	9.81	10.13	10.21	9.84	9.55

实训步骤：

第一步：求出级差。

第二步：确定直方图的分组数和组距。

第三步：确定各组的界限。

第四步：做频数分布表。

第五步：画出直方图。

第六步：根据直方图的形状分析判断生产的稳定情况。

第 11 章　项目风险管理

> 如果某件事情可能出错，它就会出错。
>
> ——墨菲定律

学习目标：

知识目标	技能目标
了解项目风险的特征	掌握影响项目风险的因素
了解项目风险管理的内容与过程	学会使用项目风险识别的各种方法和工具
了解项目识别的概念	掌握项目风险评估的指标与方法
了解项目风险评估的意义	
了解应对项目风险的措施	

11.1　概　述

11.1.1　风险与项目风险概述

1. 风险的概念

风险(Risk)，在日常生活中经常被提到，其含义十分广泛。风险在高级汉语词典中的解释是"损失或伤害的可能性"，通常人们对风险的理解是"可能发生的事"。一般而言，风险的基本含义是损失的不确定性。但是，风险概念在经济学家、统计学家、决策理论家和保险学者之间尚无一个适用一致的公认界定。目前关于风险有以下几种常见的定义。

1) 损失机会和损失可能性

风险被定义为损失机会，表明风险是一种面临损失的可能性状况，这也表明风险是在一定状况下的损失概率度。当损失概率为 0 或 1 时，就没有风险。对这一定义持反对意见的人认为，如果风险和损失机会是同一件事，则风险度和概率度总会有些结果是不确定的。把风险定义为损失可能性是对上述损失机会定义的一个变种，但损失可能性的定义意味着风险是损失事件发生的概率介于 0 和 1 之间，它更接近于风险是损失的不确定性的定义。

2) 损失的不确定性

决策理论家把风险定义为损失的不确定性，这种不确定性又被分成客观的不确定性和主观的不确定性。客观的不确定性是指实际结果与预期结果的离差，它可以使用统计工具加以度量。主观的不确定性是指个人对客观风险的评估，它同个人的知识、经验、精神和心理状态有关，不同的人面临相同的客观风险会有不同的主观评价。

3) 实际结果与预期结果的离差

长期以来，统计学家把风险定义为实际结果与预期结果的离差。例如，一家保险公司承保 10 万幢住宅，按照过去的经验数据估计的火灾发生概率是 0.001，即 1000 幢住宅在一年中有 1 幢会发生火灾，依此估计这 10 万幢住宅在一年中就会有 100 幢发生火灾。然而，实际结果不太可能正好是 100 幢住宅发生火灾，它会偏离预期结果。保险公司估计可能的偏差范围为±10，即在 90 幢至 110 幢之间，可以使用统计学中的标准差来衡量这种风险。

4) 风险是实际结果偏离预期结果的概率

部分保险学者把风险定义为一事件的实际结果偏离预期结果的客观概率。在这个定义中，风险不是损失概率。例如，生命表中 21 岁的男性死亡率是 1.911%，而 21 岁男性实际死亡率会与这个预期的死亡率不同，这一偏差的客观概率是可以计算出来的，这个定义实际上是实际结果与预期结果离差的变换形式。

2. 项目风险的定义

PMBOK 把风险定义为"一旦发生，会对项目目标产生积极或消极影响的不确定事件或者情况"。项目风险一般具有以下几个特征。

1) 客观性和普遍性

作为损失发生的不确定性，项目风险是以人的主观意志为转移的客观存在，在项目的全生命周期内，项目风险无所不在。虽然人类不断致力于认识和控制风险，但直到现在也只能在有限的空间和时间内改变风险存在和发生的条件，降低其发生的频率，而无法也不可能完全消除风险。项目风险的客观性和普遍性要求项目管理者采取正确的态度承认风险，正视风险，在树立风险意识的同时，积极地管理风险。

2) 偶然性和必然性

偶然性是指某一具体风险的发生具有偶然性，但大量同类风险的发生却是必然的。任何具体风险的发生都是在项目运行过程中众多风险因素和其他因素共同作用的结果，是一种作用的结果，是一种随机现象。而且每一因素的作用时间、作用点、作用方向、作用强度、作用顺序等都必须满足一定条件，才能导致项目风险事故的发生。项目风险的偶然性意味着在时间上具有突发性，在后果上往往具有灾难性，从而给人们的精神和心理带来巨大的忧虑与恐惧，这种忧虑与恐惧的影响甚至大于风险事故所造成的直接财产损失和人员伤亡对人们的影响。个别风险事故的发生是偶然的、无序的、杂乱无章的，但对大量同类风险事故资料的观察和统计发现，风险事故的发生呈现出明显的规律性，这使人们有可能利用概率和损失程度等工具去预测和把握它，这也促进了项目风险管理研究的迅猛发展。

3) 可变性

可变性是指在项目运行的整个过程中，各种项目风险在质和量上具有可变的特性。随着项目的进行，有些风险会得到控制，有些风险会发生并得到处理，同时在项目的每一阶段也可能出现新的风险，尤其是在大型项目中，由于风险因素众多，风险的可变化更加明显。

4) 多样性和多层次性

大型项目周期长、规模大、涉及范围广、风险因素数量多且种类繁杂，导致大型项目在全生命周期内的风险多种多样。另外，大量风险因素之间内在关系的错综复杂、风险因素与外界因素的交叉影响又使风险显示出多层次性，这是大型项目中风险的主要特点之一。

5) 可测性

项目风险是不确定的，但这并不意味着人们对它的变化全然无知。项目风险是客观存在的，人们可以对其发生的概率及其所造成的损失程度作出主观判断，从而对发生的风险进行预测和评估。对此，人们可以充分发挥自己的主观能动性，选择适当的客观尺度予以测量。现代的计量方法和技术提供了可用于测量项目风险的客观尺度。人们可以利用这些工具近似地勾勒出项目风险的动态规律，为制定项目风险管理的战略和选择方法提供依据。

为了认识特定的项目风险，并有针对性地进行管理，有必要将风险分类。项目的多样性造成项目风险的类型及表现形式千差万别。总体来看，项目风险可以从以下几个方面分类。

(1) 按照项目风险的阶段性划分，可分为概念阶段的项目风险、开发阶段的项目风险、实施阶段的项目风险、收尾阶段的项目风险。

(2) 按照项目风险的表现形式划分，可分为信用风险、市场风险、完工风险、金融风险、生产风险、政治风险、环境保护风险。

(3) 按照项目的投入要素划分，可分为人员、资金、技术、时间、其他。

(4) 按照项目风险的可控制性划分，可分为项目的核心风险、项目的环境风险。

11.1.2　项目风险管理概述

1. 项目风险管理的含义

不同的组织、不同的专家对项目风险管理有不同的认识。德国早在第一次世界大战结束后，就为战后重建项目提出了风险管理的概念。他们强调风险的控制、风险的分散、风险的补偿、风险的转嫁、风险的预防、风险的回避与抵消等。除德国外的欧洲其他一些发达国家直到19世纪70年代才逐步接受这一概念，到20世纪50年代才过渡到全面的风险管理。美国国防部认为，风险管理是指应付风险的行动或实际做法，包括制定风险问题规划、评估风险、拟订风险处理备选方案、监控风险变化情况和记录所有风险管理情况。

从系统和过程的角度来看，项目风险管理是一种系统过程活动，是项目管理过程中的有机组成部分，涉及诸多因素，应用于许多系统工程的管理技术方法。

根据美国项目管理学会的报告，风险管理有三个定义：①风险管理是系统识别和评估风险因素的形式化过程；②风险管理是识别和控制能够引起不希望的变化的潜在领域和事件的形式、系统的方法；③风险管理是在项目期间识别、分析风险因素，采取必要对策的决策科学与艺术的结合。

综上所述，项目风险管理是指项目管理组织对项目可能遇到的风险进行规划、识别、估计、评价、应对、监控的过程，是以科学的管理方法实现最大安全保障的实践活动的总称。

项目风险管理的目标是控制和处理项目风险，防止和减少损失，减轻或消除风险的不利影响，以最低成本取得对项目安全保障的满意结果，保障项目的顺利进行。项目风险管理的目标通常分为两部分：一是损失发生前的目标；二是损失发生后的目标，两者构成了风险管理的系统目标。

项目风险的来源、风险的形成过程、风险潜在的破坏机制、风险的影响范围以及风险的破坏力等错综复杂，单一的管理技术或单一的工程技术、财务、组织、教育和程序措施都有其局限性，都不能完全单独奏效。因此，风险管理是识别和评估风险，建立、选择、管理和解决风险的可选方案的组织方法，项目管理组织综合运用多种方法、手段和工具辅助项目管理者管理项目风险、理解项目出现偏差的危险信号，尽可能早地采取正确的行动，以最小的成本将各种不利后果降到最低程度。所以，项目风险管理是一种综合性的管理活动，其理论和实践涉及自然科学、社会科学、工程技术、系统科学、管理科学等多种学科，项目风险管理在风险估计和风险评价中使用到了概率论、数理统计及随机过程等理论和方法的有关知识。

项目风险管理的主体是项目管理组织，特别是项目经理。项目风险管理要求项目管理组织采取主动行动，而不应仅仅在风险事件发生之后被动地应付。项目管理人员在认识和处理错综复杂、性质各异的多种风险时，要统观全局，抓住主要矛盾，创造条件，因势利导，将各种不利因素转化为各种有利因素，将威胁转化为机会。

项目风险管理的基础是调查研究，通过调查和收集资料，甚至是实验或试验对项目本身和环境以及两者之间的相互作用和相互影响展开研究，从而有效地识别出项目面临的风险，并且提出相应的对策。

项目风险管理的内容包括风险管理规划、风险识别、风险分析、风险应对与控制。其目标是提高有利于实现项目目标的事件发生概率并增强其后果，降低不利于实现项目目标的事件发生概率并减轻其后果。

2. 项目风险管理的基本过程

美国项目管理协会(PMI)制定的 PMBOK(2000 版)中描述的风险管理过程为：风险管理规划、风险识别、定性风险分析、定量风险分析、风险应对计划、风险监控六个部分。

美国国防部根据其管理实践，建立了相对科学的风险管理基本过程和体系结构，如图 11-1 所示。

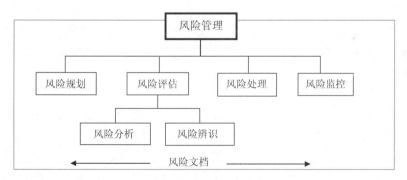

图 11-1 风险管理的基本过程与体系结构

也有学者把项目风险管理的阶段划分为风险识别、风险分析与评估、风险处理、风险监控四个阶段，并对风险管理的方法进行了总结，如图 11-2 所示。

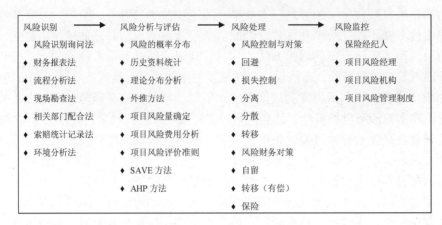

图 11-2 四个阶段的风险管理过程

1) 项目风险识别

项目风险识别是项目风险管理的第一步,是指在项目目标的约束条件下,运用一定的方法判断在项目生命周期中面临的和潜在的风险,并记录每个风险因素所具有的特点。其目的就是通过对影响项目实施过程的各种因素进行分析,找出可能的风险因素,为下一步风险分析与评估打下基础。

项目风险识别是一项复杂的系统工程,需要运用科学的方法进行多层次、多角度的认识与分析。同时,风险识别是一个连续的过程,需要在项目全生命周期不断进行。

2) 项目风险分析与评估

项目风险分析与评估是指对项目风险和项目风险的后果及其相互作用进行评估和定量分析的项目风险管理工作。其任务是对项目风险发生的可能性大小、项目风险后果的严重程度等做出定量的估计或做出最新情况的统计分析描述。

3) 项目风险处理

风险被识别、分析、评价之后,需要综合考虑项目的目标、规模和风险承受能力,以一定的方法和原则为指导,对项目面临的风险采取适当的措施,以降低风险发生的概率或者风险事故发生所带来的损失程度。风险应对处理的措施一般分为风险回避、风险减轻与分散、风险自留与利用、风险转移等。

4) 项目风险监控

项目风险监控是指根据项目风险识别、分析、应对措施所展开的对整个项目全过程中各种风险的监督与控制工作。风险因素和风险管理过程并非一成不变,随着项目进展及项目环境的改变,影响项目目标的各种因素也会发生改变。因此,只有适时地对风险新的变化进行跟踪,才可能发现新的风险因素,并及时对风险管理计划和措施进行修改和完善。

11.2 项目风险识别

项目风险识别是一项贯穿项目全过程的项目风险管理工作,其目标是尽可能早、尽可能全面地识别项目究竟存在哪些风险、这些风险具有怎样的基本特征、这些风险对项目目标的达成具有什么影响等。

11.2.1 项目风险识别的概念和内容

1. 项目风险识别的概念

项目风险识别(Risk Identification)是项目风险管理的基础和重要组成部分，风险识别就是判断何种风险有可能影响到本项目并记录其特征的过程。

风险识别是项目管理者识别风险来源、确定风险发生条件、描述风险特征并评价风险影响结果的过程。

2. 项目风险识别的主要内容

项目风险识别包括以下几个方面的内容。

1) 识别并确定项目有哪些潜在的风险

这是项目风险识别的第一项工作目标，因为只有识别和确定项目可能会遇到哪些风险，才能够进一步分析这些风险的性质和后果，所以在项目风险识别中首先要全面分析项目发展变化的可能性，进而识别出项目的各种风险并汇总成项目风险清单。

2) 识别引起项目风险的主要影响因素

这是项目风险识别的第二项工作目标，因为只有识别各个项目风险的主要影响因素才能把握项目风险的发展变化规律，才有可能对项目风险进行应对和控制，所以在项目风险识别中要全面分析各个项目风险的主要影响因素及其对项目风险的影响方式、影响方向和影响力度等。

3) 识别项目风险可能引起的后果

这是项目风险识别的第三项工作目标，因为只有识别各个项目风险可能带来的后果及其严重程度才能够全面地认识项目风险，项目风险识别的根本目的是找到项目风险及削减项目风险不利后果的方法，所以识别项目风险可能引起的后果是项目风险识别的主要内容。

11.2.2 项目风险的影响因素

任何项目的实施都是伴随风险而存在的。对项目风险进行评估，首先就要对风险因素进行识别。风险因素是指增加、减少损失或损害发生频率和大小的主、客观条件，包括转化条件和触发条件。风险因素是风险事件发生的潜在原因，分为造成损失或损害的内在或外部原因。如果消除了所有风险因素，则损失或损害就不会发生。项目的风险因素识别是对项目论证或研制中可能产生风险的因素进行的归类和细化的工作。参考相关的资料，运用专家调查法和头脑风暴法，我们可以分析项目建设中可能存在的风险因素，并将其进行整理和归类，把项目的风险分为五大类，而且细化为若干因素，如图 11-3 所示。

技术、费用和进度风险是系统的内部要素，而社会环境和管理风险则是外部因素。它们的具体含义如下。

(1) 社会环境风险是指由于国际、国内政治、经济的波动(如战争、内乱、政策变化等)，或者由于自然界产生的灾害(如地震、洪水等)而可能给项目带来的风险。这类风险属于大环境下的自然风险，一般是致命的、几乎无法弥补的风险。

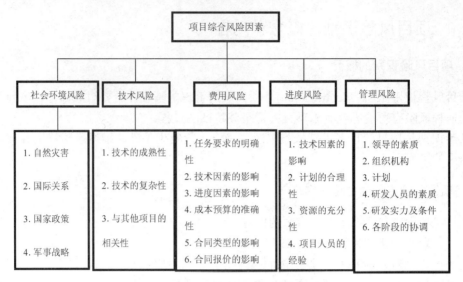

图 11-3 项目风险因素构成

(2) 技术风险是指由于与项目研制相关的技术因素的变化而给项目建设带来的风险。通常定义为研制项目在规定的时间内、在一定的经费保障条件下达不到技术指标要求的可能性，或者说研制计划的某个部分出现意想不到的结果，从而对整个系统的效能产生有害影响的可能性及后果。就技术风险而言，一般从技术的成熟性、复杂性及与其他项目的相关性三个方面来衡量发生风险的可能性及大小，从技术性能、费用和进度三个方面来考虑该类风险发生后的损失大小。

(3) 费用风险是指由于项目任务要求不确定，或受技术和进度等因素的影响而可能给项目费用带来超支的可能性。该风险可从任务要求的明确性、技术风险的影响、进度风险的影响、成本预算的准确性、合同类型的影响、合同报价的影响六个因素出发进行估计。

(4) 进度风险是指由于种种不确定性因素而导致项目完工期拖延的风险。该风险主要取决于技术因素的影响、计划的合理性、资源的充分性、项目人员的经验等几个方面。

(5) 管理风险是指由于项目建设的管理智能与管理对象(如管理组织、领导素质、管理计划)等因素的状况及其可能的变化，给项目建设带来的风险。

11.2.3 项目风险识别的工具和方法

项目风险识别的工具和方法主要表现在以下几个方面。

1. 头脑风暴法

头脑风暴法是最常用的风险识别方法。该种方法借助于专家的经验，从而获得一份该项目风险清单，以备在将来的风险评估过程中进一步加以分析。头脑风暴法的优点是：善于发挥相关专家和分析人员的创造性思维，从而对风险源进行全面的识别，并根据一定的标准对风险进行分类。

2. 德尔菲法

德尔菲法是以匿名的方式邀请相关专家就项目风险这一主题，达成一致的意见。该方法的特点是：将专家最初达成的意见再反馈给专家，以便进行进一步的讨论，从而在主要的项目风险上达成一致的意见。由此可见，该方法的优点是：有助于减少数据方面的偏见，并避免由于个人因素对项目风险识别的结果产生不良的影响。

3. 风险检查表

风险检查表是从以往类似项目和其他信息途径收集到的风险经验的列表，通过查找此表可以简便快捷地识别风险。其缺点是：永远不可能编制一个详尽的风险检查表，而且管理者可能被检查表所局限，不能识别出该表未列出的风险，因此其应用范围有一定的局限性。这种方法一般在项目初期使用，以便提早减少危险因素的存在。

4. 流程图

流程图提供了项目的工作流程以及各活动之间的相互关系。通过对项目的流程进行分析，可以发现项目风险发生在哪项活动中以及项目风险对各项活动可能造成的影响。

流程图法首先要建立一个项目的总流程图与各分流程图，以此来分析项目实施的全部活动。流程图可以用网络图来表示，也可以用工作分解结构图来表示。图 11-4 显示的是某项目的简单流程。

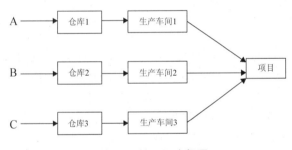

图 11-4 某项目流程图

由图 11-4 可以看出，该项目存在以下潜在的风险。

(1) 财产损失。如供应商在送货途中的运输损失、存储中的货物损耗造成的损失，以及产品与产成品的自然和人为损坏。

(2) 责任损失。如由于残次品损害客户利益而导致的赔偿责任；由于产品不符合要求招致的罚款责任；出于施工不合格导致返工所带来的损失。

(3) 人员损失。如由于采购人员的流失致使企业遭受的损失。

5. 系统分解法

系统分解法是一种将复杂的项目风险分解成比较容易识别的风险子系统，从而识别各个子系统风险的方法。例如，在投资建造一个食品厂的项目中，可以根据项目风险的特征，将项目风险分解为市场风险、经营风险、环境污染风险、技术风险以及资源供应风险等，然后再将这些风险进一步分解，如市场风险可以分解为竞争风险、价格风险和替代风险等。

6. 情景分析法

情景分析法就是通过对项目未来某种状况的详细描述和分析，找出各种引发风险的关键因素及其影响程度。情景分析法的程序如下。

(1) 描述项目的状态。
(2) 确定项目某种因素的变动对项目的影响。
(3) 预测哪些风险会发生。
(4) 确定上述风险发生的后果。

11.2.4　项目风险识别的过程

风险识别过程是寻找风险、描述风险和确认风险的活动过程。项目风险识别是风险管理六个过程中的第一个过程，而项目风险识别过程一般可以分为以下五个步骤。

1. 确定目标

项目风险识别的目标就是识别风险，这个目标是明确的。然而依据项目性质的不同、项目合同类型的差别，项目风险管理的目标会有一些差异。依据项目管理规划，项目发起人项目组、设计项目组、监理项目组、施工项目组、承包商项目组要分别确定本项目组工作项目风险管理的目标、范围和重点。

2. 明确最重要的参与者

根据项目组风险管理的重点和范围，确定参与项目风险识别的人员。项目风险识别需要项目组集体共同参与，因此项目经理不仅要了解项目的工程信息，还要了解项目涉及的人员信息，明确最重要的参与者。这些参与者应具有经营及技术方面的知识，了解项目的目标及面临的风险，应具备沟通技巧和团队合作精神，及时沟通和分享信息，这对项目风险识别是非常重要的。

3. 收集资料

项目风险识别应该收集的资料大致有如下几类。

1) 项目产品或服务的说明书

项目产品或服务的性质具有多种不确定性，在某种程度上决定了项目可能遇到什么样的风险。例如，项目产品投入市场的不确定性，项目产品市场需求的不确定性。因此，识别项目的风险可以从识别产品或服务的不确定性入手。而项目产品或服务的说明书则可以为我们提供大量风险识别所需的信息。通常情况下，应用较新技术的产品或服务可能遇到的风险比应用成熟技术的产品或服务要大。项目产品或服务的说明书可以从项目章程、项目合同中得到，也可以参考用户的需求建议书。

2) 项目的前提、假设和制约因素

可从审查项目其他方面的管理计划来得到项目所有的前提因素。

(1) 项目范围管理计划：审查项目成本、进度目标是否定得太高等。

第 11 章 项目风险管理

（2）人力资源与沟通管理计划：审查人员安排计划，确定哪些人对项目的顺利完成有重大影响。

（3）项目资源需求计划：除了人力资源外，项目所需的其他资源，比如物种设备或设施的获取、维护、操作等对项目的顺利完成是否可能造成影响。

（4）项目采购与合同管理计划：审查项目合同采取的计价形式，不同计价形式的合同对项目组承担的风险有很大影响。在通常情况下，成本加酬金类合同对业主不利，然而如果项目所在地的人工费、材料价格预期会下降，则成本加酬金类合同也可能对业主有利。

3）与本项目类似的案例

借鉴过去类似项目的经验和教训是识别项目风险的重要手段。一般的项目公司会积累和保存所有项目的档案，包括项目的原始记录等。通常可以通过如下渠道来获得经验和教训。

（1）查看项目档案：可能包括经过整理的经验教训，其中说明了问题及解决办法，或者可以从项目利害关系者或组织中其他人的经验中获得。

（2）阅读公开出版的资料：对于许多应用领域都可以利用商用数据库、学术研究结果、基准测试和其他公开出版的研究成果。

（3）采访项目参与者：向曾经参与项目的有关各方调查、征集有关资料。

4. 估计项目风险形势

项目风险形势估计就是要明确项目的目标、战略、战术以及实现项目目标的手段和资源，以确定项目及其环境的变数。项目风险估计还要明确项目的前提和假设。通过估计项目风险形势可以找出项目规划时没有被意识到的前提和假设。而一旦明确了项目的前提和假设，则可以减少许多不必要的风险分析工作。

通过项目风险形势估计，可以判断和确定项目目标是否明确，是否具有可测性，是否具有现实性，有多大不确定性；可以分析保证项目目标实现的战略方针、战略步骤和战略方法；可以根据项目资源状况分析实现战略目标的战术方案存在多大的不确定性，彻底弄清项目有多少可以动用的资源，对于实施战术，进而实现战略意图和项目目标是非常重要的。

5. 根据直接或间接的症状将潜在的项目风险识别出来

为了便于进行风险分析、量化、评价和管理，还应该对识别出来的风险进行分组或分类。分组或分类有多种角度，一般可以按项目阶段划分，也可以按管理者划分。建设项目的风险可以分为项目建议书、项目可行性研究、项目融资、项目设计、项目采购、项目施工及运营七组。建设项目施工阶段的风险则可按管理者分为业主风险和承包商风险两类。每一组和每一类风险都可以按需再进一步细分。项目管理是一个不断改进和不断完善的过程，因此任何一个阶段的工作结果都要包括对前面工作进行改进的建议和要求，项目风险识别工作的结果当然也应该包括对风险识别过程中发现的项目管理其他方面的问题进行完善和改进的建议和要求。

11.2.5 项目风险识别的结果

项目风险识别的结果就是风险识别的目的所在。一般来讲，风险识别的结果包括以下几个方面。

(1) 已识别的项目风险。已识别的项目风险是项目风险识别最重要的结果，它通过定性的项目风险清单来表示，该清单对项目风险的描述应该尽量简单、容易理解，如表 11-1 所示。

表 11-1 典型项目风险清单式样

风险清单		编号：		日期：
项目名称：		审核：		批准：
序号	风险因素	可能造成的后果	发生的可能概率	可能采取的行动
1				
2				

(2) 潜在的项目风险。潜在的项目风险是没有迹象表明会发生的风险，但是人们可以主观判断预见的风险，如特殊技术人才的流失。当然，潜在的项目风险可能会发展成为项目的真正风险，因此也要给予一定的重视。项目团队应该根据风险来源进行适当的分类，并以表格或文字作清楚的描述，编制出潜在风险一览表，为风险管理的后续工作打好基础。

(3) 对项目管理其他方面的改进。在项目风险识别的过程中，可能发现项目管理其他方面存在的问题，需要进行改进和完善。

11.3 项目风险评估

趋利避害是人类的天性，但利、害需要通过沟通和比较来鉴别，只有量化的损益才易于比较。人们通过比较进行选择，而项目管理最终是通过选择来规避风险的。项目风险分析是项目风险评估的基础，而风险分析和评估的主要手段就是量化分析，只有量化的评估才易于沟通、比较和选择。

11.3.1 项目风险分析和评估的指标

风险评估的指标就是度量风险的尺子。风险是一个综合现象，并涉及对未发生事件的预测和评估，因此往往需要许多把标尺才能勾画出它的特征。

(1) 风险发生的可能性，这是人们首要关心的问题。风险事件的发生具有随机性，但并不意味着没有规律可循。测算随机事件最常用的方法是概率分布统计法，其计算出来的结果就是风险概率。

(2) 风险后果的危害性，即量化风险所带来的有形及无形损失、直接或间接损失。人们常常用货币为单位来衡量风险所带来的损失，因为金钱具有最强的可比性。对于物质损失，采取成本重置法的估算可以非常准确，但是若涉及生命、信誉、影响范围等问题的时候，往往货币单位就显得力不从心了。

(3) 风险预测的把握性，取决于人们掌握风险相关信息的程度。对某一特定风险，人类从完全不可能预测到可以准确预测，中间有一个渐变的学习过程。例如，对于气候和瘟疫的预测等都经历了这样一个学习曲线。这个过程的量化指标，将显示管理者对项目风险的认识能力和控制能力。

(4) 风险发生的时间段，是决定风险发生概率和危害程度的相关指标。一个人在爬第一层楼时发现没带钥匙，和爬到第三十层楼才发现没带钥匙的挫折感会截然不同；一个地震发生在深夜三点，比发生在下午三点所造成的人员伤亡会相差数倍。在很多情况下，时间都是概率和成本的函数，在衡量风险的时候更是如此。

(5) 对风险的承受能力，如前所述，可以分为主观承受能力和客观承受能力，前者的指标或许取决于投资者的个性，而后者的指标则可以量化测算。例如，我们常常用资产负债率来衡量一个组织承担债务风险的能力，用盈亏平衡点来测算一个投资项目的经营风险。

(6) 风险可换取的收益，是测量项目风险的秤砣或砝码。投资者愿意冒多大风险，在很大程度上取决于收益有多大。马克思说过，百分之百的利润，就能使人铤而走险；百分之三百的利润，就能驱使人杀人越货。风险和机会、损失与收益，就像一对孪生姐妹，你看到了其中一个的身材，就不难估计另外一个的体重。

11.3.2 项目风险分析与评估的方法

项目风险分析与评估的方法有定性和定量两类。专家的意见和项目管理者的估计是比较常见的定性方法；定量的方法则要求有十分完备的数据，数据的取得并不太容易，所以在项目管理实践中，并不是单独使用的。事实上，在项目管理实践中，经常将专家、项目管理人员的估计和有限的数据分析结合在一起使用，用以分析和评估项目风险。在项目风险分析与评估中，具体运用何种方法，取决于项目风险的来源、发生的概率、风险的影响程度和管理者对风险的态度。

1. 统计法

虽然项目是一次性的，但是在类似的项目当中，它们具有的风险也具有很大的相似性，因此，针对类似项目的历史资料进行统计分析，可以推算出该项目的大概风险。

统计法应用大数法则和类推原理，主要指标有分布频率、平均数、众数、方差、正态分布函数、概率值等。

2. 风险值法

风险值法首先估算出项目风险发生的概率和项目风险可能造成的后果，然后将两者相乘，得出一个风险的数值，以此来度量项目的风险。其计算公式为：

风险值=项目风险发生的概率×项目风险可能造成的后果

使用该方法需要估算出项目风险发生的概率和项目风险可能造成的后果。项目风险发生的概率是通过统计方法得到的，有时由于难以获取样本数据，所以项目管理者只能根据自己的经验来估测项目风险发生的概率。项目风险可能造成的后果主要从以下四个方面来衡量。

(1) 风险后果的大小和分布，即风险后果的严重程度及其变化幅度，用数学期望值和方差来表示。

(2) 风险后果的性质，即风险的后果是属于技术性的，还是经济性或其他方面的。

(3) 项目风险的影响，即风险会对哪些项目干系人造成损失。

(4) 风险后果的时间性，即风险是突发的，还是随时间渐进的，以及这些风险发生的时间等。

3. 决策树方法

决策树是把影响项目风险的有关因素，如风险的状态、风险发生的概率、风险的后果，绘制出一个从左至右展开的树状图。决策树主要由方块节点、圆形节点以及由这些节点所引出的分支组成。

决策树的优点是：能够进行多级决策，并且能够使项目管理者有步骤、有层次地进行决策。同时，决策树也存在一些缺点：它不能把所有的因素全部考虑进去，如果分级太多，决策树图就会很复杂。

【例 11-1】 某项目准备投资生产两种产品甲和乙，分别需要投资 55 万元和 60 万元，两种产品的生产年限是一样的。经过市场调研，预测新产品上市后，畅销的概率为 60%，滞销的概率为 40%。甲乙两种产品在不同情况下的收益如表 11-2 所示。

表 11-2 甲、乙产品的收益情况

情况 产品	畅销(60%)	滞销(40%)
甲产品	180 万元	-100 万元
乙产品	200 万元	-140 万元

根据上述信息，使用决策树方法进行风险分析。首先，画出对应的决策树，如图 11-5 所示。

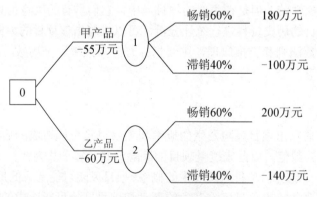

图 11-5 某项目的决策树

然后计算各状态节点处的风险后果。结果如下：

状态节点 1=180 万元×60%+(-100)万元×40%=68 万元

状态节点 2=200 万元×60%+(-140)万元×40%=64 万元
决策节点 0=max {68-55, 64-60} =13 万元
所以，应选择投产甲产品。

4. 模拟法

模拟法是一种通过模仿实际运行情况，针对复杂系统进行研究的手段。它一般通过多次改变参数模拟项目风险，得到模拟结果的统计分布，并以此作为项目风险估算的结果。由于这一道程序非常复杂，一般都要借助于计算机来进行。

模拟法在项目风险管理中特别适合于估算项目成本风险和进度风险。由于项目成本风险和进度风险是项目风险管理的核心，因此模拟法在项目风险分析和评估中的运用越来越广泛。

5. 专家判断

专家判断常被用来替代或补充以上定量的项目风险估算技术。例如，项目专家对项目成本风险、项目进度风险和项目质量风险的判断都是比较准确的，有时候甚至比实际数据计算出的风险还要准确。因此，在很多情况下，运用专家的判断往往是其他项目风险评估方法很好的补充。

除了上述的方法以外，还有层次分析法、要素加权平均法、不确定性分析方法、模糊综合评价法等方法。有些方法已经在其他章节进行了详细说明，在此不再一一介绍。

11.3.3 项目风险评估的结果

通过项目风险评价，项目风险管理人员可以确定风险等级及风险排序结果。常见项目风险评价结果包括以下几种。

1. 项目整体风险等级

通过比较项目间的风险等级，对该项目的整体风险程度做出评价。项目的整体风险等级将用于支持各种项目资源的投入策略及项目继续实施或者取消的决策。

项目风险评价表将按照高、中、低类别的方式对风险和风险状况做出详细的表示，风险表可以表述到 WBS 的最底层。风险表还可以按照项目风险的紧迫程度、项目的费用风险、进度风险、功能风险和质量风险等类别单独做出风险排序和评估。对重要风险的风险概率和影响程度要有单独的评估结果，并给出详细说明。

2. 附加分析计划表

对高等或者中等程度的项目风险应该列为重点监测对象，做出更为详尽的分析与评估，其中应该包括对进行下一步的风险应对计划的建议与分析。

11.4 项目风险的应对与监控

11.4.1 项目风险的应对

项目风险应对是指针对风险量化结果，为降低项目风险的负面效应，根据风险性质和决策主体的风险态度，以及对风险的承受能力而制定的回避、承受、降低或者分担风险等相应防范计划的一系列过程。

风险应对可以从改变风险后果的性质、风险发生的概率，以及风险后果大小三个方面提出多种策略。对不同的项目风险可以采取不同的处置方法和应对策略，对同一个项目所面临的各种风险，可综合运用各种策略组合进行处理。风险应对的措施主要有如下几种。

1. 风险回避

风险回避是指当项目的潜在风险发生可能性太大，不利后果太严重，又没有其他有效的对策来降低该风险的时候，主动放弃项目或者改变项目目标与行动方案，从而规避风险的一种策略。从风险管理的角度看，风险回避也就是拒绝承担风险，这是一种最彻底的消除风险的方法。同时，由于放弃了原有项目，也就放弃了原有项目可能带来的收益，因此，这也是最消极的一种风险应对措施。

在下面几种情况下，项目管理人员通常需要考虑采用风险回避应对措施。

(1) 客观上不紧要的项目，没有必要冒险。

(2) 项目风险事件发生概率很大且后果损失也很大的项目。

(3) 发生损失概率并不算大，但当风险事件发生之后产生的损失是灾难性的、无法弥补的、项目无法承受的。例如，在人口稠密地区建设核电站，一旦发生核泄漏，将危及成千上万人的生命安全。

2. 减轻风险

减轻风险的目的是降低风险发生的可能性(如使用成熟的技术以降低项目产品不能如期完成的概率)，或者减小风险造成的损失(如设立意外开支准备金)，或者两者兼而有之。

减轻风险是一种很重要的战略，它可能需要较高的成本或不需要什么成本，但在大多数情况下，减轻风险所需要的成本与没有减轻风险所导致的损失相比来说是比较划算的。

在减轻风险的过程中，可以根据不同的风险采取不同的策略。

(1) 对于已知风险，项目团队可以在很大程度上加以控制，使风险减小。例如，可以通过压缩关键活动的时间来减轻项目的进度滞后的风险。

(2) 对于可预测风险，可以采取迂回策略，将每个风险都减少到项目利益相关者可以接受的水平上。

(3) 对于不可预测风险，要尽量使之转化为可预测风险或已知风险，然后加以控制和处理。

3. 风险分散

风险分散是指通过增加风险承担者，将风险各个部分分配给不同的项目参与方，或者说将一项大的项目风险在时间上、空间上、承担者上进行分散，以达到减轻项目总体风险的目的。例如，河流分洪道的设置、抗震救灾全民大捐款等，都是风险分散的典型案例。做风险分散分配的时候必须掌握一个原则，那就是风险必须分配给最有能力控制风险且有最好的控制动机的一方。参与方缺乏控制能力，就无法做到合理控制该风险，最终反而会使该风险扩大化；参与人缺乏控制该风险的动机，就算其有能力控制风险，也不一定会去认真控制，俗话说得好，"无利不起早"。同时，风险的分散也就意味着风险控制权的分散。如果试图把风险分配给他人但又不想转移对该风险的控制权，那将会导致风险成本的全面增加。

4. 风险自留

风险自留也称为接受风险，是指项目团队自己承担风险导致的所有后果。接受风险有主动接受和被动接受之分。主动接受是指当风险实际发生时，启动相应的风险应急计划；被动接受是指风险实际发生时，不采取任何措施，只是接受一个风险损失最小的方案。采用接受风险应该注意以下问题。

(1) 对那些发生概率小且后果不是很严重的风险，采取接受风险的方式是可行的。

(2) 当采用其他的风险应对方法产生的费用大于不采用风险应对所造成的损失时，就应该采用风险接受的方法。

5. 转移风险

转移风险也称为分担风险，其目的是在不降低风险发生概率和后果的情况下，借用一定的方式，将一部分风险损失转移给项目的第三方。转移风险的主要方式包括保险、担保、出售、发包、开脱责任合同等。采用转移风险要注意的事项有以下几个。

(1) 当项目风险发生的概率较小仅导致的损失较大，而且项目团队很难应付这种风险时，采取转移风险的方法会获得额外的效果。

(2) 在转移风险的过程中，必须让分担风险者获得与其所承担的风险相匹配的利益。

(3) 与项目团队一起分担风险的第三方必须有能力管理其所承担的风险。

(4) 项目团队转移风险要付出一定的代价，从长期来看，转移风险并不理想。

11.4.2 项目风险的监控

项目风险监控就是在项目整个生命周期内追踪已经识别的风险，监视残余风险，识别新的风险，实施风险应对计划并评估其有效性的过程。它伴随着整个项目实施过程，包括风险监视和风险控制两层含义。项目风险监控是建立在项目风险的阶段性、渐进性和可控性基础之上的一种项目管理工作。当风险事件发生时，实施风险管理计划中预定的规避措施；当项目的情况发生变化时，重新进行风险分析，并制定新的规避措施。一个好的风险监控系统可以在风险发生之前就提供给决策者有用的信息，并使之作出有效的决策。项目风险监控包括在整个项目过程中根据项目风险管理计划和项目实际发生的风险与变化,所开展的项目风险控制活动。

1. 项目风险监控的目标

项目风险监控包含如下目标。
(1) 尽量早地识别项目的风险。
(2) 努力避免项目风险事件的发生。
(3) 积极消除项目风险事件带来的不利后果。
(4) 充分吸取项目风险管理的经验和教训。

2. 项目风险监控的内容

项目风险监控的内容主要包括以下几个方面。
(1) 反复进行项目风险的识别与度量。
(2) 监控项目潜在风险的发展。
(3) 监测项目风险发生的征兆。
(4) 采取各种风险防范措施,以减小风险发生的可能性。
(5) 应对和处理发生的风险事件,以减轻项目风险事件的后果。
(6) 管理和使用项目的不可预见费,实施项目风险管理计划等。

3. 项目风险监控的技术和方法

项目风险监控的主要技术和方法有以下几种。
1) 项目风险应对审计

在回避、转移风险的时候,风险审计员检查和记录风险应对措施的有效性。因此,风险审计在项目的整个生命周期的各个阶段中都会起到一定的作用。

2) 定期项目评估

由于风险等级和优先级可能会随项目生命周期发生变化,因此,需要对风险进行不断的评估或量化,为此,项目风险评估也应定期进行,应作为每次项目团队会议的一项议程。

3) 挣值分析

挣值分析是按基准计划费用来监控整体项目的分析工具。此方法将计划的工作与实际完成的工作进行比较,以确定是否符合计划的费用和进度要求。如果偏差较大,则需要进一步对项目进行风险识别、评估和量化。

4) 技术因素度量

技术因素度量是度量在项目执行过程中的技术完成情况与原定项目计划进度的差异,如果有一定的偏差(如没有达到某一阶段规定的要求),则可能意味着在完成项目预期目标上存在一定的风险。

5) 附加风险应对计划

如果未曾预料到该风险,或其后果比预期的严重可能不足以应对,因此有必要重新研究应对措施。

6) 独立风险分析

项目办公室之外的风险管理团队比来自于项目组织的风险管理团队对项目风险的评估更独立、公正。

本 章 小 结

项目风险管理是用系统的、动态的方法进行风险控制,以减少项目过程中的不确定性。它不仅使各层次的项目管理者建立风险意识,重视风险问题,防患于未然,而且在各个阶段、各个方面实施有效的风险控制,形成一个前后连贯的管理过程。

风险管理在项目管理中属于一种高层次的综合性管理工作。它涉及企业管理和项目管理的各个阶段和各个方面,涉及项目管理的各个子系统。所以它必须与合同管理、成本管理、进度管理、投融资管理以及项目采购管理连成一体。

风险管理的目的并不是消灭风险,在项目中大多数风险是不可能由项目管理者消灭或排除的,而是有准备地、理性地进行项目实施,以减少风险的损失。

项目风险管理主要包括风险识别、风险评估、风险应对以及风险监控四个方面的内容。其中,风险识别是指确认哪些风险有可能会影响项目进展,并记录每个风险所具有的特点;风险评估是指评估风险和风险之间的相互作用,以便评定项目可能的产出结果的范围;风险应对是指确定对机会进行选择的步骤及对危险作出应对的步骤;风险监控是指对项目进程中风险所产生的变化作出反应。

综 合 练 习

一、判断题

1. 项目管理风险是对项目的风险进行识别和分析,并对项目风险进行控制的系统过程。
( )
2. 转移风险可以降低风险发生的概率。 ( )
3. 应急储备可以用来减轻项目的风险。 ( )
4. 德尔菲法可以避免由于个人因素对项目风险识别的结果产生不当的影响。 ( )
5. 转移风险从长期来看总是有益的。 ( )

二、单选题

1. 项目团队另外准备了一套备用的进度计划,这属于(   )。
   A. 关键路径分析   B. 蒙特卡罗仿真
   C. 应急计划   D. 进度偏差
2. 下面四个选项中与风险影响分析有关的是(   )。
   A. 风险管理   B. 风险识别

C. 风险评估　　　　　　　　D. 风险减轻

3. 风险所产生的影响是通过(　　)来计算的。
   A. 将风险发生的概率和风险后果相乘
   B. 将风险发生的概率和风险的个数相乘
   C. 将风险的个数和风险的后果相乘
   D. 以上皆是

4. 风险识别应最先解决的是(　　)。
   A. 影响程度高，发生概率较小的风险
   B. 影响程度低，发生概率较小的风险
   C. 影响程度高，发生概率较大的风险
   D. 影响程度低，发生概率较大的风险

5. 项目在(　　)阶段的风险最大。
   A. 启动　　　B. 计划　　　C. 执行　　　D. 收尾

6. 如果一项商业投资有60%的机会赚得200万元，也有40%的可能损失150万元，那么，这次投资的预期货币价值为(　　)。
   A. 5万元　　　B. 30万元　　　C. 50万元　　　D. 60万元

7. 从客户的角度来看，如果没有把项目的风险管理好，(　　)将会对客户造成最久远的影响。
   A. 范围风险　　　　　　　　B. 进度计划风险
   C. 成本风险　　　　　　　　D. 质量风险

8. 下面作为风险识别输入的历史资料中，相对来讲，最不可靠的历史资料有(　　)。
   A. 项目原始文件　　　　　　B. 公用数据库
   C. 项目团队成员的经验　　　D. 吸取教训的数据库

9. 项目风险管理过程中使用决策树分析的优点在于它(　　)。
   A. 考虑了决策者对风险的态度
   B. 帮助决策者识别并假定项目风险情形
   C. 迫使决策者考虑各项结果的概率
   D. 反映了风险是如何发生的

10. 下列选项中不是项目风险评估影响因素的是(　　)。
    A. 风险事件　　　　　　　　B. 保险费
    C. 项目的性质　　　　　　　D. 风险概率

三、多选题

1. 下列说法正确的是(　　)。
   A. 转移风险也称为分担风险
   B. 项目的风险对不同的组织来说大小是相同的
   C. 项目总是存在风险的
   D. 相同的风险在项目的不同阶段是不同的

2. 为了降低项目的风险而改变项目的范围时，项目团队应该考虑对(　　)的影响。

A. 进度 　　　　B. 成本 　　　　C. 质量 　　　　D. 以上皆不是

3. 下列选项中,(　　)是通过风险转移来降低风险的例子。
   A. 担保 　　　　B. 合同 　　　　C. 应急计划 　　　D. 发包

4. 下列有关回避风险的表述正确的是(　　)。
   A. 回避风险有可能会产生新的风险
   B. 回避风险可以完全消除该风险所带来的各种损失
   C. 如果风险后果比较严重,就可以采用回避风险的方法
   D. 所有项目风险都是可以回避的

5. 内部风险包括(　　)。
   A. 项目团队人事风险　　　　　B. 项目成本估算的风险
   C. 项目资源的市场单价变动　　D. 国家政策

6. 导致项目风险造成的后果从(　　)方面来衡量。
   A. 风险后果的大小　　　　　　B. 风险后果的性质
   C. 项目风险的影响　　　　　　D. 风险后果的时间性

7. 下列有关项目决策树的说法正确的是(　　)。
   A. 决策树是一个从左至右展开的树状图
   B. 决策树只能进行单级决策分析
   C. 决策树分级越多,决策树图就会越复杂
   D. 决策树能够使项目管理者有步骤地进行决策

8. 下列说法正确的是(　　)。
   A. 项目风险超出可接受水平过多时,可考虑停止甚至取消该项目
   B. 项目风险稍微超过可接受水平时,应采取措施减轻风险带来的损失
   C. 项目风险在可接受水平内时,不需要采取措施来控制风险
   D. 在减轻项目风险时,把项目风险降得越低越好。

9. 下列选项中,(　　)是项目风险管理的目的。
   A. 识别可能影响项目范围、质量、时间和成本的因素
   B. 对所有已识别的风险制订风险应对计划
   C. 为不能控制的项目因素制订基准计划
   D. 通过影响能够被控制的项目因素而减轻影响

四、简答题

1. 假设现有一个新药开发项目,试说明该项目可能存在的风险。
2. 简述项目风险管理的过程。
3. 项目风险的特点有哪些?请举例加以说明。
4. 试说明质量管理、成本管理和进度管理中可能存在的风险。
5. 项目风险等级是如何划分的?
6. 试述项目风险应对的主要方法及注意的问题。
7. 项目风险控制的主要流程是怎样的?

五、计算题

某种产品市场预测，在十年中销路好的概率为 0.7，销路不好的概率为 0.3。相关工厂的建设有两个方案：

(1) 新建大厂需投入 5000 万元，如果销路好每年可获得利润 1600 万元；销路不好的话每年亏损 500 万元。

(2) 新建小厂需投入 2000 万元，如果销路好每年可获得利润 600 万元；销路不好的话每年可获得 200 万元的利润。

问题：

请根据上述问题绘制相关的决策树，并分别计算方案 A 和方案 B 的期望收益，作出选择投资方案。

六、案例分析

乐家公司的网站项目

乐家公司是北京地区的一家小型信息系统咨询公司，该公司承担了为某小区设计和安装局域网的业务。王先生是该项目的项目经理，另外有两位 Java 的专业人员和一位实习生作为项目成员一起工作。王先生刚刚结束了项目的初步范围陈述，现在要运用头脑风暴法思考与项目相关的可能风险。

项目范围陈述：

- 项目目标

在一个月内为某小区设计和安装一种局域网，预算不超过 10 万元。

- 可交付物

a. 20 个工作站

b. 奔 IV 服务器一台

c. 两套惠普激光打印机

d. Windows NT 服务器和工作站操作系统

e. 对客户方面人员 10 小时的介绍性培训

f. 对客户网络管理员 20 小时的培训

g. 完全可操作的 LAN 系统

- 里程碑

a. 7 月 15 日硬件到位

b. 7 月 19 日设定用户优先级和授权工作

c. 7 月 24 日完成内部整体网络检验

d. 7 月 25 日客户地点检验

e. 8 月 15 日完成培训工作

- 技术要求

a. 工作站配置：19 英寸监视器、奔腾 IV 处理器、256MBRAM、4MBSVAG、32X

CD-ROM、zip 驱动器、以太网卡、4G 硬盘
  b. PCI64 以太网 LAN 界面卡以及以太网链接
  c. 系统必须支持 Windows NT 平台，兼容 Y2K
- 限制和例外
  a. 系统维修仅维持到最后检查后一个月
  b. 授权转移给客户
  c. 仅负责客户在项目开始两周前指定的软件
  d. 客户必须为超出合同指定的额外培训付费
- 客户检查
- 社区负责人

问题：

1. 分析该项目存在的风险。
2. 如果你是该项目的项目经理，你会对已经识别的风险采取怎样的应对及控制措施？

技 能 训 练

实训背景：

鹏华公司组织实施了一个数据中心机房建设项目，该机房主要为相关客户群体提供数据中心租用或托管服务。为便于项目分工和管理，将项目划分成 5 个子系统，分别涵盖不同专业，依次为机房装修子系统、空调子系统、消防子系统、配电子系统、办公区装修子系统。为了节省成本，公司确定原则是尽可能直接与厂商合作，而不采用一家集成商总包、然后分包的方式。

该项目的质量、进度、成本倍受公司和客户的关注，项目实施过程中的任何风险都将成为各方关注的焦点，有效的项目风险管理就显得尤为重要。

实训步骤：

第一步：项目风险识别，请同学识别出该项目存在的主要风险。
第二步：项目风险的评估，针对识别出的项目风险进行量化分析。
第三步：项目风险的应对措施的制定，针对项目风险提出相应的应对措施。
第四步：项目风险应对措施的监控。

在项目实施过程中还需要不断地追踪已识别风险、监测残余风险、识别新风险、确保风险计划的执行，并评估其降低风险的有效性，风险监测与控制必须在项目生命周期内不间断地进行。

第 12 章 项目人力资源管理

"不能搞平均主义,平均主义惩罚表现好的,鼓励表现差的,得来的只是一支坏的队伍。"

——史蒂格

学习目标:

知识目标	技能目标
了解项目人力资源管理的概念	了解制订项目人力资源计划的工具
了解项目人力资源管理的特点	掌握制订人力资源计划的方法
了解制订项目人力资源计划的原则	掌握绩效管理的流程
了解绩效管理的概念	掌握几种绩效考核方法
了解绩效考核的原则	
熟悉绩效考核的方法	

12.1 概　　述

12.1.1 人力资源与人力资源管理

1. 人力资源

人力资源(Human Resource)是人类用于生产产品或提供服务的知识、技能和能力的总和。人力资源是生产要素中最积极、活跃的一种要素,是推动社会和经济发展的最重要的力量。与其他的资源相比,人力资源具有以下特点。

(1) 能动性。这主要表现在人的自我学习、自我激励和主观能动等特性上,能通过人不断提高自身的知识、技能和能力,从而创造更大的价值。

(2) 消耗再生性。同一般的自然资源一样,人力资源同样具有只能一次性使用的消耗性,但基于人口的再生和劳动力的再生,人力资源又可以通过不断"再生"获得再生性。这种再生性能在不断享用、继承和发扬中再生且其本身不但不"磨损",反而还能不断地进化和提升。

(3) 社会性。人力资源的社会性表现在两个方面:一是人力资源只有通过社会化的配置才能创造价值,只有实现了社会化的配置才能真正体现其价值;二是人力资源本身具有很多社会性的需求,社会需求是人力资源的价值所在。

(4) 智能性。人力资源在劳动过程中能不断地运用智能使自己从繁重的体力劳动和脑力劳动中解放出来,这种智能性使人们可以使用工作和设备,从而大大提高人力资源的能力和作用。这是人力资源与其他资源的最根本的区别。

2. 人力资源管理

人力资源管理是随着现代企业管理的发展而逐步形成的，其形成与发展的过程包括以下阶段。

1) 科学管理阶段的人事管理

在 19 世纪末到 20 世纪初的科学管理阶段中，人事管理的主要理论包括劳资双方合作的理论、工作定额管理与控制理论和实行计件工资制等。

2) 行为科学阶段的人事管理

20 世纪 30 年代前后的人际关系学派从心理学和社会学的角度研究了人事管理问题，他们提出的理论主要有：人事管理应重视人际关系的管理，应关心人、培养人和满足人们不同的需求，人事管理的组织应采取集体报酬和奖励制度，并提倡员工参与企业决策与管理。

3) 从人事管理到人力资源管理

从 20 世纪 60 年代末开始人力资源管理的观点得到广泛使用，人们认识到了人作为一种战略性资源的至关重要性，并开始将人看成可开发与利用的资源去管理。现在人们已经将人作为一切资源之本，作为企业赚取利润和获得发展的最重要的战略资本去管理。

12.1.2 项目人力资源管理概述

1. 项目人力资源管理的含义

项目人力资源管理(Project Human Resource Management)是指项目组织对该项目的人力资源所进行的科学的计划、建设开发、合理的配置、准确的评估和有效的激励等方面的一系列的管理工作。人力资源管理的目的在于充分发挥项目团队成员的主观能动性，使他们各尽所能，实现既定的项目目标和提高项目效益。

项目的特点决定了项目人力资源管理与一般的人力资源管理具有一些不同之处，主要表现为以下几点。

(1) 团队性。由于项目的工作是以团队的方式来开展的，只有项目团队才能保证在规定时间内，以较低的成本，高效地完成项目目标。因此，在项目人力资源管理过程中，建立一支团结、高效的团队是非常必要的。

(2) 临时性。项目的临时性决定了项目团队的临时性，一旦项目完成后，项目团队就要解散，因此项目人力资源管理要针对这一特性，研究如何管理好这一临时的团队。

(3) 生命周期性。项目所处的生命周期不同，其需要的人力资源在数量上和质量上也都有所不同，因此，项目人力资源管理要随着生命周期的不同而进行相应的调整。

2. 项目人力资源管理的内容

项目人力资源管理包括为最有效地使用参与项目人员所需的各项过程。它包括所有项目利益相关者——赞助人、顾客、合伙人、个别做贡献人员以及其他方面人士。其内容与一般生产运营组织人力资源管理的内容有一致和不一致的地方。

项目人力资源管理的基本内容包括如下几个方面。

1) 人力资源规划

项目人力资源管理的首要任务是项目人力资源的规划。项目组织规划是项目整体人力资源的计划和安排，是按照项目目标通过分析和预测所给出的项目人力资源在数量上、质量上的明确要求、具体安排和打算。项目组织规划包括项目组织设计、项目组织职务与岗位分析和项目组织工作的设计。

2) 项目团队的组建

项目人力资源管理的第二项任务是项目人员的获得与配备。项目组织通过招聘或其他方式获得项目所需人力资源并根据所获人力资源的技能、素质、经验、知识等进行工作安排和配备，从而构建成一个项目组织或团队。

3) 项目团队的开发

项目人力资源管理的第三项任务是项目组织成员的开发。其主要包括：项目人员的培训，项目人员的绩效考评，项目人员的激励与项目人员创造性和积极性的发挥等。这一工作的目的是使项目人员的能力得到充分开发和发挥。

4) 项目团队的建设

项目人力资源管理的第四项任务是项目团队的建设。其主要包括：项目团队精神文明建设，团队效率提高，团队工作纠纷、冲突的处理和解决，以及项目团队沟通和协调等。

项目人力资源管理工作的核心内容可以用图 12-1 说明。

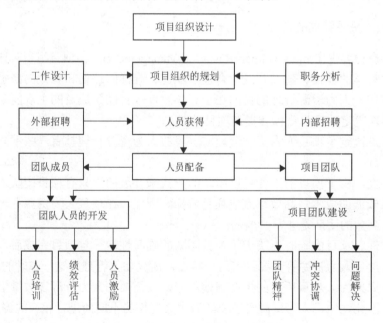

图 12-1　项目人力资源管理工作的内容

12.2　项目人力资源计划

人力资源计划是指通过对未来人力资源需求的预测，确定完成项目所需人力资源的数量和质量、各自的工作任务，以及相互关系的过程。它确保了在适当的时候，为适当的职位配备合适数量和类型的工作人员,并使他们能够有效地完成总体目标。人力资源计划通常有以下三个步骤。

(1) 通过调查研究获取现有人力资源状况的相关信息,从而对现有的人力资源进行评价。

(2) 在对现有人力资源状况评价的基础上,预测项目未来所需要的人力资源。

(3) 制订人力资源管理的总计划,并据此制定出各项具体的人员管理政策。

项目人力资源计划的主要工作如表 12-11 所示。

表 12-1 项目人力资源计划的主要工作

依 据	工具和方法	结 果
项目目标分析 工作分解结构 项目进度计划 制约因素 历史资料 组织理论	人力资源的综合平衡 职务分析	角色和责任分配 人员配备计划 补充说明

12.2.1 项目人力资源计划的依据

1. 项目目标分析

通过对项目目标的分析,把项目的总体目标分解为各个具体的子目标。根据这种分解,项目团队可以了解项目所需人力资源的总体情况。

2. 工作分解结构

工作分解结构确定了完成项目目标所必须进行的各项具体活动,根据工作分解结构的结果,项目团队可以估算出完成各项活动所需的人力资源的数量、质量和要求等信息。

3. 项目进度计划

项目进度计划提供了项目的各项活动何时需要相应的人力资源以及占用这些人力资源的时间,据此,可以合理地配置项目所需的人力资源。

4. 制约因素

在进行人力资源计划时,还要考虑到一些制约因素,如项目的组织结构,由于职能型组织结构中的项目经理权力有限,他们有可能无法及时地获得项目所需的人力资源。

5. 历史资料

人力资源计划可以借鉴以前类似项目的成功经验,这样做有利于本项目的人力资源计划的顺利完成,既节约了时间,又减小了风险。

6. 组织理论

项目人力资源计划是以各种组织理论为基础的，如马斯洛的需求层次理论、麦戈理格的 X 理论与 Y 理论、赫茨伯格的双因素理论、公平理论和期望理论等。

12.2.2 项目人力资源计划的工具和方法

1. 人力资源的综合平衡

人力资源的综合平衡首先要对人员的需求和供给进行预测，然后将人员的需求和供给进行平衡，主要包括总量综合平衡和结构综合平衡。总量综合平衡是指在人员的总体数量上对人力资源的需求和供给进行平衡；结构综合平衡是指在总量平衡的基础上可以对人力资源的结构进行平衡，从而实现项目执行人员和管理人员的平衡、不同工种人员的平衡、主要工作人员和辅助工作人员的平衡等人力资源结构方面的综合平衡。

2. 职务分析

职务分析是指通过调查研究项目的实际情况，确定项目所需的各项职务或岗位以及任职条件和具体要求。职务分析主要解决以下几个问题：项目需要完成哪些工作；这些工作需要在何时完成；项目需要哪些职务；什么样的人能够承担这些职务。职务分析的主要方法包括问卷调查法、面谈法、文献资料分析法、观察法和关键事件法等。

12.2.3 项目人力资源计划的结果

1. 角色和责任分配

通过职务分析，项目团队可以确定项目内部人力资源的角色和责任。角色和责任分配的结果通常以责任分配矩阵(Responsibility Assignment Matrix，RAM)来表示。表 12-2 显示了一个小型项目的责任分配情况。

表 12-2 某项目的责任分配矩阵情况

人员 任务	张 文	曹 强	胡 琼	刘 娜	杨 洋
需求分析	P	S			
产品设计	S		P		
生产制造			P	S	
产品调试				S	P

注：表中字母 P 表示主要负责人，字母 S 表示次要负责人。

随着项目的进展，项目团队成员的角色和责任可能会发生一定的变化，因此要根据项目的实际进展情况对责任分配矩阵图进行适当的调整。

2. 人员配备计划

人员配备计划确定了何时以及如何增加或减少项目团队成员的人数。在编制人员配备计划时要特别注意：当项目团队某个成员的工作已经完成且没有其他任务时，应该把他撤出项目团队，这样可以降低项目的成本。人员配备计划一般通过人力资源直方图来表示。图 12-2 表示了某项目在一个月内所需的人力资源状况。

3. 补充说明

补充说明包括：各项活动对人力资源在知识、能力、技能、经验等方面的要求；当人力资源的知识、能力、技能和经验等不能满足项目要求时、如何对他们进行培训。

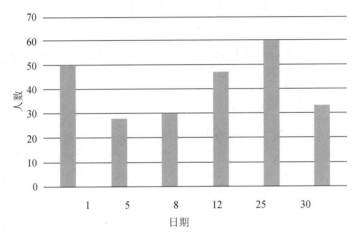

图 12-2　某项目人力资源需求直方图

12.3　项目人力资源的绩效管理

12.3.1　绩效管理概论

1. 绩效管理的概念

绩效管理是指为了达到团队的目标，通过持续开放的沟通，推动个人和团队有利于目标达成的行为，达成所期望的利益和产出的过程。即通过持续的沟通与规范化的管理不断提高成员和团队的绩效，并提高成员能力和素质的过程。

2. 绩效管理的基本要求

绩效管理是一个完整的管理过程，包括绩效计划制订、绩效实施与辅导、绩效评价和绩效反馈。

绩效管理必须以团队战略为导向，与战略紧密相连，为实现团队战略服务。为使绩效管理发挥应有的作用，在绩效管理过程中需关注以下几个方面的问题。

(1) 绩效管理必须以团队战略为导向,将项目的关键指标层层分解落实,以保证人人身上有目标。

(2) 绩效管理过程须坚持持续的双向沟通,因为成功的绩效管理很大程度上取决于团队成员的参与程度。如果没有与团队成员进行充分沟通,达成共识,而是将目标强加给成员,便无法得到成员对团队目标的理解和承诺,项目自然也得不到有效执行。

(3) 明确绩效管理的核心目的是不断提高成员和团队的绩效,即提升能力,不能以考评代替管理,也不能只重考评,忽视发展。绩效管理不仅仅是将成员的工作绩效分出高低,还要通过持续开放的双向沟通不断地对团队成员绩效进行辅导,及时解决工作中出现的问题,进而提高绩效和工作能力。

(4) 绩效管理不仅仅是人力资源管理的范畴,还应当充分发挥各级管理者在绩效管理中的作用。人力资源部门作为绩效管理的服务部门,在绩效管理职能中起到组织、支持、服务和指导的作用,而不是绩效管理的主体。

(5) 重视绩效管理与人力资源其他系统的有效对接。建立在目标管理和工作分析基础上的绩效管理若不能与人力资源其他系统有效对接,就难以发挥促进项目目标实现的作用。

3. 绩效管理在人力资源管理中的定位

绩效管理作为人力资源管理的核心内容和重要环节,通过对团队成员的工作实际进行评定,帮助其认识实际工作中的问题和不足,促使他们不断改进;同时在绩效管理过程中发现成员个人的工作潜力并加以开发,促进其全面发展。绩效管理的具体意义主要表现在其作为人力资源管理其他环节的依据,如图12-3所示。

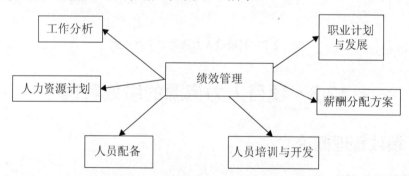

图12-3 绩效管理在人力资源管理中的地位

12.3.2 绩效管理的基本流程

绩效管理的流程通常被看成是一个循环,这个循环周期一般分为绩效计划、绩效实施、绩效评估以及绩效反馈四个阶段,如图12-4所示。

(1) 绩效计划阶段。它是绩效管理中的第一个环节,也是绩效管理过程的起点。该阶段的主要任务是:依据工作目标和工作职责制订绩效计划;共同讨论明确做什么、需要做到什么程度、为什么要做这项工作、何时完成等。

(2) 绩效实施阶段。它是在制订绩效计划后,按计划开展工作。在工作过程中,要进行一定的指导和监督,及时解决所发现的问题,并根据实际情况及时调整绩效计划。在整个绩效管理期间，项目管理者都要不断地对成员进行指导和反馈，即进行持续的绩效沟通。这种沟通是双方追踪计划进展情况、找到影响绩效的障碍以及得到双方成功所需信息的过程。

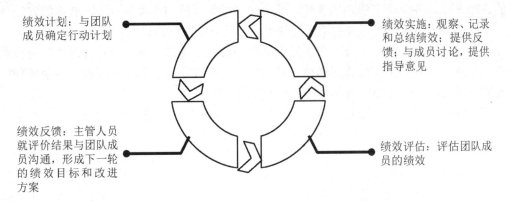

图 12-4　绩效管理的四个阶段

（3）绩效评估阶段。它是在绩效期结束的时候，根据事先制订好的绩效计划，对成员的绩效目标实际完成情况进行评估。就是在依据绩效计划阶段共同制定的关键绩效指标，根据绩效实施阶段收集到的能够说明被评价者绩效表现的事实和数据，对成员是否达到要求进行评价。可根据具体情况进行月考核、季考核、半年考核和年度考核。

（4）绩效反馈阶段。它是在绩效评价结束后，项目团队还要进行一次甚至多次的交流。通过面谈，使成员明白自己的绩效，认识到自己有待改进的地方；项目管理者也可以从成员那里收集到整个项目过程中存在的问题与不足，从而为新的项目提供帮助。

12.3.3　绩效考核

1. 绩效考核的含义

绩效考核是运用科学的考核方法，对项目成员在绩效周期内的工作过程、工作结果和工作潜力进行有组织、有步骤地考核与评价的过程。

绩效考核的含义具有时代特色和环境特色，它随着项目环境的不同而不同。从内涵上看，绩效考核就是对人和事的考核，它包含两层含义：一是对人及其工作状况进行考核；二是对人的工作结果，即对人在组织中的相对价值或贡献进行考核。从外延上看，绩效考核就是有目的、有组织地对日常工作中的人进行观察、记录、分析、考核和评价的过程，它有三层含义：一是绩效考核是从项目目标出发对成员工作进行考核，并使考核之后的人事管理有助于项目目标的实现；二是绩效考核是对组织成员在日常工作中所显示出来的工作能力、工作态度和工作业绩进行以事实为依据的评价；三是绩效考核是人力资源管理的组成部分，它运用一套系统的规范、程序和方法进行考核。

2. 绩效考核的原则

绩效考核具有如下原则。

（1）定期化和制度化原则。定期化可以使考核工作和成员的行为习惯有一定规律，可以促进考核工作向程序化的方向发展。制度化可以让考核的内容、程序、步骤和方法规范化，让全体成员都能明确绩效考核工作是如何开展的，也能防止考核工作的主观化倾向。

(2) 过程公开原则。绩效考核的目标是启动激励机制，激发工作热情。因此，绩效考核的各项过程、各个环节都必须公开，其中包括绩效考核的内容和等级、考核的方法与程序、考核的评价与标准、考核的结果与使用，以及考核的机构与职责等。

(3) 客观公正原则。绩效考核应当根据明确规定的考核标准，针对客观考核资料进行评价，尽量避免人的主观性和感情色彩。考核一定要建立在客观事实基础上，要做到把被考评者与既定标准做比较，而不是在人与人之间比较。

(4) 针对工作的考核原则。绩效考核的内容是针对与工作紧密相关的内容，不可将与工作无关的因素带入考核工作，更不可涉及人员的隐私。

(5) 评价差别化原则。考核的等级之间应当有鲜明的差别界限，这种差别主要体现在考核等级和针对等级的评语上；考核的相同等级之内不同成员之间也应该有所区别，这种差别主要体现在对其的评语上。一般来说，考核只是给出一个具体的分数，而评语能够比较详细地说明被评价者的优点和缺点、经验和教训。这样做具有以下几个方面的作用：一是可以更客观、更全面地进行成员比较；二是可以给成员指明方向，激励其不断前进；三是可以为成员在报酬、配置、晋升、培训和开发等方面提供参考依据。

(6) 重视时效性原则。绩效考核是对考核期间内成员的工作过程和工作结果形成的评价，而不是将本考核期之前的行为强加于当期的考核结果中，也不能使用近期的业绩或比较突出的一两个事例来代替整个考核期的绩效进行评估，这就要求绩效数据与考核时段相一致。

(7) 结果公开原则。考核的分数或登记和所作出的评价应对成员本人公开，这是保证考核民主的重要手段。这样做，可以使被考核者了解自己的优点和缺点，从而使考核成绩好的人再接再厉，继续保持先进；也可以使考核成绩不好的人心悦诚服，奋起上进；还有助于防止考核中可能出现的偏见以及种种误差，以保证考核的公平与合理。

(8) 严格原则。考核不严格，就会流于形式，形同虚设。考核不严格，不仅不能全面地反映成员工作的真实情况，而且还会带来消极的后果。考核的严格性包括：要有明确的考核标准；要有严肃认真的考核态度；要有严格的考核制度、考核程序及方法。

(9) 可行性原则。其主要体现在：绩效考核方案所需的时间、人力、物力、财力，要能够使被使用者及其实施的客观环境和条件相吻合。要预测在考核过程中可能发生的问题和障碍，并找出原因，准备应变措施。

(10) 实用性原则。要认真考虑考核的工具和方法是否有助于目标的实现，考核的方案是否适应不同部门和岗位的人员素质特点和要求。

(11) 直接主管考核原则。直接主管考核结果是最重要的。直接上级相对来说最了解被考核者的实际工作表现(成绩、能力、适应性)，也最有可能反映实际情况。间接主管对直接主管做出的考核等级和评语，不应当擅自修改。直接主管考核明确了考核责任所在，并且使考核系统与组织指挥系统取得一致，更有利于加强组织的指挥能力。

12.3.4 绩效考核的方法

1. 传统的绩效考核方法

（1）基于目标管理的绩效考核。目标管理法是将目标管理的计划、执行、检查和反馈的基本原理应用于绩效评价中，把它相应地分为绩效目标计划、绩效指导、绩效检查和激励四个阶段。这种基于目标管理的绩效考核方法会促使项目成员更加积极地为项目工作，不断提高个人的工作能力。实施目标管理法需要遵守以下基本要求：一是充分沟通目标管理；二是与下属一起确立工作目标；三是严格执行目标管理；四是营造积极的组织环境。

（2）基于工作标准的绩效考核。工作标准法是指事先设计好工作标准、职能标准或者行为标准，将工作者的实际表现与标准进行对比，评出绩效分数或者等级的考核方法。此类考核方法比较常用的有图尺度评价量表法、关键事件法、行为锚定评价量表法、混合标准量表法、评价中心法等。

（3）基于个体业绩比较的绩效考核。个体业绩比较法是指考核工作人员把其中一个需要考核的成员和其他同样需要考核的成员的绩效进行比较。这种方法能够全面评估所有人的绩效，还可以把同一个部门的人的绩效排出一个顺序。将不同个体的绩效相互比较的方法大致有三种：排序法、强迫分配法和配对比较法。

2. 现代的绩效考核方法

（1）基于 KPI 的绩效考核。KPI(Key Performance Indicator)指的是"关键绩效指标，是继续评价和管理中经常运用的手段。KPI 的理论基础是"二八法则"。"二八法则"运用到绩效管理中，具体体现在 KPI 上，即一个项目在价值创造过程中，每个部门和每一个成员的 80%的工作任务是由 20%的关键行为完成的，抓住 20%的关键，就抓住了主体。

（2）360 度考核法。360 度考核法又称为全方位全视角考核法，是指通过成员自己、上司、同事、下属等不同主体来了解其工作绩效，通过评论知晓各方面的意见，清楚自己的长处和短处，来达到提高自己的目的。360 度考核法的主体包括了所有能够为成员绩效考核提供信息的人员。这种考核方法能够使考核要求更全面、考核过程更公平、考核结果更公正。

（3）基于平衡计分卡的绩效考核。平衡计分卡法是使用包括整个项目组织活动制定的绩效指标积分卡，即平衡计分卡进行评价的绩效考核方法。这种方法改变了传统的运用单一财务指标进行绩效考核的缺点，在很大程度上推动了项目自身去建立实现战略目标的管理系统，从而获得发展。

（4）基于标杆管理的绩效考核。标杆管理法又称"标杆超越考核法"，是以本行业内外一流的项目实践为标杆，从组织结构、管理机制、业绩指标等方面进行对比分析。在对外横向沟通、明确绩效差异形成原因的基础上，提取本项目的关键绩效指标，制定提升绩效的策略和措施；在对内纵向沟通、达成共识的基础上，定性评价与定量评价相结合，通过持续改进追赶和超越标杆。标杆管理的本质是一种面向实践、以方法为主的绩效管理方式，其基本思想是系统优化，不断完善和持续改进。

本 章 小 结

项目人力资源管理是项目组织对该项目的人力资源所进行的科学的计划、建设开发、合理的配置、准确的评估和有效的激励等方面的一系列的管理工作。一般项目人力资源管理都包括人力资源规划、项目团队的组建、项目团队的开发和项目团队的建设等内容。通过对未来人力资源需求的预测，确定完成项目所需人力资源的数量和质量、各自的工作任务，以及相互关系的过程来编制人力资源计划，组建项目团队，开发并管理项目团队。

项目人力资源的绩效管理是项目人力资源管理中一种重要的管理内容，通过持续开放的沟通、评价和交流，推动团队成员达成项目预期目标。其中绩效考核是绩效管理最常用的方法和核心内容，通过对成员的工作实际进行评定，帮助他们发现问题和不足，促使他们不断改进，最终推动项目完成。

综 合 练 习

一、判断题

1. 人力资源具有消耗性。( )
2. 项目人力资源管理的特点主要是由项目的特点来决定的。( )
3. 项目人力资源管理要随着项目进展阶段的不同而进行相应的调整。( )
4. 人力资源的综合平衡是指项目人员需求总量和人员的供给总量的平衡。( )
5. 如果项目团队成员配合合理，就会减少项目的成本。( )
6. 项目的人员是不能事先指定的。( )

二、单选题

1. 团队的发展是基于( )。
   A. 项目的组织结构　　　　　　B. 项目团队提供的培训
   C. 团队成员的发展　　　　　　D. 项目团队精神
2. 下列关于面试的表述错误的是( )。
   A. 如果问题准备充分、设计得当，面试应该是一种可信度较高的方式
   B. 面试官提出的问题具有一定的随机性
   C. 面试一般能对应聘者进行全面、公平的评价
   D. 对应聘者的第一印象可能会左右面试官的判断
3. 对于新进人员应采取( )的培训方式。
   A. 预备实习　　　B. 职务轮换　　　C. 电视录像　　　D. 远程教育
4. 脱产培训相对于在职培训来说( )。
   A. 成本较低　　　B. 成本较高　　　C. 成本一样　　　D. 不能比较

5. 控制实验法是对( )进行比较。
   A. 培训组和控制组培训前、后的绩效
   B. 控制组和被比较组培训前、后的绩效
   C. 控制组培训前、后的绩效
   D. 培训组培训前、后的绩效
6. 下列表述错误的是( )。
   A. 项目产品的废品率可以是绝对标准
   B. 人员的出勤率可以是绝对标准
   C. 人员的出勤率可以是相对标准
   D. 对不同级别的员工的相对标准是不一样的

三、多选题

1. 下列表述正确的是( )。
   A. 培训可能增加项目的成本比人员缺乏技能给项目造成的损失要小
   B. 培训可能增加项目的成本比效率低下给项目造成的损失要大
   C. 适当的人员培训可以提高项目团队的工作效率
   D. 适当的人员培训可以鼓舞员工士气
2. 职务分析的主要方法包括( )。
   A. 问卷调查   B. 面谈法
   C. 文献资料分析法   D. 关键事件法
3. 下列表述正确的是( )。
   A. 内部招聘要花费大量的人员培训费用
   B. 内部招聘可供选择的范围有限
   C. 外部招聘要花费很多的时间和费用
   D. 内部招聘的人员能为项目组织带来创新思想
4. 下列表述正确的是( )。
   A. 工作抽样法对于一般性的职务是有效的
   B. 工作抽样法的费用比测评中心法的费用高
   C. 测评中心法较为复杂，适用于选择管理者职位
   D. 工作抽样法和测评中心法都是绩效考核的方法
5. 培训需求分析根据( )来进行。
   A. 项目的任务分析   B. 绩效考核
   C. 项目团队成员的申请   D. 项目的进展

四、简答题

1. 人力资源有哪些特点？
2. 说明内部招聘和外部招聘的各种方式。
3. 怎样对项目团队成员的绩效进行考核？
4. 举例说明激励的原则。

五、案例分析

王经理遇到的难题

希赛信息技术有限公司(CSAI)有一个负责电脑硬件维护的员工 Z，虽然他职务不高，但资历很深。他常不遵守公司的制度，对同事的态度也比较恶劣，喜欢占公司的小便宜，如把私人电话费拿来报销等，让公司很头疼。而且仗着自己是老资格，上面动不了他，经常对同事颐指气使，甚至他连家里缴水电费都是公司小年轻替他当跑腿。有事没事总拿出前辈的姿态来教训人，其实他说的那些东西，早就落伍了。此人工作中业绩虽不突出，但也没有什么大错。对此，项目经理王胜感到十分苦恼，不知道如何处理。

问题：

1. 请从人性假设的角度对 Z 的行为进行点评。
2. 分析出现上述问题的原因。
3. 请给项目经理王胜提出合理化建议，以解决此问题。

技 能 训 练

实训背景：

某公司上了一个新项目，现在常常遇到类似的问题：当去寻求项目组外其他人的意见时，总是遭到抵触或不愿意合作的情绪。导致现在出现很被动的局面，项目在蹒跚中行进，只要出现问题，没有老总出面就根本解决不了。如果你是该项目的负责人，从人力资源管理的角度来看，应该如何防止出现这样的问题？

实训步骤：

第一步：在项目组成立之初，应该做好人力资源计划，招选一些经验丰富且职位又比较高的人，做好岗位设计。

第二步：在项目实施过程中，要注意项目成员间团队合作意识的建立，建立好全方位的人员沟通的渠道。

第三步：建立绩效管理制度，使用合理的考核方法和工具，以及相应的激励制度，充分调动团队成员的工作积极性。

第 13 章　项目沟通与冲突管理

"管理者的最基本功能是发展与维系一个畅通的沟通管道。"

——巴纳德

学习目标：

知识目标	技能目标
了解项目沟通的概念	掌握项目沟通计划编制的主要工作
了解项目沟通的过程	掌握项目信息发布的主要工作
了解项目冲突的来源及其强度	掌握项目信息报告的主要工作
理解项目生命周期中的冲突表现	掌握项目冲突的各种解决方式

13.1　项目沟通管理

13.1.1　沟通概述

1. 沟通的定义

沟通(Communication)的含义是丰富而复杂的，从组织管理的工作特性要求出发，沟通可以定义为：凭借一定符号载体，为了设定的目标，使信息、思想和情感在个人或群体间传递的过程。

沟通是人为的，没有人的行动，也就无所谓沟通。沟通与人际关系密切相关，有时可能拘泥于形式，有时也可能十分随意。这一切都取决于传递信息的性质以及传递者与接收者之间的关系。完整的沟通过程如图 13-1 所示。

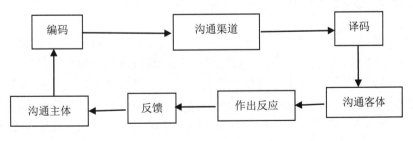

图 13-1　沟通的过程

2. 沟通的内涵

1) 沟通就是相互理解

无论通过什么渠道和媒体，沟通的首要问题就是双方是否能够相互理解。沟通双方是否真正能够理解相互传递的信息和含义、相互理解各自表达的思想和感情、相互理解字里行间或话里话外的真实意思。

2) 沟通是提出和回应问题与要求

沟通的双方总是向对方提出各种各样的问题和要求，一方总是希望另一方变成某种角色或做某件事情，或者相信某样东西和回答某个问题；而另一方则会要求为此而获得一定的回报。沟通就是双方关注、理解对方的问题和要求，然后做出回应的过程。

3) 沟通交换的是信息和思想

沟通过程中交换的主要是信息和思想。其中，信息是描述具体事物特性的数据，是支持决策的有用消息；而思想是一个人的感情和想法，包括期望、要求、命令等。任何沟通过程都离不开信息的交换和思想的交流，而且在很多情况下这两者是相互依存的。

4) 沟通是一种有意识的行为

沟通是一种有意识的行为，在许多情况下受主观意志的支配。因此，沟通的效果在很大程度上受到双方主观意愿和情绪的影响。人们倾向于倾听那些想听的话，而不愿听那些不想听或有威胁的话。因此，在沟通过程中，主观意识会造成沟通障碍，从而使沟通失效。

13.1.2 项目沟通管理的定义

在项目的整个生命周期内，项目的沟通起着至关重要的作用。项目团队与客户的沟通，项目团队与供应商之间的沟通，项目团队内部的沟通，所有这些沟通贯穿于项目生命周期的始终。项目沟通是项目管理的一个重要组成部分，它是联系其他各方面管理的纽带，也是影响项目成败的重要因素。

项目沟通管理(Project Communications Management)是指为了确保项目信息的合理收集和传递，对项目信息的内容、信息传递的方式、信息传递的过程等所进行的全面的管理活动。

项目沟通管理的主要内容包括：项目沟通计划、项目信息发布、项目进展报告等。沟通计划是确定项目对信息与沟通的需求；信息发布是将所需信息及时提供给项目利益相关者；项目报告是搜集与传播项目的进展信息，包括状况报告、绩效量度及预测等。

13.1.3 项目沟通计划的编制

在项目沟通管理中，需制订科学合理的项目沟通计划。项目沟通计划(Project Communications Planning)是针对项目利益相关者的沟通需求进行分析，从而确定谁需要什么信息、什么时候需要这些信息以及采取何种方式将信息提供给他们。项目沟通计划是对于项目全过程的沟通工作、沟通方法、沟通渠道等各个方面的计划与安排。就大多数项目而言，沟通计划是项目初期阶段工作的一个重要组成部分，当然项目沟通计划也需要根据实际实施结果进行检查和必要的修订。因此，项目沟通计划管理工作是贯穿项目全过程的一项工作。项目沟通计划包括四个方面的具体工作。如图13-2所示。

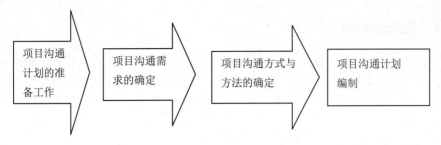

图 13-2　项目沟通计划工作程序

项目沟通计划的主要工作如表 13-1 所示。

表 13-1　项目沟通计划的主要工作内容

依　据	方　法	结　果
沟通需求 沟通方式 项目的制约因素 项目的假设条件	项目利益相关者分析	项目沟通计划

1. 项目沟通计划的依据

(1) 沟通需求。沟通需求是通过项目利益相关者所需要的信息类型、内容、形式加以分类，并对这些信息的价值进行分析，从而确定项目利益相关者对信息的需求。项目沟通需求的信息一般包括以下几个方面。

① 项目组织和项目利益相关者的责任关系。

② 项目涉及的技术领域、部门和行业。

③ 项目所需人员的配备。

④ 项目组织与外部的关系。

⑤ 外部信息需求(如媒体)。

(2) 沟通方式。信息沟通的方式有很多，包括根据沟通的组织系统划分的正式沟通和非正式沟通；根据沟通的方向划分的单向沟通和双向沟通；根据沟通的工具划分的书面沟通和口头沟通等。采用何种沟通方式，主要取决于下列因素。

① 对信息需求的紧迫程度。如果项目要求不断更新信息，可以采取一些沟通速度较快的沟通方式，如口头沟通或非正式沟通；如果项目对信息的需求不是很紧迫，只要求定期提交书面报告，那么就可以采用正式沟通或书面沟通的方式。

② 沟通方式的可行性，某些沟通方式在特定的情况下可能是不适用的。

③ 项目团队成员的能力，应该根据项目团队成员的经验和能力来选择不同的沟通方式。

(3) 项目的制约因素。项目沟通计划的编制必须考虑到项目的一些制约因素，在一个特定的项目中选用何种沟通技术才能获得有效的沟通，不能超出它的限制。

(4) 项目的假设条件。在编制沟通计划时，需要假设一些条件来代替未来的、不可预测的未知情况，从而保证沟通计划的合理性。

2. 项目沟通计划的方法

项目沟通计划编制的主要方法就是对项目利益相关者的信息需求进行分析。项目团队应对不同项目利益相关者的信息需求进行分析，同时还要考虑到他们所需信息的来源和渠道，以及如何有效地满足他们的信息需求。在分析项目利益相关者信息需求时，要考虑如下因素。

(1) 采用适合项目的信息沟通方式。
(2) 所需要的信息是为完成项目目标服务的。
(3) 避免不必要的信息传递，不要把资源浪费在不需要的信息上。

3. 项目沟通计划的结果

沟通计划编制的结果就是一份项目沟通计划文件，它一般在项目的初期阶段制定，其主要内容包括以下几个方面。

(1) 信息收集的渠道，即采用何种方法，从何处收集项目利益相关者所需的信息。
(2) 信息发布的渠道，即信息以什么样的方式传递给项目利益相关者。
(3) 信息发布的形式，包括信息发布的格式、内容、详细程度以及采用的符号、规定等。
(4) 信息发布的日程表，该日程表说明了信息应该在何时分发给项目利益相关者。
(5) 更新和细化沟通计划的方法，主要包括信息更新的依据和修改程序以及在信息发布之前查找现时信息的各种方法。

13.1.4　项目信息发布

项目信息发布(Project Information Distribution)是指将项目利益相关者所需要的项目信息及时地传递给他们的过程。它包括对沟通计划规定的信息进行发布，还包括对临时索取的信息进行发布。

项目信息发布的主要工作如表 13-2 所示。

表 13-2　项目信息发布的主要工作

依　据	工具和方法	结　果
工作成果 项目沟通计划 项目计划	人员沟通 项目管理信息系统	项目文件 项目说明

1. 项目信息发布的依据

(1) 工作成果。工作成果是为完成项目而进行的具体活动的结果。它确定了项目哪些活动已经完成或还没有完成，项目质量所达到的标准，项目发生的实际成本等。据此，可以确定有哪些信息可供发布。

(2) 项目沟通计划。沟通计划确定了应向哪些项目利益相关者发布何种信息。

(3) 项目计划。项目计划是用于管理和控制项目实施的文件，项目组织应该及时地、分阶段地把有关项目计划的信息分发给项目利益相关者。

2. 项目信息发布的工具和方法

(1) 沟通技能。沟通技能作为一般管理技能的组成部分，主要用于交换信息。与沟通相关的一般管理技能包括确保适当的人员按照沟通管理计划，在适当的时间获得适当的信息。一般管理技能也包括管理利益相关者要求的技术。

作为沟通过程的一部分，发送方要保证信息内容清晰明确和完整无缺，以便让接收方能正确接收，并确认理解无误。接收方的责任是保证信息接收完整无缺，信息理解正确无误。沟通过程有很多种方式，具体包括：①书面与口头，听与说；②对内(在项目内)与对外(对顾客、媒体、公众等)；③正式(如报告、情况介绍会等)与非正式(如备忘录、即兴谈话等)；④垂直与水平。

(2) 信息收集和检索系统。信息可通过多种方式收集和检索，包括手工归档系统、电子数据库、项目管理软件，以及可调用工程图纸、设计要求、试验计划等技术文件的系统。

(3) 信息发布系统。信息发布系统是指在项目整个生命期内，及时收集信息并与项目利益相关者共享信息，将信息发布给利害关系者。项目信息可以用多种方式发布，包括项目会议、硬复印文件发布、手工归档系统和共享电子数据库等；电子通信和会议工具，如传真、电子邮件、电话、可视电话会议、网络会议、网络出版；项目管理电子工具，如进度计划编制网页、项目管理软件、会议和虚拟办公室支持软件、网站和协作工作管理工具。

(4) 经验教训总结过程。经验教训总结过程强调识别项目工程成功的经验和失败的教训，包括就如何改进项目的未来绩效提出建议。在项目生命周期中，项目团队和关键项目利益相关者识别项目技术、管理和过程方面的经验教训，在整个项目期间都需对经验教训进行汇编、使之格式化并正式归档。

经验教训总结会议的重点各不相同。在有些时候，经验教训总结会着重技术或产品开发过程；而在其他时候，可能更加关注那些对工作绩效起到积极或消极作用的过程。如果团队认为需要投入额外的资金和时间来处理所收集的大量数据，则可更频繁地收集信息。经验教训为未来的项目团队提供可以提高项目管理效率和效力的信息。另外，阶段末的经验教训总结会为团队建设提供机会。项目经理的职业责任之一就是在所有项目中，组织内部和外部的项目利益相关者召开经验总结会，特别是在项目成果不尽如人意的情况下。经验教训总结过程的一些具体结果包括：经验教训知识库的更新；知识管理系统的依据；企业政策、程序和过程的更新；商业技能的改进；产品和服务的总体改进；风险管理计划的更新。

3. 项目信息发布的结果

(1) 项目文件。项目文件包括项目的来往函件、备忘录和各种文档等，项目团队要将这些文件以各种方式收集起来，并完整地保存和管理，以备今后复查。

(2) 项目说明。项目组织要向项目利益相关者提供项目各方面情况的报告。

13.1.5 项目执行情况报告

在项目沟通中,报告是传递项目信息使用最多的方式,是项目沟通中最为重要的信息传递和沟通方法。因此,任何项目管理人员都必须了解、熟悉和掌握基本的项目报告方法。

项目执行情况报告(Project Performance Reporting)包括收集和发布执行情况的信息,从而向项目利益相关者提供所需的信息。一般来说,项目执行情况报告应提供范围、进度、成本、质量、风险和采购等信息。它一般包括如下内容。

(1) 项目状态报告(Project Status Reporting)——描述项目当前的进展情况。

(2) 项目进度报告(Project Progress Reporting)——描述项目团队已经完成的进度。

(3) 项目预测报告(Project Forecasting Reporting)——预测项目团队未来的进展情况和进度。

项目执行情况报告的主要工作如表 13-3 所示。

表 13-3 项目执行情况报告的主要工作

依 据	工具和方法	结 果
项目计划	执行情况审查	项目执行情况报告
工作成果	偏差分析技术	项目变更申请
其他项目文件	趋势分析	
	信息发布的工具和方法	

1. 项目执行情况报告的依据

(1) 项目计划。项目计划提供了有关衡量项目执行情况的标准。

(2) 工作成果。项目计划执行的结果提供的信息是项目执行情况报告编制的重要依据。

(3) 其他项目文件。其他项目文件中通常会包括有关项目的具体信息,在衡量项目的执行情况时也应考虑到这些信息。

2. 项目执行情况报告的工具和方法

(1) 执行情况审查。执行情况审查就是对项目的状况或进度进行评价,它通常与下面的方法一起使用。

(2) 偏差分析技术。偏差分析又称为挣值分析,是指将项目的实际进展情况和计划的结果进行对比。

(3) 趋势分析。趋势分析是指随时检查项目的执行情况,并据此来预测项目未来的进展情况。

(4) 信息发布的工具和方法。项目执行情况报告以信息发布的工具和方法进行发送,这些工具和方法主要包括人员沟通和项目管理信息系统等。

3. 项目执行情况报告的结果

(1) 项目执行情况报告。项目执行情况报告对有关项目执行情况的信息进行总结,提出分析结果,并按照项目沟通计划的规定向项目利益相关者提供所需要的信息。执行情况报告的通用格式包括甘特图、S 曲线图、矩形图和表格等。

(2) 项目变更申请。项目团队在项目的实际执行中,依据实际情况进行分析,常常会对项目的某些方面提出变更申请。

13.2　项目冲突管理

冲突(Conflict)是两个或两个以上的个人、团体或组织在某个争端问题上所产生的纠纷。对于冲突的看法,存在着两种观念:传统观念认为所有的冲突都是不好的、有害的,应该尽量避免冲突、消灭冲突;而现代观念认为冲突是任何群体与生俱来的、不可避免的,冲突本身并不可怕,可怕的是处理不当。对有些冲突,可以等到其发展到一定阶段再进行处理;但对另外一些冲突,如果处理得不及时,就可能会造成危害,甚至会影响组织的长远发展。

13.2.1　项目冲突管理

项目始终存在于冲突的环境中,冲突影响着项目的进程及其成果。项目管理专家通过对 100 多位"冲突经理"的调查,在不考虑项目特殊性的情况下,对项目的冲突给出如下的定义。

所谓项目冲突,就是组织团队或成员为了限制或阻止另一部分组织、团队或成员达到其预期目的而采取的行为和措施。尽管冲突可能会阻碍某个组织或个人目标的实现,但是当冲突能给决策带来新信息、产生新方法、创造新发展时,就会促进项目工作的开展。

项目冲突管理(Project Conflict Management)就是指分析冲突并解决冲突的过程。项目冲突管理的作用是引导项目冲突的结果向积极的、合作的而非破坏性的方向发展。在这个过程中,项目经理是解决冲突的关键,他的职责是在项目冲突发生时,分析冲突的来源和程度,并运用正确的方法来解决冲突。

13.2.2　项目冲突的来源

在项目的执行过程中,冲突可能来自于如下不同的方面。

(1) 人力资源冲突。人力资源冲突是指由于项目团队成员来自不同的职能部门所引起的有关人员支配方面的冲突,特别是在矩阵型组织结构中,这种冲突尤为突出。由于职能经理和项目经理都具有项目团队成员的支配权,他们会就用人问题产生冲突。

(2) 成本费用冲突。成本费用冲突一般是指在费用分配问题上产生的冲突。例如,由于经费紧张,项目经理缩减了各子项目的预算,而各个项目的负责人都希望能够获得更充足的预算。

(3) 技术冲突。技术冲突是指面向技术的项目中,在技术性能要求、实现手段和相关技术问题上所产生的冲突。例如,项目的技术部门主张采用更先进的技术,而项目经理考虑到项目的成本、进度和风险等因素,建议采用较为成熟的技术方法。

(4) 管理程序冲突。管理程序冲突是围绕项目管理问题所产生的冲突。在管理部门发生的冲突包括发生在项目经理的权利和责任、不同项目团队之间或项目团队与合作方的冲突等。

(5) 项目优先权冲突。项目优先权冲突是指项目参加者由于对实现项目目标应该完成的工作活动的先后次序与项目计划不同所产生的冲突。项目优先权冲突不仅会发生在项目团队与其合作者之间，而且也会经常发生在项目团队内部。

(6) 项目进度冲突。项目进度冲突是指围绕工作任务(或工作活动)的时间安排、确定次序等的进度与计划产生的冲突。

(7) 成员个性冲突。项目团队成员个性冲突是指由于项目团队成员的价值观、判断事物标准等个性存在差异引发的冲突，这并非技术上的问题。相对于其他冲突来说，个性冲突的强度是较小的，但却是最难解决的。

13.2.3 项目冲突的强度分析

项目冲突的平均强度用于反映在项目的进程中，各种项目冲突对实现项目目标的影响力的综合程度。各种项目冲突的平均强度如图 13-3 所示。

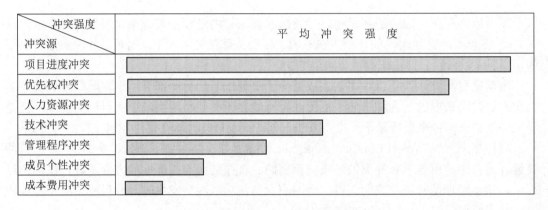

图 13-3 各种项目的平均冲突强度示意图

(1) 在项目的执行过程中，项目进度冲突的强度最大。项目进度冲突常因项目经理的权力受限而发生。例如，当项目团队需要其他职能部门进行配合完成某项辅助任务时，由于项目经理不易控制职能部门的成员，就会导致项目进度滞后；再如，当项目被分成若干子项目、子任务分包给分包商时，也会发生类似情形。

(2) 在项目的执行过程中，项目优先权冲突居于第二位。优先权冲突通常是因为项目组织对当前项目的具体实施没有经验，从而导致项目活动的优先权与原先的计划发生偏离，而且重新安排某些关键资源和调整进度计划，往往会遭到团队成员的反对。

(3) 在项目的执行过程中，人力资源冲突的强度排在第三位，项目经理经常会感到在人力资源方面难以协调，因为职能部门往往不能及时地调配项目团队急需的专业人才。

(4) 在项目的执行过程中，技术冲突的强度位于第四位。一般来说，技术部门主要负责技术投入和性能要求，他们只对项目部分负责，因此会把一些技术问题留给项目经理来解决和作出决策。而项目经理主要负责成本、进度和技术目标以及它们之间的协调，他可能会因为成本或进度的限制而否决技术方案。

（5）在项目的执行过程中，管理程序冲突列第五位。大部分管理程序冲突均衡地分布在职能部门、项目团队和项目经理等方面。例如，发生在项目经理权力和职责、报告关系、管理支持、状况审查上的冲突，不同项目团队间或项目团队与合作方之间的冲突。其中，项目经理如何发挥作用、如何与更高管理层接触是管理冲突最主要的部分。

（6）在项目的执行过程中，项目团队成员的个性冲突被认为是强度较低的冲突，个性冲突往往会被沟通问题或技术争端所掩盖，这种冲突一般不会对项目的进展产生较大地影响。

（7）在项目的执行过程中，成本费用的冲突在七种冲突中的强度是最低的，但是它可能引起技术冲突和进度冲突。

13.2.4　项目生命周期中的冲突

从项目的生命周期角度来考察冲突，把握每阶段中可能出现的冲突源、冲突的性质、冲突的强度，有利于寻找更好的模式来解决冲突。项目生命周期各个阶段中各种冲突的强度表现是不同的。

1．项目启动阶段

项目启动阶段是项目生命周期中的第一阶段，这一阶段项目冲突的强度按照由强至弱排序如下。

（1）项目优先权冲突。
（2）管理程序冲突。
（3）项目进度冲突。
（4）人力资源冲突。
（5）成本费用冲突。
（6）技术冲突。
（7）成员个性冲突。

在这一阶段，项目优先权冲突的强度排在首位，在工作活动的优先权问题上，项目经理的权力还不明确，项目经理和职能部门常常会产生冲突。项目经理应该同有关的职能部门进行协商，明确定义项目的计划，同时项目经理必须对优先权冲突进行仔细分析，尽早作出安排和找出解决方案，消除和减少优先权冲突可能引发的有害后果。

管理程序冲突的强度排在第二位，因为项目启动阶段涉及很多复杂的问题，如选择何种项目组织结构、项目经理的职责和权利、项目经理对人力资源和物质资源控制的程度、沟通方式等，这些问题主要由项目经理考虑各个方面的因素来解决，冲突也常常在这个过程中发生。项目经理应该设计一套详细可行的管理程序以及项目章程，使项目有关的管理工作有章可循，从而减少管理冲突的发生。

在这一阶段内，项目进度冲突的强度也很显著，职能部门可能与项目团队在活动安排、活动所花费的时间方面产生不一致的意见,这也意味着职能部门不得不调整其现有的运作方式以及内部权力结构。因此在项目启动阶段,针对这些问题的有效计划与磋商尤为重要。

2. 项目计划阶段

在这一阶段,主要的项目冲突的强度按照由强至弱排序如下。
(1) 项目优先权冲突。
(2) 项目进度冲突。
(3) 管理程序冲突。
(4) 技术冲突。
(5) 人力资源冲突。
(6) 成员个性冲突。
(7) 成本费用冲突。

这一阶段,项目优先权、项目进度和管理程序的冲突延续了上一启动阶段的大部分冲突表现,仍然是最重要的冲突。通过比较可以发现,在项目启动阶段排在第三位的项目进度冲突在计划阶段成为第二大冲突。许多进度计划冲突在第一阶段是由于在进度计划开始建立上的不一致,相比之下,在项目计划阶段,冲突可能是根据整个项目计划所确定目标进度计划的强制性而发展起来的。这时,项目的进度计划要保证在规定的时间内实现项目的目标,在某些方面与职能部门会产生不一致,从而产生冲突。因此,在制订项目进度计划时,应该和职能部门一起安排各个活动的进度。

在这一阶段中,管理程序冲突的强度开始降低,这主要是由于随着项目的推进、各项规章制度的确立和完善,管理项目的各项活动有了一定的依据,可能出现的管理问题无论在数量上还是频率上都有所降低。但是,这并不代表项目最初阶段可能发生的管理冲突在以后阶段就可避免。相反,任何管理上的松懈都有可能使项目管理陷入混乱和冲突状态。

值得注意的是,在这一阶段,技术冲突变得显著起来,由前一阶段的第六位上升到这一阶段的第四位。这主要是因为在制订计划的时候,项目的职能部门或合作方不能满足技术要求或要求增加技术投入而导致的。

成本冲突在项目计划阶段超低,主要有两个原因:一方面是成本目标建立的冲突并没有给大多数项目经理造成强烈的压力;另一方面是一些项目在计划阶段还未足够成熟,不至于引发项目经理与项目有关执行人员之间关于成本的冲突。

3. 项目实施阶段

在这一阶段中,冲突的排序与其他阶段相比发生了明显的变化,按照由强至弱排序如下。
(1) 项目进度冲突。
(2) 技术冲突。
(3) 人力资源冲突。
(4) 项目优先权冲突。
(5) 管理程序冲突。

(6) 成本费用冲突。

(7) 成员个性冲突。

进度冲突通常是在项目计划阶段发展起来的，到了项目的执行阶段，项目进度计划可能需要根据项目实际进展情况进行相应地调整，从而导致与某些职能部门产生更加强烈的冲突。因此，项目经理要对项目的执行情况进行监督，与受到影响的职能部门进行沟通，并预测可能产生的问题，事先制定出解决方案。

技术冲突也是执行阶段的一种重要冲突，技术冲突在这一阶段的强度较高，主要是由于项目的成本和进度的限制，以及质量控制标准、技术方案的可行性导致技术冲突更为强烈。项目经理应该尽早使技术人员了解项目成本和进度的实际情况，就技术方案达成一致的意见。

人力资源冲突在这一阶段位于第三位。在执行阶段，项目对人力资源的需求达到了最高峰，如果此时其他的项目组织也要求职能部门提供人员，而职能部门又不增加人员数量，则必定会产生冲突。项目经理要事先预测人员的需求量，并尽早与职能部门进行沟通。

4. 项目收尾阶段

项目收尾阶段是项目生命周期的最后阶段，在这一阶段，主要的项目冲突的强度按照由强至弱排序如下。

(1) 项目进度冲突。

(2) 成员个性冲突。

(3) 人力资源冲突。

(4) 项目优先权冲突。

(5) 成本费用冲突。

(6) 技术冲突。

(7) 管理程序冲突。

在这一阶段，项目进度冲突依然是最主要的冲突。许多项目执行阶段小的进度偏差，很可能遗留到项目的收尾阶段。这些偏差经过一段时期的积累将会严重影响整个项目的进度，甚至会导致项目的失败。项目经理应该在一些关键活动上增加新的人员，加快项目进度。

成员的个性冲突上升到第二位，这里主要有两个原因：一是在项目完成后，项目团队就要解散，因此团队成员可能会感到前途未卜；二是由于团队成员在项目进度、质量要求、成本等方面要承受一定的压力。

在这一阶段，人力资源冲突的强度趋于上升，排在了第三位。这是因为新启动的项目常常会与进入收尾阶段的项目争夺人员，职能部门也常常会招回项目的剩余人员，因此造成项目人力资源冲突。项目经理要保持与各职能部门、其他项目组织的合作关系，通过协商来调配所需的人员。

表 13-4 总结了一些具体建议，它能帮助项目经理认识在项目生命周期各阶段最易出现的一些最重要的冲突源。

表 13-4　解决各阶段冲突的策略与建议

阶段 \ 冲突源 \ 建议		策略或建议
项目启动	优先权冲突	清楚定义的项目计划；联合策略以及与有关部门协商
	程序冲突	建立详细的在项目执行中成员都要遵守的管理作业程序
	进度冲突	在项目开始之前建立进度计划
项目计划	进度冲突	在项目生命周期中密切监督进度；考虑向可能出现进度差错的关键活动重新调配成员；及时解决可能影响项目进度的技术问题
	个性冲突	在项目接近完成时做好人员重新分配计划
	人力资源冲突	与项目班子和协作方保持和谐的工作关系；努力缓和紧张的工作环境
项目实施	进度冲突	在项目进程中实时监督；与有关部门沟通交流；预见问题并考虑替代方案；确认需要密切监督的问题
	技术冲突	尽早解决项目的技术问题；向技术人员通报进度计划和预算的约束，重视早期的技术测试；尽早对项目的技术方案达成共识
	人力资源冲突	尽早预测和协调对人力资源的需求；向职能和顾问部门提出人力资源需求的优先权
项目结尾	优先权冲突	通过碰头会向支持领域提供对既定的项目计划和需求的有效反馈
	进度冲突	在与职能部门的合作部门的合作中完成工作包的进度
	程序冲突	制定管理问题的预备

13.2.5　项目冲突的解决

　　项目通常处于冲突的环境中，但冲突并不可怕，如果处理得当，它反而能促进项目工作的完成。冲突能帮助项目团队尽早地发现项目所存在的问题，并引起有关人员的注意；冲突有利于项目团队的建设，它能激发团队成员进行讨论，这样可以形成一种比较民主的工作氛围；冲突能培养团队成员的积极性和创造性，促进项目团队寻找新的解决办法，从而实现项目创新。面对众多的冲突，项目管理专家提出了一些常用的基本方式。

　　1. 回避

　　回避是指卷入冲突的项目团队成员从这种状态中撤出，从而避免发生实际的或潜在的争端。但这种方式并不是一种积极的解决方法，它可能会使冲突累积起来，并逐步升级。例如，项目中的某个成员对另一成员提出的方案持有异议进而产生冲突，如果采取回避的解决模式解决冲突，把自己更好的方法掩藏起来，就会对项目工作产生重大的不利后果。

2. 强制

这种解决方式强调维护自己的利益而不愿合作，以牺牲别人利益换取自己的利益。"强制"以权力为中心，动用包括职位、说服力等一切权力，来实现自己的主张。这种方式不能触及冲突的根本原因，不能从根本上说服对方，具有暂时性，而且往往得不到好评

3. 缓和

缓和的实质是"求同存异"，即在冲突中找出一致的方面，忽视两者之间的分歧。这种方式认为，维持人际关系比解决问题更为重要，强行解决问题可能会伤害团队成员之间的感情，降低团队的凝聚力。尽管这一方法能缓和冲突，避免某些矛盾的发生，但它并不利于问题的彻底解决。

4. 妥协

妥协是一种通过协商使冲突双方在一定程度上都获得满意的折中方法。这种冲突解决方式的主要特征是"妥协"，目的是寻求一个调和的折中方案。尤其是在冲突双方势均力敌、难分胜负时，妥协也许是较为恰当的解决方式，但是这种方法并非永远可行。

5. 正视

正视就是直接面对冲突，这是一种解决冲突的有效方式。这种方法既正视问题的结局，也重视团队成员之间的关系。每位成员都必须以积极态度对待冲突，并愿意就面临的问题、面临的冲突广泛地交换意见。这是一种积极的冲突解决途径，需要一个良好的项目环境。在这种方式下，团队成员之间的关系是开放的、真诚的、友善的。以诚待人、形成民主的讨论氛围是这种方式的关键。分歧和冲突能激发团队成员的讨论热情，在解决冲突时绝不能夹杂个人的感情色彩。

6. 防范

防范是对可能产生的冲突进行处理的最佳方法。为了做好冲突的防范，项目经理必须确保所有项目团队成员都清楚地理解项目目标和项目计划，在团队的建设中强调成员之间的信任和自信，形成一个融洽的工作氛围，这样就可以在某种程度上防范冲突的发生。

通过对众多项目经理解决冲突方式的考察，项目管理专家得出如下结论：防范是每个项目经理都采用的解决方法；正视也是项目经理比较常用的解决方法，70%的项目经理采用这种方式来解决冲突；其后是妥协方式，然后是缓和方式；最后是强制和回避方式。也就是说，项目经理经常使用的是防范、正视和妥协的解决方式，正视通常用于解决与上级的冲突，妥协常常用于解决与职能部门的冲突。

本章小结

　　项目沟通管理包括确保项目生命周期中所有信息及时、正确地收发、储存和最终处理的过程，它提供了项目成功所必需的成员、思想和信息之间的重要联系，参与项目的每个人都应当做好传递和接收信息的准备，并且理解这些信息是如何影响整个项目的。项目沟通管理的主要过程包括：项目沟通计划、项目信息发布、执行情况报告和管理收尾，各过程都有其依据、工具和方法以及结果。

　　在项目过程中，冲突是不可避免的。冲突左右着项目的进程及其结果，项目冲突的管理主要是围绕项目生命周期中主要冲突的平均强度、项目生命周期的特定阶段冲突的强度，以及解决冲突的模式进行研究。项目冲突主要来源于人力资源、成本费用、技术、管理程序、项目优先权、进度和成员个性七个方面，各种冲突的平均强度不同在项目生命周期各阶段的强度也会不断变化。冲突解决的基本方式主要有回避、竞争、缓和、妥协、正视和防范等。

综合练习

一、判断题

1. 冲突是项目组织的必然产物，它在组织的任何层次都会产生。　　　　　（　　）
2. 相对正式沟通而言，非正式沟通的沟通效果好。　　　　　　　　　　　（　　）
3. 在双向沟通中，沟通主体和沟通客体两者的角色不断交换。　　　　　　（　　）
4. 冲突的强度越高，就说明它越重要，应该尽快解决。　　　　　　　　　（　　）
5. 在冲突双方势均力敌、难分胜负时，妥协也许是较为恰当的解决方式。　（　　）
6. 项目进度冲突往往是由于项目经理的权力受限而发生的。　　　　　　　（　　）

二、单选题

1. 从潜在的冲突中解脱出来的冲突解决方式是（　　）。
   A. 妥协　　　　　　　B. 缓和　　　　　　　C. 竞争　　　　　　　D. 回避
2. 现代观点认为冲突（　　）。
   A. 是破坏性的
   B. 如果处理得当，可能是有益的
   C. 可能是有益的，但取决于和谁发生冲突
   D. 以上皆是
3. （　　）是解决冲突的关键。
   A. 项目管理专家　　　B. 客户　　　　　　　C. 团队成员　　　　　D. 项目经理
4. 除了防范之外，（　　）是项目经理最常用的解决方法。
   A. 正视　　　　　　　B. 缓和　　　　　　　C. 竞争　　　　　　　D. 回避

5. 在项目实施的整个过程中，(　　)的强度最大。
   A. 技术冲突　　　　B. 个性冲突　　　　C. 进度冲突　　　　D. 人力资源冲突
6. 项目经理应当(　　)。
   A. 控制所有信息　　　　　　　　　　B. 努力控制沟通
   C. 授权沟通的控制　　　　　　　　　D. 拥有沟通系统中各种冲突的信息
7. 项目沟通管理中信息的过滤(　　)。
   A. 应当尽量限制
   B. 是有效沟通所必需的
   C. 只有当项目出现重大问题或危机时才应该发生
   D. B和C
8. 缺乏沟通和存在未解决的争端意味着(　　)。
   A. 项目复杂　　　　　　　　　　　　B. 进度计划失败
   C. 项目团队效率低下　　　　　　　　D. 项目团队的职责界定不明确

三、多选题

1. 非正式沟通的优点是(　　)。
   A. 灵活、方便　　　　　　　　　　　B. 约束力较强
   C. 速度快　　　　　　　　　　　　　D. 可以使沟通保持权威性
2. 项目沟通计划就是针对项目利益相关者的沟通需求进行分析，主要包括(　　)。
   A. 确定向谁发布信息　　　　　　　　B. 发布什么信息
   C. 什么时候发布信息　　　　　　　　D. 采取何种方式发布信息
3. 采用何种沟通方式，取决于(　　)等因素。
   A. 对信息需求的紧迫程度　　　　　　B. 沟通方式的可行性
   C. 项目团队成员的能力　　　　　　　D. 项目执行情况
4. 下面说法中正确的是(　　)。
   A. 项目沟通有单向沟通和双向沟通
   B. 项目沟通既有上对下的沟通也有下对上的沟通
   C. 项目沟通只在项目团队内进行
   D. 项目沟通分为文字符号、言语动作沟通
5. 下列有关冲突解决方法的表述正确的是(　　)。
   A. 缓和是一种折中的方法
   B. 缓和是从冲突中找出一致的方面，忽视两者之间的矛盾
   C. 正视通常用于解决与上级的冲突
   D. 妥协常常用于解决与职能部门的冲突
6. 为了做好冲突防范，项目经理应该(　　)。
   A. 确保项目团队成员都清楚项目的目标
   B. 让项目团队成员明白项目计划
   C. 提高项目成员的自信
   D. 建立一个融洽的工作氛围

7. 下列选项中，(　　)是非正式沟通的例子。
   A. 工程师的笔记　　　　　　　　B. 电子邮件信息
   C. 管理计划　　　　　　　　　　D. 发给项目团队成员的备忘录
8. 从潜在的冲突里退出被称为(　　)
   A. 回避　　　　B. 竞争　　　　C. 缓和　　　　D. 妥协

四、简答题

1. 在项目进程中，通常有哪些冲突？
2. 举例说明"冲突并非有害无益"的道理。
3. 项目生命周期各阶段中的冲突有何不同？
4. 解决冲突有哪几种方式？

五、案例分析

如何进行有效的沟通？

陈婷是一个项目团队的设计领导，该团队为一个有迫切需求的客户设计一项规模庞大且技术复杂的项目。韩桥是一个分派到她的设计团队里的工程师。一天上午九点左右，韩桥走进陈婷的办公室，陈婷正在埋头工作。"陈婷姐，"韩桥说，"今晚去体育场看球赛吗？公司好不容易弄到几张票。""噢，韩桥，我实在太忙了。"接着，韩桥便在陈婷的办公室里坐下来，说道："我听说你儿子在学校里球踢得很好。"陈婷将一些文件移动了一下，试图集中精力工作。她答道："啊？听说还行。我工作太忙了。"韩桥说："是的，我也一样。我必须抛开工作，休息一会儿。"陈婷说："既然你在这儿，我想你可以比较一下，数据输入是用条形码呢，还是用可视识别技术？可能是……"韩桥打断她的话，说："外面云好重，我希望今晚的球赛不会被雨浇散了。"陈婷接着说："这些技术的一些好处是……"她接着说了几分钟，又问："那么，你怎样认为？"韩桥回答道："我认为它们不适用，听我一句话，除了客户是一个水平较低的家伙外，这还将增加项目的成本。"陈婷坚持道："但是，如果我们能向客户说明这种技术能使他省钱并能减少输入错误，他可能会支付实施这些技术所需的额外成本。"韩桥不满道："省钱！怎样省钱？通过解雇工人吗？我们和国外不一样，裁员不是说裁就裁的。"陈婷叹了口气，提醒他："顺便说一下，我仍需要你提供编写进展报告的资料，明天我要把它寄给客户。你知道，我大约需要8页到10页。我们需要一份很厚的报告向客户说明我们有多忙。"韩桥惊讶道："什么？没人和我说过呀。"陈婷看了韩桥一眼："几个星期以前，我给项目团队发了一份电子邮件，告诉大家在下个星期五之前我需要每个人的数据资料。而且，你可能要用到这些作为明天下午的项目情况评审会议准备的材料。"韩桥告诉她："我明天还必须在会上讲演吗？我还不知道这事呢。""这在上周分发的日程表上有。"陈婷说。韩桥自言自语道："好吧。我不得不看一眼这些东西了。我用我6个月以前用过的幻灯片，没有人知道它们的区别。那些会议只是一种浪费时间的方式，没有人关心它们，人人都认为这只不过是每周浪费两个小时。""不管怎样，你能把你对进展报告的资料在今天下班之前以电子邮件的方式发给我吗？"陈婷问。"为了这场比赛，我不得不早一点离开。""什么比赛？""难道你没有听到我刚才说的话吗？球赛。""或许你现在该开始做这件事情了。"陈婷建议道。"我已经和其他同事约好了一起看今晚的这场比赛。"韩桥为难道。"看完后我再详细写几段。难道你不能在明天我讲述时作记录吗？那将为你提供报告所需的一切。""不能等到那时，报告必须明天发出，我今晚要到很晚才能把它搞出来。""那么，你不去观看这场比赛了？""一定要把你的资料通过电子邮件发给我。""我不是被雇来当打字员的。"韩桥声明道。"我手写更快一些，你可以让别人打印，而且你可能想对它进行编辑，上次给客户的报告好像与我提供的资料数据完全不同，看起来像是你又重写了一遍。"陈婷摇摇头，重新回到办公桌并打算继续工作。

问题：
1. 陈婷所领导的这个项目组面临哪些沟通问题？
2. 项目组成员对这一项目的相关看法有冲突吗？如果有，是哪些？
3. 你认为可以通过哪些办法改善项目组的沟通效果？

技 能 训 练

实训背景：

A 先生所在的企业是一家合资的生产日用消费品的制造业企业，这几年公司业务发展迅速，平均每年都有 10%以上的增长，虽然近两年国内市场竞争越来越激烈，但是由于公司在前几年营造了良好的企业文化及打下了扎实的管理基础，公司仍能继续保持平稳发展。

一年前，A 先生被聘为公司生产管理部经理还不到两个月。生产管理部共有四位员工，他们是进入公司一年的 B 先生、C 小姐，进入公司 3 年的 D 先生与 E 小姐。在进入此部门两星期后，A 先生了解到 B 先生做事有条理，交给他做的事总能有计划地完成，但是 B 先生在工作中主动性不够。C 小姐活泼开朗，经常会在工作中提出一些新鲜点子，但是做事条理性欠缺。D 先生从公司刚成立就已在此部门工作，经验丰富，而且工作积极主动。E 小姐与 D 先生同为公司资深员工，工作经验丰富，且人缘很好，在公司各个部门都有好朋友。

当时，A 先生越来越感到本部门的创新氛围大不如前，部门成员对本职工作都非常熟悉，工作完成情况较好，但就是感到他们都抱有一种不思进取的态度。另外，部门成员对待其他部门的态度看法也与以前不同，平时言谈中总是流露出不满的情绪，诸如某某部门的人员如何如何没有理念啊、没有思路啊，自满的态度在部门成员间平时的交谈中表露无遗。

当时，公司 ERP 系统刚刚成功上线，经过业务流程重组，生产管理部门主要包括以下工作职责：①制作生产计划，主要是根据公司市场部门提供的销售预测及公司财务部门的库存目标，结合工厂产能计划，制作年度、季度、月度的生产计划。②制作产能计划，主要是与工程部门、技术部门、生产部门一起核定生产产能计划，通常每年定期核查，平时如有变化就需及时更改。③安排日常生产排程，主要将客户订单及生产计划变成生产指令下达给生产部门组织生产。④制作采购计划，系统依据生产计划及动态客户订单数量产生基础 MRP 计划，经过人为整合下达采购指令给采购部门采购原料。⑤制作分销资源计划，由于公司在全国各地有五个仓库向各地发货，所以需要向各仓库分配产品，安排运输，同时还要与各地经营部联络，满足各地的订单需求与控制各地库存水平等。

面对这种局面，A 经理认为应该好好解决本部门的团队建设问题了，请你帮助他完成此任务。

实训步骤：

第一步：选择合适的项目团队成员，请根据各位成员的特点，为他们安排各自适合的工作岗位。

第二步：由于公司实行目标管理制度，因此必须选择合适的激励手段，提高员工的工作积极性。如果 A 先生的目标是生产计划达成率为 90%以上，原辅料、半成品、成品的库存控制在 4000 万元人民币以下，客户订单的交货期为 5 个工作日以下。那么，他该如何去做？

第三步：建立良好的沟通机制，有效避免内部冲突。

第四步：培训成员。

第五步：构建项目团队的信任感。

参 考 文 献

[1] 陈建西，刘纯龙. 项目管理学学习指导[M]. 成都：西南财经大学出版社，2006.
[2] 霍亚楼. 项目管理基础[M]. 北京：对外经贸大学出版社，2010.
[3] 丁荣贵. 项目管理——项目管理思维与管理关键[M]. 北京：中国电力出版社，2013.
[4] 曾塞星等. 项目管理[M]. 北京：北京师范大学出版社，2007.
[5] 骆珣等. 项目管理教程[M]. 北京：机械工业出版社，2006.
[6] 鲁耀斌. 项目管理[M]. 大连：东北财经大学出版社，2009.
[7] 屠梅曾. 项目管理[M]. 上海：格致出版社，2008.
[8] 程敏. 项目管理[M]. 北京：北京大学出版社，2013.
[9] 段世霞. 项目管理[M]. 南京：南京大学出版社，2012.
[10] 易志云，高民杰. 成功项目管理方法[M]. 北京：中国经济出版社，2002.
[11] 王长峰，李建平，纪建悦. 现代项目管理概论[M]. 北京：机械工业出版社，2008.
[12] 戚安邦. 项目管理学[M]. 2版. 北京：科学出版社，2012.
[13] 傲姿时代项目管理教材开发项目组. 项目管理基础[M]. 北京：人民邮电出版社，2002.
[14] [美]杰克·吉多等. 成功的项目管理[M]. 张金成，等译. 北京：机械工业出版社，1999.
[15] 毕星，翟丽. 项目管理[M]. 上海：复旦大学出版社，2000.
[16] 池仁勇. 项目管理[M]. 北京：清华大学出版社，2004.
[17] 周小桥. 项目管理四步法[M]. 北京：团结出版社，2003.
[18] 赵振宇. 项目管理案例分析[M]. 北京：北京大学出版社，2013.
[19] [美]克拉克·A.坎贝尔. 一页纸项目管理[M]. 周秋红译. 北京：东方出版社，2008.
[20] 吴吉义，殷建民. 信息系统项目管理案例分析教程[M]. 北京：机械工业出版社，2008.
[21] 周小桥. 突出重围——项目管理实战[M]. 北京：清华大学出版社，2003.
[22] 哈罗德·科兹纳. 项目管理：计划、进度和控制的系统方法[M]. 7版. 北京：电子工业出版社，2002.
[23] [美]詹姆斯·哈林顿等. 项目变革管理[M]. 唐玉宁，等译. 北京：机械工业出版社，2001.
[24] 吴之明，卢有杰. 项目管理引论[M]. 北京：清华大学出版社，2000.
[25] [美]罗伯特·威索基. 创建有效的项目团队[M]. 曹维武译. 北京：电子工业出版社，2003.
[26] 贝纳特·利恩兹，凯瑟琳·雷. 21世纪的项目管理[M]. 李先锋，等译. 北京：电子工业出版社，2003.
[27] 中国就业培训技术指导中心组织编写. 项目管理师[M]. 北京：中国劳动社会保障出版社，2008.
[28] 杨小平，余力. 项目管理教程[M]. 北京：清华大学出版社，2012.
[29] 彭四平. 项目管理[M]. 北京：清华大学出版社，2011.
[30] 沈建明. 项目风险管理[M]. 北京：机械工业出版社，2010.
[31] [美]辛西娅·斯奈德·斯塔克波尔. 项目管理使用表格与应用[M]. 刘露明译. 北京：电子工业出版社，2010.
[32] [美]格雷戈里·T.豪根. 有效的工作分解结构[M]. 北京广联达慧中软件技术有限公司译. 北京：机械工业出版社，2005.
[33] 钱省三. 项目管理[M]. 上海：上海交通大学出版社，2006.
[34] [美]杰弗里K.宾图. 项目管理[M]. 北京：机械工业出版社，2007.

[35] [美]凯西·斯沃伯. 项目管理导论[M]. 廖良才, 等译. 北京：清华大学出版社, 2007.
[36] 邱菀华等. 现代项目管理学[M]. 2版. 北京：科学出版社, 2007.
[37] 纪燕萍等. 项目管理实战手册[M]. 北京：人民邮电出版社, 2002.
[38] [英]F. L. 哈里森. 高级项目管理：一种结构化方法[M]. 杨磊, 等译. 北京：机械工业出版社, 2003.
[39] [美]詹姆斯·哈林顿等. 项目变革管理[M]. 唐宁玉, 等译. 北京：机械工业出版社, 2001.
[40] 现代管理领域知识更新教材编写委员会. 项目管理：理论·实务·案例[M]. 北京：经济管理出版社, 2007.
[41] 白思俊. 国内外相待项目管理学科体系的发展[J], 世界科技研究与发展, 2007.
[41] 戚安邦. 工程项目全面造价管理[M]. 天津：南开大学出版社, 2000.
[42] 成虎. 工程项目管理[M]. 北京：中国建筑工业出版社, 1997.
[43] 甘华鸣等. 项目管理[M]. 北京：中国国际广播出版社, 2000.
[44] 龚维丽等. 工程项目造价确定与控制[M]. 北京：中国计划出版社, 2001.
[45] 斯坦利·伯特尼. 如何做好项目管理[M]. 宁俊, 等译. 北京：企业管理出版社, 2001.
[46] 周慧珍. 投资项目评估[M]. 大连：东北财经大学出版社, 1999.
[47] 王庆富. 项目管理实用手册[M]. 广州：南方日报出版社, 2002.
[48] 郑跃文等. 质量管理理论与实务[M]. 北京：经济管理出版社, 1997.
[49] 朱兰. 质量控制手册[M]. 上海：上海科技文献出版社, 1981.